사랑의열매 나눔총서 11

# 임팩트 네트워크

## 연결, 협업,
## 그리고 시스템 변화

데이비드 에를리히먼 지음

이명희 옮김

박영story

나에게 연결의 진정한 의미를 알려준 나베츠(Nabetse)에게,

나에게 신뢰의 힘을 보여준 가족들에게,

그리고 목적을 향한 헌신으로 나에게 영감을 준
세상의 모든 체인지메이커들에게.

David Ehrlichman

**공동체 안에서 써내려간 글**

이 책은 컨버지(Converge)의 나의 동료들과 함께 발전시키게 되었습니다. 컨버지는 사람, 조직, 네트워크 등 다양한 파트너와 함께 긍정적인 임팩트를 상호 생산하는 시스템 전략가, 디자이너, 퍼실리테이터, 교육가, 평가 전문가 네트워크입니다. 동료들의 기여와 지지에 무한한 감사를 드립니다.

컨버지에 대하여 더 알고 싶으시거나, 이 책과 관련된 무료 도구와 퍼실리테이션 가이드 모음을 살펴보시려면 웹사이트(converge.net) 방문을 부탁드립니다.

# 발간사

열망을 현실로 만드는 열쇠, 임팩트 네트워크

우리는 내가 사는 사회가 지금보다 더 나은 공동체가 되기를 꿈꿉니다. 하지만 관심을 가지고 다가갈수록 사회문제의 거대한 실체에 직면하고 무력감을 느낄 때가 많습니다. 대개의 문제는 복잡하고 긴 역사를 가지고 있습니다. 다양한 이해관계자가 관여되어 있을 뿐 아니라 해결에 필요한 사회적 비용과 시간이 너무 크기 때문에 우리는 이들 문제를 충분히 잘 다루지 못하고 맙니다.

그럼에도 불구하고 우리는 사회구성원들의 애정 어린 협력과 노력에서 희망을 봅니다. 아무리 발달된 과학기술과 인공지능이라 해도 인류의 문제를 해결하려는 의지는 갖지 못합니다. 따라서 우리는 어떻게 더 많은 사람들이 집단 지성을 발휘하여 사회문제의 다양한 국면에 접근하고, 해결의 실마리를 찾아낼 수 있을지에 관해 탐구하는 것입니다.

열한 번째 사랑의열매 나눔총서 『임팩트 네트워크(Impact Networks; Creative Connection, Spark Collaboration, and Catalyze Systemic Change』는 이런 갈증과 고민에 하나의 솔루션을 제공해 준다는 점에서

특별합니다. 임팩트 네트워크는 '공동의 목적을 위해 학습과 행동을 추진해 나갈 수 있도록 개인과 조직을 함께 연결하는 특별한 종류의 네트워크'라고 정의할 수 있습니다. 가령, 기후위기 혹은 사회적 고립과 같은 사회문제의 해결이라는 공동 목적을 위하여 조직적이고 구조적으로 연대하여 학습하고, 행동하며, 시스템 변화를 만들어나가는 일련의 활동이 바로 임팩트 네트워크입니다.

저자 데이비드 에를리히먼은 미국을 중심으로 한 임팩트 네트워크 활동에 직접 관여하고, 효과적인 네트워크를 만들기 위한 각종 툴과 가이드를 제공하는 일을 오랫동안 해 왔습니다. 네트워크 조직의 종류와 운영방식에 관한 대안과 함께, 리더와 참여자, 촉진자가 각자 어떤 역할을 해야 하는지 구체적으로 알려줍니다. 그리고 느슨해 보이는 네트워크 조직이 어떤 설계와 목적 지향적 초점을 가지고 구조화되어 있는지, 실제 어떤 방식으로 사회문제를 해결하고 수많은 멋진 성과를 만들고 있는지 생생하게 보여주고 있어 흥미롭습니다. 저자가 제시하는 임팩트 네트워크는 구성원의 끈끈한 신뢰, 연대, 협력, 공통목표에 대한 인식을 강하게 촉구합니다. 오늘날 인공지능이 사회문제 해결의 혁신적 도구로 추앙받는 상황에서 이와 같은 사람들의 노력이 중요함을 강조함으로써 역설적으로 신선한 밸런스를 제공하고 있습니다.

사회복지공동모금회의 중요한 역할 중 하나는 컬렉티브 임팩트(Collective Impact)를 만드는 촉진자라고 생각합니다. 사회문제를 해결하기 위해 다양한 조직이 모이도록 의제를 설정하고, 중추조직을 지원하고, 문제를 해결하도록 기금을 지원하기 때문입니다. 최근 공동모금회가 매진하고 있는 사회적 고립, 청소년의 중독 등 사회적 문제의 해결을 위해서 임팩트 네트워크가 필요할 것입니다. 이런 노력을 통해 다양한 주체들의 상호학습, 조직화된 협력, 그리고 시스템 변화를 위한 집합적 활동을 발전시킬 수 있을 것이라 기대합니다.

사회와 공동체에 애정을 가지고 새로운 변화를 꿈꾸며 매진하는 사회혁신가들, 비록 작은 일을 담당하지만 서로 연결됨으로써 큰 변화의 주체가 될 모든 분들, 여러 주체들과 협력하고 공익활동을 하는 분들에게 이 책을 권합니다. 지금까지 고군분투하셨다면 이제 그 노력을 엮어내어 더 큰 변화를 일구어가길 바랍니다.

이 책이 나오기까지 많은 분들의 수고와 노력이 있었습니다. 차분하지만 명확하고 역동적인 저자의 필체를 담기 위해 노력하신 번역가님과 멋진 그림과 편집으로 책을 만들어주신 출판사에도 감사의 말씀을 드립니다. 또한 나눔총서의 기획과 감수 등 소임을 다해준 나눔문화연구소 연구원들에게도 인사를 전합니다.

2024.12
사회복지공동모금회 회장 김병준

# 한국어판 서문

친애하는 한국 독자 여러분,

『임팩트 네트워크』의 한국어판이 출간되었다는 소식을 전하게 되어 정말 기쁘고 영광스럽습니다. 이 책은 단순하지만 깊은 메시지를 품고 있습니다. 복잡성이 날로 더해가는 세상 속에서 우리는 혼자가 아닌 함께할 때 더욱 많은 것을 이룰 수 있습니다. 서로를 연결하고, 신뢰를 쌓으며, 협력의 자세를 키워가는 과정은 의미 있는 변화를 이루는 데 중요한 토대가 됩니다. 커뮤니티와 조화를 중시하는 풍부한 전통을 지닌 한국 사회에 이 메시지를 전할 수 있어 더없이 기쁩니다.

이 책에서는 네트워크가 전통적인 리더십 구조에 대한 강력한 대안을 어떻게 제시하는지 탐구합니다. 특히 복잡한 도전 과제를 해결하는 데 있어 한 사람이나 한 조직만으로는 부족할 때, 네트워크는 다양한 관점을 공통의 목표로 결집시키고, 여러 분야와 배경, 신념에 걸쳐 깊은 협력을 촉진합니다. 전 세계에서 대규모 협력 프로젝트를 이끌어온 10년 이상의 경험에서 얻은 이야기와 전략을 통해, 우리가 함께 일함으로써 고립된 상황에서는 불가능했던 큰 영향을 만들어낼 수 있음을 보여드리고자 합니다.

연결과 협력의 힘을 믿는 모든 한국 독자들에게, 이 책이 여러분 주변의 네트워크를 강화하는 데 영감을 주고 실질적인 도움을 제공하기를 바랍니다. 책을 읽으면서, 여러분 자신의 연결이 가진 잠재력을 상상해 보시고, 변화하는 세상 속에서 긍정적인 변화를 함께 만들어갈 수 있는 방법을 고민해 보시기를 바랍니다. 우리가 함께하면 더 밝고, 더 연결된 미래를 만들어갈 수 있다고 확신합니다.

이 책과 관련된 다큐멘터리와 무료 도구 키트를 포함한 추가 자료는 제 웹사이트(www.davidehrlichman.com)에서 확인할 수 있으며, 이 비전에 영감을 받은 독자들과 소통하기를 고대하고 있습니다.

감사합니다.

David Ehrlichman

# 차례

# 서문

　당신이 네트워크를 인지하든 그렇지 않든, 네트워크는 당신 주변 어디에나 존재한다. 네트워크는 당신이 누구와 연결되는지, 어디에서 정보를 얻는지, 어떻게 일을 완수하는지에 영향을 준다. 만약 당신에게 특정 네트워크를 육성하고, 유지하는 방법을 배움으로써 당신이 협력을 만들고, 억압적인 시스템을 해제하며, 전에 없던 가치를 만들어낼 수 있는 기회를 갖게 될 거라고 말한다면 어떠한가? 그리고 덜 강요하면서 더 자발적이고 자연스러운 흐름을 조직하는 지속가능한 구조를 만들어낼 수 있을 거라고 말한다면 어떠한가? 당신이 네트워크를 통해 세상을 바라보고, 참여하기 시작할 때, 당신에게 새로운 기회, 통찰, 그리고 관점이 열릴 것이다.

　네트워크는 언제나 우리 주변에 존재해왔다. 그러나, 최근 들어서야 우리는 네트워크 사이언스, 커뮤니티 구축, 시스템 사고[*]와 조직개발을 포함한 다양한 분야와 다양한 협업 소프트웨어 도구를 활용하여 단순

---

[*] 　역자주: 근본적인 사회문제 해결을 위해 복잡하고, 상호 얽혀 있는 사회 시스템(규범이나 법, 문화)을 분석, 이해하고, 어떤 사안을 살펴볼 때 이러한 시스템을 기반으로 생각 하는 것을 칭함.

한 사회적 연결뿐만 아니라 협력적인 액션을 위해 의도적으로 네트워크를 조성할 수 있게 되었다. 네트워크는 우리가 자연스럽게 형성하는 유기적인 사회 구조일 뿐만 아니라, 학습을 가속화하고, 협력을 촉발하고, 시스템 전체에 걸친 변화를 촉진하기 위해 육성될 수 있다.

네트워크는 사람이나 사물을 연결하는 관계의 그물망이다. 그들이 사회와 환경 이슈를 해결하고자 할 때, 그 네트워크는 **임팩트 네트워크**로 불린다. 이 특별한 유형의 네트워크는 개인과 조직으로 하여금 함께 학습하고 조율된 행동을 하도록 한다. 임팩트 네트워크는 우리를 막아서는 전형적인 경계를 뛰어넘어 함께 일하도록 하는 변혁적 방식을 제시한다. 또한 더욱 공평하고 상호의존적인 세상을 위한 협력적인 기반구조를 제공한다.

지역, 조직, 모든 개별 분야를 포괄할 수 있는 강력하고 유연한 조직 시스템으로서, 세상에 변화를 만들어내는 가장 인상 깊고, 광범위한 노력의 기저에 바로 임팩트 네트워크가 있다.

이 책은 다양한 사람들로 이루어진 조직들이 조직 내외에서 연결, 조율, 협업을 통해 혼자서는 불가능한 일들을 함께 이뤄내는 임팩트 네트워크를 어떻게 구축할 수 있는지에 대해 다룬다. 사회가 점점 복잡해지고 우리가 직면한 문제들이 늘어나는 상황에서, 네트워크를 구성하고 강화하며, 이를 통해 일하는 것은 그 어느 때보다도 필수적이다.

· · · · · ·

이 책은 다른 어느 때보다 함께 일하는 것의 필요성을 인지한 모든 사람들, 개인이나 조직이 혼자서 풀 수 없는 큰 이슈를 해결하고자 하는 사람들, 우리 시대의 어려운 도전과제를 헤쳐나가기 위해 다양한 이해관계자들 사이에서 협력하는 방법을 모색하는 체인지메이커[*]를 위한 책이다.

또한 이 책은 네트워크를 조율하고 조직하고 촉진하는 사람, 네트워크에 재정을 후원하고 사업을 지원하는 사람, 그리고 무언가를 이루기 위해 다른 사람과 협력하여 일하는 모든 사람들을 비롯하여, 협력 네트워크가 궁금하거나, 혹은 네트워크에 참여하고 있거나, 이끌고 있는 모든 사람들을 위한 책이다. 협력 네트워크는 협회, 연맹, 연합, 합작, 컬렉티브 임팩트 이니셔티브[**], 조합 등 다양한 이름으로 불릴 수 있다. 협력 네트워크가 무엇으로 불리든 협력에 대한 네트워크적 접근방식은 많은 위계적 조직에서 나타나는 명령과 통제를 통한 접근방식과 확연히 다르다. 따라서, 네트워크를 가이드하는 데 요구되는 리더십의 형태는 여전히 세상에 널리 퍼져 있는 전제군주적 형태의 리더십과도 상당히 다르다. 만약 당신이 복잡한 문제를 해결하고, 공동의 목표를 향해 나아가는 실천가에 속한다면, 이 책은 당신을 위한 것이다.

모두를 위한 미래에 기여하는 임팩트 네트워크의 힘을 깊게 믿기에 이 책을 집필하였다. 네트워크적 접근방식은 경계를 넘어 연결을 만들고, 신뢰 기반의 관계를 우선시하며, 리더십을 공유하고, 우리 삶과 일의 내재적인 상호연결성을 드러낸다. 네트워크는 오늘날 우리 사회가 기능하도록 하고, 우리가 미래에 번영하도록 할 수 있는 조직화 시스템이다.

---

[*] 역자주: 직역하면 변화를 만드는 사람이라는 뜻으로, 개인 또는 사회를 위하여 의미있는 변화를 만드는 사람을 지칭함. 사회 혁신, 사회 변화를 위해 행동하는 이들을 의미하며, 주로 영문 그대로 쓰임.

[**] 역자주: 복잡한 사회문제를 해결하거나, 공동의 목표를 달성하기 위하여 다양한 개인과 조직이 모여 서로 이를 달성해 나가기 위해 함께 노력하는 실체. 이들은 공동의 목표와 목적 달성 정도를 측정할 수 있는 합의된 방식과 지표를 세우고, 서로 상호보완적 활동을 추진하며, 다양한 이해관계자간 소통과 협력을 촉진하고, 이러한 모든 활동을 강화, 조율하는 중추조직(backbone organization)을 둠.

다국적 경영컨설팅 그룹 내에서 소셜섹터* 분야를 다루는 모니터 인스티튜트(Monitor Institute)에서 일하면서 처음으로 네트워크의 잠재적 가능성을 경험하였다. 그 전까지 나는 서비스 산업뿐 아니라 비영리 분야, 대기업, 그리고 작은 스타트업과 함께 일하면서도 위계적 환경만을 경험했다. 내가 그간 일했던 모든 조직들은 피라미드 구조로, 항상 상사와 권한을 제시하는 명확한 지휘계통이 있었다. 대부분의 의사결정은 위에서 내려져, 하부의 피고용인에게 전달되었다. 정보는 알아야 할 필요가 있는 수준에 한해 공유되었다. 그럼에도 그 당시 모니터 인스티튜트에서는 네트워크를 통해 일하는 것에 대해 조사하고 글을 썼다.

모니터 인스티튜트에서 근무하면서, 연결의 기저에 있는 연결 네트워크를 식별하고, 가꿈으로써 우리의 공동체를 강화할 수 있는 방법에 대한 백서인 발디스 크렙스(Valdis Krebs)와 준 홀리(June Holley)의 **네트워크 조직하기를 통한 똑똑한 공동체 만들기(Building Smart Communities through Network Weaving)**를 알게 되었다. 또한 피터 플래스트릭(Peter Plastrik)과 매델레인 테일러(Madeleine Taylor)의 사회변화를 추구하는 네트워크 조직가를 위한 초기 자료인 핸드북 '넷게인즈(Net Gains)'를 읽게 되었다. 미국 중서부 전체에 걸쳐 온실가스 배출 감축을 위해 일하는 백여 개 이상의 대규모 조직 협력 사례인 리-앰프 네트워크(RE-AMP Network)의 활동에 관해 모니터 인스티튜트 동료들이 쓴 사례연구[1], 수천 명의 주민이 자신의 커뮤니티를 향상시키기 위해 참여하고 있는 도시 단위 네트워크인 로렌스 커뮤니티웍스(Lawrence CommunityWorks)의 사례, 저소득층 지역에 놀이터를 만들기 위해 이해 당사자를 움직이는 네트워크 접근법을 활용하는 비영리기구 카

---

* 역자주: 정부나 시장 부문이 아닌 공익적 목적으로 활동하는 조직이나 단체, 개인의 활동을 지칭하는 개념

붐!(KABOOM!)의 사례에 나는 감동을 받았다.[2]

위에 기록된 이니셔티브들은 공동의 도전과제를 다루기 위해 다양한 섹터로부터 사람들을 함께 모으기 시작했고, 그들은 조직의 경계를 넘어서 활동했다. 리더들은 더 큰 조직을 구성하기보다, 동료 네트워크를 통해 임팩트를 늘려 나갔다. 나는 이러한 네트워크 기반의 접근법이 거대한 임팩트를 만들어 내기 위하여 어떻게 협력을 활용하는지 살펴볼 수 있었고, 그에 깊은 감명을 받았다. 이러한 사례들에 영감을 받은 나는 네트워크와 관련된 일에 전념하기 위해 모니터 인스티튜트를 떠났다. 그때부터 지난 십여 년간 협력 네트워크를 길러내는 기술(art)과 과학을 배우고 실천하는 데 집중하며 일하는 시간을 보내고 있다.

네트워크 분야에서의 나의 첫 도전은 캘리포니아 프레즈노(Fresno)시에서 프레즈노 뉴 리더십 네트워크(Fresno New Leadership Network)의 코디네이터로 3년간 일한 경험이었다. 제임스 얼바인 재단(James Irvine Foundation)의 재정지원을 받은 이 네트워크는, 다양한 분야에서 일하는 40명 이상의 리더들을 모아, 새로운 방식으로 협력해 지역 사회를 활성화하는 데 기여했다. 나는 그곳에서 처음으로 공동의 목적을 위해 경계를 가로질러 사람들을 연결하는 네트워크의 힘을 목격했다. 환경활동가는 부동산 개발업자와 타협점을 찾았고, 학교 관리자는 비영리조직 리더와 함께 일했다. 해비타트(Habitat for Humanity)[*]와 카이저 퍼머넌트(Kaiser Permanente)[**] 리더들 간의 파트너십은 웨스트 프레즈노(West Fresno) 지역 ─ 프레즈노시에서 특히 높은 빈곤율과 아동비만을 보이는 지역 ─ 주민 놀이터 건립을 위한 지원금 40만 달러를 유치했다. 지역의 도서관 사서는 스페인어 라디오 방송 호스트와 프레즈노 주립

---

[*]　역자주: 열악한 주거환경으로 고통을 받는 사람들을 위해 활동하는 1976년 미국에서 시작한 국제 주거복지 비영리단체
[**]　역자주: 미국 캘리포니아주에 기반을 둔 비영리 건강보험회사

경영대학과 함께 협업하여 지역구 도서관에서 무료 시민 강좌를 제공하였다. 청년 그룹은 범죄자 집단(gang) 예방 단체와 학군(school district)의 지역사회·가정복지과와 함께 규율과 회복적 사법* 개혁을 진전시키기 위해 힘을 모았다.

또한 나는 그곳에서 관계가 가지는 진정한 힘을 목격했다. 신뢰를 바탕으로 구축된 네트워크는 사람들이 서로 자신이 타인과 관여하는 방식을 변화시켰다. 차터스쿨**을 장려하는 사람과 공립학교를 지지하는 사람 둘은 서로를 적으로 간주하고 네트워크에 들어왔다. 하지만 서로의 활동 동기를 듣고 난 후, 두 사람은 프레즈노시에 대한 각자의 비전에 대하여 더욱 솔직하고 열린 대화를 시작했다. "우리는 이제 서로 동의하지 않는 지점에 대해 이야기할 의지가 생겼고, 어떻게 하면 더 잘 소통할 수 있을지에 대해 이야기하고 싶어졌다."라고 차터스쿨 활동가는 말했다. "우리는 서로 관계를 맺고 함께 일하는 새로운 방식을 창조해내고 있다."[3]

프레즈노시에서 보낸 시간 이후로 나는 조율, 조직, 기획, 촉진, 평가 그리고 그 중간에 있는 다양한 역할을 포함하여 수십 개의 임팩트 네트워크와 함께 일할 특권을 누려왔다. 그러한 활동을 하면서 모니터 인스티튜트 동료이자, 오랫동안 변화의 선두주자로 일해온 나의 가까운 친구, 데이비드 소여(David Sawyer)와 함께 컨버지 네트워크를 만들기 시작했다. 우리는 프레즈노시와 협업하면서 네트워크적 접근방식을 더 넓

---

* 역자주: Restorative Justice, 피해자와 가해자 또는 지역사회 구성원, 사법기관 관련자 등 범죄사건 관련자들이 화해와 조정을 통한 사건해결 과정에 능동적으로 참여하여 피해자 또는 지역사회의 손실을 복구하고 관련 당사자들의 재통합을 추구하는 일체의 범죄대응 형식(출처: 경찰학 사전)

** 역자주: 미국에서 공립학교가 안고 있는 문제에 대한 대응의 일환으로 설립된 자율형 공립학교로, 주(州)정부의 인가(charter)를 받은 주체가 예산은 주정부의 지원과 기부금으로 충당하되 학교 운영은 사립학교처럼 자유롭게 할 수 있는 공립학교

게 확산시키는 것에 대한 깊은 소명을 느꼈다. 이 컨버지는 지구상의 사회적·환경적 임팩트를 위한 네트워크를 지원하기 위해 협력하는 시스템 전략가, 디자이너, 퍼실리테이터, 교육가, 평가전문가의 네트워크로 성장해왔다. 간략히 말해 우리는 임팩트 네트워크를 육성하는 데 도움을 주는 실무전문가 네트워크이다. 이 책에서 '우리'라는 대명사를 사용할 때는 주로 컨버지와 연관된 관점을 말하는 것으로 생각하면 된다.

우리의 활동은 정부 기관, 비영리, 기업, 학술 연구소, 지역사회 단체, 등 다양한 이해관계자를 함께 모으며, 교외지역과 도시, 지역과 세계를 넘나든다. 우리는 지난 십 년간 50개가 넘는 다양한 임팩트 네트워크와 파트너로 일하는 행운을 누렸고, 그 경험을 통해 네트워크들이 서로 맥락과 강조점이 상당히 다양함에도 불구하고, 일관적인 패턴이 있음을 목격하기 시작했다. **왜(why), 무엇을(what)** 하는지는 각 네트워크마다 고유했지만, **어떻게(hows)**, 즉 네트워크를 생성하는 데 사용되는 원칙과 프로세스는 상당한 일관성이 있었다. 이러한 네트워크 육성과 리더십에 대한 접근방식이 이 책의 기반이 되었다.

동시에 이 책의 내용은 나 자신이나 컨버지의 경험뿐만 아니라 많은 다양한 분야의 사상가들과 체인치메이커들의 경험을 토대로 한다. 네트워크 리더들과 함께 일하고, 다양한 실무전문가 모임에 참여하면서 많은 것을 배울 수 있었다. 사례연구, 참고문헌 목록에 열거되어 있는 자료를 포함한 다양한 책에서 가져온 지혜, 그리고 네트워크위버(NetworkWeaver), 사회변화를 위한 인터랙션 인스티튜트(Interaction Institute for Social Change), 모니터 인스티튜트(Monitor Institute), 체인지 엘리멘탈(Change Elemental), 코크리에이티브(CoCreative) 등 여러 그룹들이 개발한 자료를 활용했다. 또한 이 책의 집필 과정 중 인터뷰하고 자문해온 모든 네트워크 리더, 참여자, 재원 조달자(funders)에게 큰 감사의 빚을 졌다. 성장하고 있는 이 분야에 기여해 준 모든 분들, 너그러운 마음으로 자신의 지혜를 외부로 공유해 주신 모든 분들께 감사를 드린다.

이 책을 통해 호기심과 헌신의 자세로 배운 것들을 공유하려 한다. 이 책의 집필을 위해 연구하는 동안 배운 것이 너무 많아 큰 겸손을 느낀다. 미국에서 태어난 백인 남성이라는 지배적인 문화적 배경을 가진 사람인 나는, 권력을 가정하고 지식의 특정한 방식을 주장하려는 맹점을 분명히 가지고 있을 것이다. 그러한 점들을 확인하기 위해 이 책의 초고를 존경하는 많은 분들께 공유하였다. 하지만 아직 발견하지 못한 점들이 더 있을 것이라고 생각한다. 이 책을 읽는 당신에게도 피드백을 부탁드리며, 감사를 전한다.

나의 가장 큰 바람은 이 책에 담긴 개념, 이야기, 인용구, 그리고 자료가 당신과 당신의 네트워크를 통해 세상에 선한 임팩트를 내는 데 도움이 되는 것이다. 이 책은 우리 세계의 엄청난 복잡성 속에서 우리가 함께 더 효과적으로 협력할 수 있는 방법의 복잡한 면들을 밝히는 것을 목표로 하고 있다. 이 책을 선택하고 내용을 살펴봐 주어 감사하다는 인사를 전한다. 크든 작든 이 책의 내용이 당신에게 가치 있기를 바란다.

# 들어가며

변하지 않는 유일한 진실은 변화한다는 것이다.

옥타비아 버틀러(Octavia E. Butler), 「씨앗을 뿌리는 사람의 우화」

———————

우리는 무한한 우주의 나선형 은하계 외각팔(outer arm)에 위치한, 중간 정도 크기의 태양 주위를 도는 놀랍도록 드물고 아름다운 행성에 산다. 우리가 살고 있는 거대한 세상은 믿기지 않을 정도로 복잡하다.

지구 전역에서 우리는 쉽게 해결하기 어려운 문제에 직면해 있다. 기후변화, 살 만한 주거지의 부족, 식량 불안정, 인종차별, 성차별, 사회적 불평등, 대규모 난민 발생 및 이주와 재정착, 생물 다양성 손실, 서식지 황폐화, 동물학대, 끊이지 않는 폭력, 정신 건강 악화 등 몇 가지만 언급해도 이 정도이다.

이러한 도전 과제들은 복잡할 뿐만 아니라 시스템 전체에 걸쳐져 있으며 구조적이다. 또한 지속적으로 변화하고 진화한다. 다양한 활동가, 조직, 기구들이 이러한 문제에 참여하고 있으며 각자의 활동 동기, 우선순위, 그리고 확고한 생각과 그에 대한 실천방식을 내놓는다. 이러한 이슈들은 매우 얽혀 있으며, 비선형적이고, 예측 불가능하게 지속적으로 변화하기에 명확한 해답이나 직접적인 해결책도 없다.

그러나 이러한 어려운 문제에도 불구하고, 나는 우리가 전에 없던 변화의 가능성이 있는 시대에 살고 있다고 믿는다. 대규모 사회운동이 지구 곳곳에서 일어나고 있으며, 탄압적인 체제가 만천하에 드러나고 있고, 정보와 지식을 공유하는 집단적 역량이 그 어느 때보다 높다. 어떤 면에서는 우리가 이렇게 분열된 적이 있었던가 싶지만, 또 한편으로는 개인과 조직이 경계를 넘나들며 협력하고 변화를 만들기가 이처럼 가능했던 적도 없다.

기후활동가 그레타 툰베리(Greta Thunberg)는 "당신이 원하든 원하지 않든, 변화는 찾아온다."라고 경고했다.[1] 가장 큰 불확실성은 변화 이후 저 너머 앞으로의 세상일 것이다.


## 우리가 사는 복합적인 세상

기후변화, 지역사회 보건, 또는 홈리스 이슈 등 다면적이고 시스템 전체에 걸쳐져 있는 문제들을 생각하는 한 가지 방법은 그러한 문제들이 그저 복잡한 것만이 아니라, 다양한 사안이 서로 **복합적으로** 얽혀 있다는 것이다. 커네핀 프레임워크(Cynefin framework)*는 단순한 사안, 복잡한 사안, 복합적인 사안, 그리고 혼란한 사안을 구별하는 데 유용하다.[2]

---

\* 역자주: 데이비드 스노우덴(David Snowden)이 1999년 IBM 재직 당시 고안한 개념으로 의사결정을 도와주는 개념 프레임워크. 불확실성을 5가지 유형으로 나누어 그에 적합한 의사결정 방안을 제시함.

**단순한 사안(Simple issue)**은 음식을 요리하는 것처럼 명확한 시작과 끝이 있으며, 확실한 해결이 가능하다.

**복잡한 사안(Complicated issue)**은 많은 유동적 요소를 가지고 있으나, 정의될 수 있고 이해 가능하다. 이러한 사안들은 기술적인 성격을 가지고 있으며, 적절한 전문성을 가진 사람들에 의해 효과적으로 수행될 수 있는 예측가능한 해결책이 있다.[3] 예를 들어 하나의 행사를 계획하고 운영하는 것은 복잡하긴 하지만, 복합적인 문제는 아니다.

**복합적인 사안(Complex issue)**은 명확한 시작과 끝이 없어 정의하기 어렵다. 또한 간단하고 확실한 해결책이 없으며, 향후 경로를 정확히 예측하기도 어렵다. 따라서 우리는 변화하는 환경에 적응할 수 있어야 하며, 무엇이 효과적이고, 무엇이 그렇지 않은지 학습하여 전략을 수정할 수 있어야 한다. 그 예로는 광범위한 지역에 온실가스 배출 감축을 공평하게 하는 것이 있다. 이 문제에 대해서는 후에 다시 이야기하겠다.

**혼란한 사안(Chaotic issue)**은 복합적인 사안의 경우와 같이 정확하게 예측되거나 제어될 수 없다. 혼란한 사안은 또한 격변하며, 위험하고, 빠르게 진화한다. 인도주의적 재난과 같이 혼란스러운 상황에서는 질서의식이 제대로 작동하기 이전에 생명을 구하거나 긴급상황에 대처하기 위해 빠르게 움직여야 하는 경우가 많다. 혼란한 상황에서는 근본적인 문제를 해결하기 전에, 정보를 신속히 전달하고 자원을 가장 필요한 곳에 배분하는 것이 우선이다.

대부분의 경우, 인간은 단순한 사안들을 해결하는 데 숙달되었고, 다양한 조직은 복잡한 사안을 조직의 효율적이고 신뢰할 만한 구조로 탁월하게 처리해 왔다. 그러나 이 "복합성의 시대(Century of complexity)[4]"에 복합적이고(그리고 혼란적) 사안을 다루는 데에는 우리가 지금까지 단순한 사안(과 복잡한 사안)을 해결하는 데 사용해 왔던 접근방식으로는 역부족이다. 지금까지의 방법으로는 앞으로 우리가 가야 할 곳에 도달할 수 없을 것이다. 아인슈타인의 유명한 말처럼 "만약 [인류가] 생존하고, 더 높은 수준으로 나아가려면, 새로운 사고방식이 필수적이다."[5]

복합적인 사안은 사람마다 모두 다르게 경험된다. 이는 결과적으로, 사람들이 그 사안이 무엇이었는지조차 서로 동의하기 어렵게 만들고, 그 해결책에 대해서는 합의하기 더 어렵게 만든다. 기후변화에 대처하는 것은 매우 복합적이다. 그 사안에 환경과학뿐 아니라 사회, 경제, 정치적 사안(이외 여러 이슈들이 있다)이 얽혀 있기 때문이다. 세상이 필요로 하는 규모의 변화를 일으키기 위해서는 많은 개인, 조직, 정부가 자신들이 처한 특정 사안의 본질에 대해 합의하고, 그에 맞는 대응을 서로 조율하여 함께 일하는 것이 필요하다.

**우리 시대의 도전 과제에 대처하기 위하여, 우리는 복합성을 감내하고, 앞으로의 길이 불투명하더라도 더욱 다양한 이해관계자들과 시스템을 넘나들며 협력해야 한다.** 이는 미래 문명을 이야기하는 과장된 언사가 아니다. 지구의 운명이 달려 있다.

많은 사람들은 협력이라는 **생각(idea)**을 사랑한다… 협력을 통해 자신이 원하는 일을 정확하게 해낼 수 있다면 말이다. 그러나 협력은 그렇게 작동하지 않는다. (우리가 말하는) 협력은 강요하거나 강제될 수 없다. 협력을 하려면 통제권을 포기해야 한다. 그리고 미리 결정된 것이 없으므로, 확실성을 포기해야 한다.

다른 사람들과 협력하는 것은 우리로 하여금 그 일에서 자신이 가진 장악력을 도전 받게 하고, 인내심을 시험 들게 한다. 마땅히 해야 할 일에 대한 개인적인, 그리고 전문가적인 반대를 초래할 수 있으며, 철학적 차이를 넘어 동맹을 맺어야 할 상황이 올지도 모른다. 그것은 우리를 모호함에 익숙해지도록 몰아넣는다. 때로는 개인뿐만 아니라, 조직 또는 기관과도 관련을 맺게 된다. 그들은 자기 이익이나 그 조직의 운영상의 위계적 구조도 지키려 하는데, 그들과도 우리는 함께 협력해야 한다.

이 복합적인 시대에, 우리에게는 전통적인 한계를 넘어서는 협력 방식이 필요하다. 우리에게는 순간적으로 변화할 수 있는 유연함과, 격변과 혼란을 견디기에 충분한 탄력성, 그리고 리더십과 의사결정을 나누는 데 있어 사람들이 동등하게 함께 하도록 하는 협력적 구조가 필요하다.

운이 좋게도, 우리가 인지하고 있든 그렇지 않든, 우리는 이미 많은 다양한 이해관계자 그룹에서 액션*을 조율하는 방법을 발전시키고 있다. 책 제목에서 짐작할 수 있듯이, 그것이 바로 네트워크다!


## 복합성을 다루기 위한 조직화

인류는 항상 네트워크를 조직해 왔다. 우리가 친구를 서로 소개할 때나 새로운 동네로 이사를 갈 때, 또는 공통의 신념체계 주변으로 모일 때에 우리의 사회적 네트워크는 성장한다. 이러한 사회적 네트워크는 역사의 흐름을 형성해 왔다. 역사가 니얼 퍼거슨(Niall Ferguson)은 역사적으로 큰 변화의 상당수가 네트워크에 의해 촉발되었다는 것에 주목하였다 — 어떤 점에서, 네트워크라는 것이 위계적 시스템보다 더 창의적이고 더 적용가능했던 것으로 보이기 때문이다.[6]

퍼거슨은 이어서 "문제는 네트워크가 쉽게 공동의 목표로 향하지 않는다는 것이다…. 네트워크는 스스로 창의적일 수는 있으나, 전략적이지는 못하다."[7]고 주장한다. 그러나 이는 우리가 동의하지 않는 지점이다. 네트

---

\*   역자주: 액션(action)은 맥락에 따라 행동, 행위, 조치, 작용, 활동 등을 가르키며, 네트워크에서의 액션은 이 모든 행위를 아우를 수 있음.

워크는 본질적으로 전략적이지는 않으나, 전략적으로 **설계될** 수 있다.

신중하게 잘 키우기만 한다면 네트워크는 분절을 넘어 연결을 구성해낼 수 있으며, 정보와 학습을 널리 퍼뜨리고, 협력적인 액션을 촉발시킬 수 있다. 그 결과, 네트워크는 "규모화할 수 있는 혁신적인 해결책을 향해 일하면서, 어떤 개별적인 조직도 할 수 없었던 방식으로 난제에 대처하도록 할 수 있다."고 딜로이트(Deloitte)가 운영하는 모니터 인스티튜트의 안나 무오이오(Anna Muoio)와 케이틀린 테리 캔버(Kaitlin TerryCanver)는 기술하였다.[8] 네트워크는 변화를 창조해내는 데 있어 강력한 장치가 될 수 있다는 것이다.

물론 네트워크는 긍정적인 효과뿐 아니라, 부정적인 효과도 가져올 수 있다. 경제적 불평등과 사회적 계급, 인종, 민족성, 젠더, 그리고 개인별 정체성의 여러 서로 다른 측면이 가지는 강점과 약점들 자체가 네트워크의 광범위한 결과물의 일부이기 때문이다. 어떤 부류의 사람들이 만들어 놓은 사회적 자본을 높이는 유대관계(bonds)들은 다른 그룹에 속한 사람들이 진입하기에 상당히 높은 사회적 비용을 수반한다. 세상의 많은 사람들이 소셜미디어와 인터넷으로부터 야기된 유해한 네트워크 효과를 절실히 깨닫게 되었다. 잘못된 정보를 급속하게 퍼뜨릴 때조차도 사람들이 자신이 듣길 원하는 것을 듣도록 하는 온라인 반향실(echo chambers)*의 확산 또한 여기에 속한다.

전 지구적으로 서로 연결되고, 상호의존적인 사회에서 우리가 우리의 삶에 영향을 끼치는 네트워크의 역학을 이해하는 것은 필수적이다. 이를 통해 더 유연하고 평등한 세상을 만들기 위한 새로운 네트워크를 창조할 수 있기 때문이다. 우리 앞에 놓인 선택은 명확하다. 현재 존재하

---

\* 역자주: 사전적으로 소리가 잘 되울리도록 한 방. 본문에서는 특정 의견이나 견해가 울려 자가증식하여 확산되도록 하는 역할을 의미함.

는 사회적, 정치적, 경제적 패턴에 따라 네트워크가 형성되도록 놔두든지 — 이는 우리가 지금까지 경험한 것 이상의 불평등과 파괴적 행위에 처하게 할 수 있다 —, 우리가 생활하고 일하는 곳의 시스템이 **바뀌도록** 우리가 의도적이고 전략적으로 새로운 네트워크를 촉발하든지.

리-앰프 네트워크(RE-AMP Network, 이하 리-앰프)가 그 적절한 사례이다. 리-앰프 네트워크는 2050년까지 미국 중서부 9개 주에서 온실가스 배출을 공평하게 감축하도록 하기 위해 여러 부문에 걸쳐 협력하는 140개 이상의 조직과 재단의 연합이다. 2015년 처음 네트워크가 형성된 당시부터 리-앰프는 150개 이상의 석탄발전소 폐기, 철저한 재생에너지 및 운송 표준 이행을 도왔고, 중서부 지역의 전략적 기후 행동을 지원하기 위해 2500만 달러 이상의 지원금 재교부를 실시하였다. 다른 강력한 네트워크들이 현상유지를 위해 작동하거나, 오염과 불평등으로부터 이익을 취하는 세력을 강화하는 데 일조하고 있는 경우가 있었기 때문에, 리-앰프의 활동은 필수적인 것이었다.

우리는 커다란 임팩트를 만들어내는 네트워크의 다음 사례로 교육 분야를 살펴볼 수 있다. 100Kin10[*]은 미국 전역에서 10년간 10만 명 (100,000)의 과학, 기술, 공학, 수학 (STEM) 교사를 훈련시키고 지원하기 위해 300개 이상의 학술기관, 비영리, 재단, 기업, 정부기관을 함께 모은 거대한 협력적 노력의 결과물이다. 2011년에 설립된 100Kin10은 야심찬 목표를 달성해가는 과정 중에 있으며, STEM 교육 분야에 더 장기적이고 시스템 전체에 걸친 도전 과제를 해결하기 위해 조직의 목적을 확대해 가고 있다.

행동하는 정의 수호자 네트워크(Justice in Motion Defender Network,

---

[*] 역자주: 100K는 100,000을 말함. 네트워크 이름 자제에서 10년간 10만 명의 교사를 육성한다는 목표를 담고 있음.

이하 디펜더 네트워크)는 이주민들이 국경을 넘어 신속하게 법률 지원을 받을 수 있도록 돕기 위해 멕시코, 과테말라, 온두라스, 엘살바도르, 니카라과의 인권 옹호 활동가 및 단체들이 모인 네트워크이다. 트럼프 행정부 시기의 미국 이민 정책으로 인해 가족해체 위기가 지속되는 동안, 이 네트워크는 먼 중앙 아메리카 지역에서 강제 추방된 부모의 위치를 확인하고, 부모와 아이들의 재상봉을 조율하는 데 핵심적인 역할을 해오고 있다.

또 다른 사례로 세계 전역에 영향을 미치는 네트워크인 친환경 전자기기 제조 네트워크(CEPN, Clean Electronics Production Network)를 살펴보고자 한다. CEPN은 세계 여러 최상위 기술 공급업체 및 브랜드, 그리고 노동 및 환경 옹호 활동가, 정부, 다른 주요 전문가들을 엮어 전자 제품 생산에서 노동자가 유해 화학물질에 노출되는 문제를 함께 해결하기 위한 노력을 펼치고 있다. 2016년에 조직된 이래로, 이 네트워크는 공동의 실천이행 약속을 정의하고 노동자가 독성 화학물질에 노출되는 것을 줄이도록 하는 도구와 자원을 개발해 왔으며, 화학물질 사용에 대한 데이터 수집 과정을 표준화해 오고 있다.

리-앰프, 100Kin10, 디펜더 네트워크, 그리고 CEPN과 같은 네트워크는—당신이 이 책에서 살펴보게 될 다른 많은 네트워크와 마찬가지로—자연 발생적이거나 우연히 나타난 것이 아니다. 이러한 네트워크들은 명확한 의도를 가지고 만들어졌다. 이러한 네트워크는 공통의 사안에 대한 학습과 액션을 장려하기 위해 의도적으로 사람과 조직을 함께 연결한다. 이러한 네트워크는 우리의 사회적 삶의 일부분으로 형성되는 유기적인 네트워크와 구별된다. 이러한 네트워크의 의도적인 설계와 목적 지향적인 초점을 강조하기 위해, 우리는 이를 **임팩트 네트워크**라고 부른다.[9]

우리는 임팩트 네트워크를 활발히 활동하는 공동체와 건강한 조직의 조합으로 생각한다. 본질적으로 임팩트 네트워크는 관계 기반이지만, 이와 동시에 구조화되어 있다. 임팩트 네트워크는 창의적이고, 또한 전략적이다. 임팩트 네트워크는 공동의 원칙, 회복탄력성, 자기조직화, 그리고 신뢰와 같은 공동체의 생명력을 바탕으로 구축된다. 또한 이것은 공동의 목적, 운영 중추구조, 그리고 실질적 활동 지향 등 효과적인 조직의 이점을 극대화한다. 이러한 가치의 독특한 혼합을 통해, 임팩트 네트워크는 정보의 흐름을 증가시키고, 낭비를 줄이며, 전체 시스템을 아우르는 전략을 정렬한다. 그리고 이 모든 일은 다양한 규모로 활동하는 여러 주체의 에너지를 자유롭게 활용하면서 이루어진다.

임팩트 네트워크는 보건, 교육, 과학, 기술, 환경, 경제 정의, 예술, 인권 등의 현장에서 복잡한 사안을 다루기 위해 세상 모든 곳에서 육성되고 있다. 인간이 의미 있는 변화를 만들어내기 위해 조직화하는 방법으로서, 임팩트 네트워크는 다음 단계의 진화를 보여줄 것이다.


## 이 책의 내용

이 책은 임팩트 네트워크가 무엇인지, 임팩트 네트워크가 어떻게 작동하는지, 임팩트 네트워크를 육성하고 지속시키기 위해서는 무엇이 필요한지를 심층적으로 검토한다. 개념과 참고문헌이 점차 축적되는 구조로 구성되었기에 책의 처음부터 끝까지 순서대로 읽는 것을 추천한다. 그러나 책의 특정 부분에 특히 관심이 있는 경우 앞부분을 뛰어넘어 읽어도 무방하며, 대부분의 경우, 각 부분은 독립적으로 읽힐 수 있도록 쓰였다.

책을 읽으면서 네트워크 성장에 도움이 될 무료 도구와 자료 모음은 굵은 글씨와 여기 보이는 🪁 기호표시와 함께 언급된 것을 보게 될 것이다. 해당 모든 자료를 포함한 그 이상의 자료는 웹사이트 converge. net의 컨버지 네트워크 툴킷(Converge Network Toolkit)에서 찾아볼 수 있다. 웹사이트에서 무료 툴킷과 퍼실리테이션 가이드 모음, 이 책에 포함된 네트워크 맵(map)의 컬러 버전, 학습경험 관련 초대권, 다른 네트워크 리더와의 연결 및 교류 기회를 살펴볼 수 있다.

다음은 앞으로 이 책에서 다루어질 내용에 대한 짧은 요약이다.

**1부 "네트워크를 통해 일하기"**는 네트워크가 무엇이며, 어떻게 작동하는지에 대하여 조망한다. 1장 "변화의 그물망"에서는 임팩트 네트워크의 서로 다른 형태를 소개하고, 네트워크가 어떻게 발전하고, 세월이 지남에 따라 어떻게 임팩트를 키워나가는지 두 가지 사례연구를 통해 알아본다. 2장 "네트워크 마인드셋"에서는 네트워크적 접근방식의 핵심개념을 정의하고, 네트워크와 위계적 시스템이 서로 관련되어 있으면서도 어떻게 구별되는지, 네트워크를 통해 일하는 것이 우리의 리더십과 전략에 대한 사고방식을 어떻게 변화시키는지 설명한다. 3장 "네트워크 작동하기"에서는 임팩트 네트워크가 어떻게 구성되어 있는지를 설명하는 도식을 통해 임팩트 네트워크의 기본 형태를 확장시킨다. 또한 2장에서 세부적으로 다룬 다섯 가지 핵심 활동의 개요를 설명하면서, 임팩트 네트워크를 육성하는 과정을 요약한다. 4장 "네트워크 리더십"에서는 네트워크 리더십의 네 가지 기본 원칙과 함께 네 가지 네트워크 리더십의 역할을 설명한다. 이는 자기조직화 능력 장려하기, 창발(emergence)을 촉진하기, 변화를 받아들이기, 동적(dynamic) 긴장을 유지하기다.

**2부 "임팩트 네트워크 가꾸기"**에서는 네트워크 리더에게 실질적인 가이드를 제공하면서, 임팩트 네트워크의 다섯 가지 핵심활동을 깊이 탐구한다. 5장 "목적과 원칙 분명히 하기"는 새로운 임팩트 네트워크를 촉진하는 방법, 공동의 목적 찾는 방법, 그리고 네트워크가 진화하면서 네트워크를 가이드할 공동 원칙을 정의하는 방법을 설명한다. 6장 "사람 모으기"에서는 누구를 모아야 할지 생각해 보고, 혁신적인 네트워크 모임을 만들고 추진하기 위해서 고려해야 할 주요 사항들을 알아본다. 7장 "신뢰 가꾸기"에서는 연결을 조직하고, 용기 있는 대화를 진행하기 위한 실전방법을 제공한다. 8장 "액션 조율하기"는 특정 네트워크를 넘어 정보의 흐름을 가속화시키고, 상호 호혜를 실천하고, 위기의 순간에 대응하는 전략적 기술을 다룬다. 9장 "시스템 변화를 위해 협력하기"에서는 시스템에 대해 이해하고, 실제 액션을 추진하는 데 높은 잠재력을 가진 분야를 식별하는 방법을 설명한다. 또한 사회적 규범을 변화시키고, 사회운동을 성장시키는 것을 포함하여 시스템 전체에 걸쳐 변화를 촉매하기 위한 경로를 설명한다. 10장 **"인프라 구축하기"**에서는 임팩트 네트워크를 구성하는 방법, 참여에 대한 동의를 만들어내는 방법, 집단적 의사결정 방법, 네트워크 발전을 위한 핵심 환류사항을 만들어내는 평가를 내재화하는 방법, 네트워크 재원 제공자를 위한 핵심 실무를 포함한 네트워크에 자원을 공급하는 방법에 대한 실질적인 조언으로 책의 내용을 마무리한다.

# 1부

# 네트워크를 통해 일하기

---

# 1장

# 변화의 그물망

우리는 운명이라는 한 벌의 옷으로 엮여,
빠져나갈 수 없는 상호 네트워크에 얽혀 있다.
누군가에게 직접적으로 영향을 미치는 것은,
결국 모든 이에게 간접적으로 영향을 미친다.
마틴 루터 킹 주니어(Martin Luther King Jr.),
버밍햄(Birmingham) 감옥에서의 편지

---

네트워크는 우리 주변 어디에나 존재하지만, 일상에 가려 잘 보이지 않는다. 가장 기본적인 네트워크는 관계의 그물망이다. 네트워크에는 우리 뇌의 신경 네트워크와 같은 생물학적 네트워크, 고속도로 시스템과 전력망과 같은 기술적 네트워크, 그리고 사회적·직업적 네트워크와 같은 인적 네트워크가 있다. 프리초프 카프라(FRITJOF CAPRA)*가 이야

---

\* 역자주: 동양사상과 물리학 비교연구자. 저서 「현대 물리학과 동양사상」, 「새로운 과학과 문명의 전환」

기했듯이 네트워크는 "삶의 공통된 기본 패턴"이다.[1]

우리의 조직, 사회, 그리고 행성계 시스템에 내재되어 있는 네트워크는 궁극적으로 각각의 시스템들이 얼마나 건강하고 효과적일 수 있는지에 커다란 영향을 끼친다. 나무와 균류를 함께 연결하는 광범위한 네트워크의 연결이 그 대표적 사례이다. 숲의 지면 아래에서 균사체(균류의 무성생식 부분으로, 균사라고 불리는 실모양-팡이실- 구조로 구성되어 있다)는 토양 속 다양한 형태의 생명체 간 소통과 자원배분을 위한 통로를 제공한다. 숲속의 나무와 균류는 공생관계에 있다 – 나무는 자신이 직접 닿지 못하지만 균류가 닿을 수 있는 영양분을 필요로 하고, 균류는 나무가 제공하는 탄소를 필요로 한다. 이렇게 연결된 균사체는 **균근네트워크**\*를 구성한다. 이러한 네트워크는 "지하 슈퍼고속도로" 역할을 하는데, 숲 생태학자 수잔 시마드(Suzanne Simard)가 주장했듯이 이 슈퍼고속도로는 나무들을 거대한 자원 공유 커뮤니티로 연결한다.[2] 햇빛을 충분히 받는 나무는 탄소가 필요한 성장기 나무에 탄소를 제공하고, 침습적 종자나 질병에 의해 손상을 받은 나무에게 영양소를 전달한다.

우리 주위를 돌아보면 인간 역시 보호와 상호지원, 자원 공유를 위해 네트워크를 조직해 왔다. 개인은 가족 네트워크, 친구 네트워크, 일 관련 네트워크, 학교 네트워크, 지역사회 네트워크, 종교 네트워크, 온라인 소셜 네트워크와 같은 다양한 네트워크에 동시에 연결되어 있을 수 있다. 네트워크는 대부분의 사회적 네트워크처럼 느슨하고 구조가 없을 수도 있고, 임팩트 네트워크처럼 특정 기능을 충족시키고 명확한 목적을 향해 나아가기 위하여 조직될 수도 있다. 들어가며에서 이야기한 바와 같이, 임팩트 네트워크는 공동의 목적을 위해 학습과 행동을 추진해 나갈 수 있도록 개인과 조직을 함께 연결하는 특별한 종류의 네트워크다. 사회적

---

\* 역자주: 식물 뿌리와 관련된 균근 곰팡이의 균사에 의해 생성된 숲 및 기타 식물 군집에서 발견되는 지하 네트워크

네트워크가 보통 서로의 친밀성 또는 공통의 관심사를 통해 자연스럽게 연결되는 반면, 임팩트 네트워크는 네트워크의 발전을 염두에 둔 더 큰 수준의 목적성을 요구한다. 임팩트 네트워크는 3가지 주요 형태를 띄는데, 학습 네트워크, 액션 네트워크, 그리고 무브먼트 네트워크가 그것이다. 각 형태의 네트워크는 특정 기능에 가장 적합한 방식으로 운영된다.

**학습 네트워크(Learning Networks)**는 연결과 학습에 초점을 둔다. 특정 이슈에 대한 집단적 학습을 통해 정보나 지식의 흐름을 촉진하기 위해 조직된다.

**액션 네트워크(Action Networks)**는 연결과 학습에 더해 행동에 초점을 둔다. 조직된 행동 추진을 목적으로 연결과 학습을 촉진하기 위해 형성된다.

**무브먼트 네트워크(Movement Networks)**는 다양한 학습, 액션 네트워크를 함께 연결하여 네트워크들의 네트워크(network-of-networks)를 만든다. 무브먼트 네트워크의 핵심은 학습 네트워크나 액션 네트워크와 매우 유사하게 기능하지만, 공동의 목표를 위해 여러 다른 네트워크 간에 정보를 공유하고 액션을 조율하는 역할도 한다. 몇몇 무브먼트 네트워크는 특정 지역이나 무브먼트(사회운동)의 전체 목적 중 더 좁은 일부의 측면을 다루는 새로운 임팩트 네트워크를 촉진하거나 지원하는 데 도움을 주기도 한다.

학습, 액션, 무브먼트 네트워크는 각각 의도적으로 육성되어 다양한 방식으로 임팩트를 창출한다. 이들 네트워크 형태상의 우열은 없으나, 상황에 따라 가장 적합한 네트워크의 형태가 달라질 수 있다. 다양한 형태의 네트워크들은 서로 연결을 만들어내고, 협력을 촉발하고, 시스템 변화*를 촉진하는 데 새로운 변혁적 접근을 제공한다. 각 네트워크 형태

---

\* 　역자주: 근본적인 사회문제 해결을 위해 복잡하고, 상호 얽혀 있는 사회 시스템(규범이나 법, 문화)을 분석, 이해하고 시스템을 재설계하여 사회 변화를 만드는 과정

의 구조와 기능에 대한 추가적 세부사항은 3장에 제시되어 있다.

임팩트 네트워크는 다음의 다양한 방식으로 가치를 제공한다. 즉, 통제적이거나 지시적이지 않으면서 다양한 참여자 간, 조직 간, 조직 내 활동을 조율한다. 또한 탈중앙화된 구조로, 혼돈의 상황에 유연하게 대응한다. 긴급한 사안에 즉각적으로 응답한다. 그리고 새로운 가능성을 창조하기 위해 다양한 관점을 통합한다. 임팩트 네트워크는 차이를 넘나들며 연결과 협력을 강화함으로써, 세상의 복잡성에 대응하는 필수적인 조직화 방법이다.

1장에서 우리는 임팩트 네트워크가 무엇인지, 왜 임팩트 네트워크가 중요한지 조망해 보는 두 가지 구체적인 사례 연구를 살펴보도록 하겠다. 그 뒤 1부의 나머지 부분에서는 임팩트 네트워크가 번성하기 위해서 필요한 핵심사항을 살펴보게 될 것이다.

## 임팩트를 위한 네트워크

임팩트 네트워크가 어떻게 발전하고 시간이 지남에 따라 어떻게 변화를 만들어내는지를 알아보기 위해, 두 가지 사례를 살펴보겠다. 첫 번째 사례는 성생식 보건(reproductive health)에 중점을 둔 국제 학습 네트워크인 다목적 예방 기술 이니셔티브(Initiative for Multipurpose Prevention Technologies)이고, 두 번째 사례는 캘리포니아 지역 50만 에이커* 규모의 생태, 문화 유산을 보호하고자 설립된 범분야 액션 네트워크인 산타크루즈 산맥 보호관리 네트워크(Santa Cruz Mountains Stewardship Network)이다.

---

\* 1,000에이커 = 4.04686km², 50만 에이커 = 약 2,023.4km²

## 성생식 보건을 증진하기 위한 국제 학습 네트워크

다목적 예방 기술 이니셔티브(Initiative for Multipurpose Prevention Technologies, 이하 IMPT)는 다목적 예방 기술(이하 MPT)을 통해 전 세계 성인 여성과 소녀들의 성생식 보건 증진을 위하여 연구자, 제품 개발자, 재원 조달자, 정책 입안자, 옹호 활동가를 연결하는 글로벌 학습 네트워크다. MPT는 인체면역결핍바이러스(HIV) 감염과 다른 성매개 감염(STIs) 및 임신을 동시에 예방하도록 고안된 혁신적인 복합 제품의 한 종류이다.

해당 네트워크가 만들어지기 전, 광범위한 성생식 보건관련 분야는 분절화되어 있었다. 분절화되어 있는 분야를 연결하기 위해, 비영리 조직인 카미 헬스(CAMI Health)는 최초로 HIV 예방, 성매개 감염 예방, 피임약 개발 분야의 이해관계자들을 한자리에 모았다(여기서 모았다는 것은 모든 네트워크 구성원을 동시에 모이도록 했다는 것이다). IMPT의 네트워크 창립 참여자는 수십 년 동안 각자 분리되어 일해 왔으나, 서로 관련이 있는 이 분야의 업적을 기반으로, 다중 위험에 대처할 수 있는 단일 제품을 함께 개발할 수 있는 기회가 있다는 것을 깨달았다.

그때 카미 헬스의 창립자이자 대표인 베타니 영 홀트(Bethany Young Holt)는 "MPT는 살균제와 가족계획 분야에서 흥미로운 대화거리가 되는 초기 아이디어였어요. 하지만 MPT를 아이디어 수준에서 현실로 실현시켜줄 조직체는 없었어요."라고 회고한다. 2009년 소집된 이 모임의 결과로, MPT 분야의 진전을 이루는 데 도움이 되는 IMPT 네트워크가 발족되었다.[3]

학습 네트워크로서, IMPT는 참여자를 연결하고, 네트워크 내에 정보를 수집하고 확산시키며 전체 네트워크에서 정보의 흐름을 가속화하며 학습을 촉진하는 데 주력했다. 네트워크는 관련 분야 데이터를 조직하는 공유 데이터베이스를 활용하여 참여자뿐만 아니라 다양한 외부 자원으로부터 관련 정보를 네트워크 **안으로** 수집해 모았다. 그리고 나서 그 정보를 네트워크 참여자에게 뉴스레터, 간행물, 웨비나, 소셜미디어, 네트워크 연락을 활용하여 **밖으로** 정리·배포했다. 또한 IMPT는 회의 개최, 특정 주제 관련한 대화모임 장려, 온라인 소통 시스템 유지를 통해 네트워크 **사이에**, 정확히는 사람과 사람 사이에 정보가 직접 흐르도록 했다. 이러한 다중 채널을 활용해 전 세계의 연구자와 활동가가 중요한 연구를 공유하고, 서로의 작업과 활동에서 배우며, MPT 개발을 진전시 키기 위한 노력을 서로 맞춰 나가고 있다.

IMPT는 [그림 1.1]에서 [그림 1.4]까지의 네 가지 단계로 발전하였다. 이 단계들은 처음 준 홀리(June Holley)와 발디스 크렙스(Valdis Krebs) 의 독창적 논문인 **네트워크 조직하기를 통한 똑똑한 공동체 만들기** (Building Smart Communities through Network Weaving)에서 처음 정 의되었으며, 이후 네트워크 맵핑에 특화된 데이터 시각화 플랫폼 쿠무 (Kumu)를 통해 재구성되어, 어떻게 연결이 네트워크 형성기에 증식될 수 있는지를 보여준다.[4]

시스템 간 연결이 끊어져 있을 경우, [그림 1.1]에서 보이는 네트워크 1단계 즉, 흩어진 조각 상태와 같게 된다. 이 단계에서 몇몇 사람들은 서 로 알고 상호 교류하지만, 전체적으로 전반적 시스템은 분절된 상태 그 대로이다. 사람들은 그림에서 노드(nodes, 요소나 활동 인자로도 불림)로 표현되고, 노드 사이의 연결은 연결선(links, 테두리나 끈으로도 불림)으 로 표현된다. 그룹으로 어느 정도 연결이 존재하는 곳은 클러스터(커뮤 니티로도 불림)로 불린다. 클러스터는 시스템의 다른 부분에 속한 사람 들보다 서로 훨씬 더 긴밀하게 연결된 사람들의 군집을 의미한다.

군집(클러스터)은 네트워크에서 아주 흔하게 발생하는 현상이다. 사람 들이 자신과 비슷한 사람에게 끌림을 느끼면서 매우 자연스럽게 형성된다. 뚜렷한 클러스터에 속한 사람들은 더 비슷한 생각을 가지고, 같은 언어를 사용하며, 유사한 대화를 나누고, 같은 지역에 머무는 경향이 있다. 문제는 이러한 클러스터가 서로를 연결하는 다리(브릿지) 없이 분리된 채로 남아 있을 때 발생한다. 브릿지는 한 시스템에서 서로 다른 두 부분 사이의 필수적 연결고리이며, 그렇지 않은 경우 연결은 해체된다. (브릿지를 만드는 책임이 있는 사람은 **중개자(bridger)**, **경계 확장자(bounder spanner)**, **브로커(broker)**라고 불려왔다)

클러스터를 함께 연결하는 브릿지가 없다면, 정보는 클러스터 사이에서 흐르지 못하고 반향실 — 그 안에 있는 사람들의 믿음을 강화하기만 하는 장소 — 을 만든다. 자신들의 반향실에 갇혀 사람들은 새로운 관점을 듣는 것을 차단하고, 자신이 속한 방 밖의 사람들과 협력하고자 하지 않는다. 시스템은 클러스터 간의 연결을 강화하는 네트워크를 의도적으로 형성하여 이 문제를 극복할 수 있다. 이를 위한 활동에는 사람들이 관계를 형성하고 서로의 작업과 활동을 배울 수 있도록 함께 모이는 기회를 만드는 것이 있다.

IMPT의 사례처럼, 홀트는 처음 참여자들이 함께 모일 수 있도록 촉매 역할을 했다. 그 결과, 홀트를 중앙 허브(hub, 허브는 네트워크 상에서 많은 노드와 연결되어 있다)로 하여 네트워크는 2단계, [그림 1.2]에서 보듯이 중심과 바큇살(허브와 스포크) 상태에 진입하게 된다. 이것은 흩뿌려진 조각으로 완전히 서로 구획된 상황에서 발전한 것이었다. 그러나 이 상태에 너무 오래 머무는 것은 좋지 않다. 중심 허브가 정보 흐름을 제어하는 문지기(gatekeeper) 역할을 하게 되며, 이로 인해 병목현상이 발생해 정보 흐름 속도가 느려질 수 있다. 모든 연결이 중앙 허브를 통해서만 이루어지게 되면, 사람들이 직접적이고 개인적인 관계를 형성할 때 나타나는 자생적인 협력이 제한된다.

[그림 1.1] 1단계 - 흩어진 조각

[그림 1.2] 2단계 - 중심과 바퀴살(허브와 스포크)

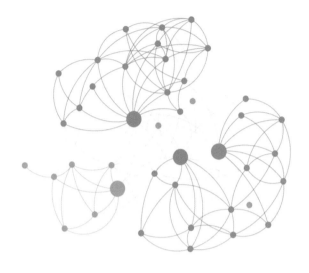

[그림 1.3] **3단계 - 다중 중심(허브)**

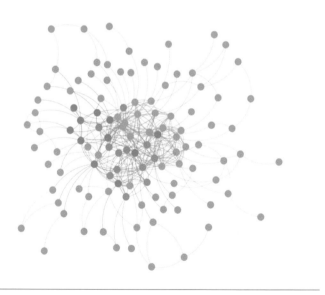

[그림 1.4] **4단계 - 중심과 주변**

분석적으로 살펴보면, 홀트는 이 관계를 혼자서 독식하려 하지 않았다. 대신 그녀는 시스템 전체의 연결과 소통을 촉진하는 것을 그녀의 역할로 생각했다.[5] 관계가 형성되면서 IMPT는 3단계, 다중 중심 네트워크(그림 1.3)로 진화했다. 이제 MPT 분야의 주요 인물들은 더 이상 한 개인에 의존하지 않고도 연결을 유지할 수 있게 되었다. 우리의 경험상 허브와 스포크 단계를 넘어 진화하지 않는 임팩트 네트워크는 성과를 내는 데 있어 크게 제한적이다. 네트워크가 다중 중심 단계(Multi-Hub)에 이르는 것은 네트워크가 변화를 위한 강력한 힘을 만드는 특별한 능력을 발현하는 데 필수적인 단계이다.

시간이 지나면서, IMPT는 4단계인 중심과 주변 네트워크(그림 1.4)로 성장했다. 이 단계에서는 네트워크 중심부에 고도로 상호 연결된 참여자들의 그룹이 있을 뿐만 아니라, 새로운 아이디어의 원천 및 다른 네트워크와의 새로운 연결을 제공하는 크고 다양한 주변부가 존재한다. 주변부에 있는 상대적으로 덜 활동적인 참여자들은 네트워크의 다양한 활동에 참여하게 되면서 시간이 지남에 따라 네트워크의 중심으로 이동하기도 한다. 오늘날 200명 이상의 활동적인 참여자가 IMPT의 중심을 구성하고 있으며, 주변부는 2,000명 이상의 개인이 네트워크의 중심과 소통하고 있다.[6]

네트워크가 형성된 지 10여 년이 지나면서 20여 개 이상의 MPT 제품이 개발 단계에 있으며 MPT는 성생식 보건 분야에서 새로운 수준의 포괄적 예방 제품으로 널리 공인되고 있다. 최초로 시스템 전체의 개인과 조직을 연결하면서 IMPT는 구성원들이 전에는 가능하지 않던 방법으로 서로 연결되고, 배울 수 있게 되었다. 카미 헬스와 IMPT 네트워크의 촉매적 리더십이 없었다면 MPT 분야는 이처럼 깊이 발전할 수도, 이렇게 빨리 발전할 수도 없었을 것이다.

## 토지 보호관리를 위한 범분야 액션 네트워크
### (Cross-Sector Action Network to Steward the Land)

2014년 말, 산타크루즈 산맥 지역의 주요 토지 소유·관리 기관의 지도 자들이 한 자리에 모였다. 이들은 50만 에이커가 넘는 땅에서 자연 자원 을 돌보는 일에 각자 헌신해 왔지만, 시간이 흐르면서 그 경관이 더 좋아 지기 위해서는 더 큰 규모의 협력이 필요하다는 것을 깨닫게 되었다. 이 지역 전체에서 협력을 높여가겠다는 목표 아래 그들은 산타크루즈 산맥 보호관리 네트워크(Santa Cruz Mountains Stewardship Network, 이하 SCMSN)를 발족했다. 그들은 컨버지를 고용하며 SCMSN의 발전을 도모 하기 위해 네트워크 초기 모임을 촉진하도록 했고 향후 네트워크를 지원 할 전담 코디네이터를 고용하고 훈련시키는 일을 맡겼다.

오늘날 SCMSN은 정부 기관, 토지 신탁, 비영리 단체, 연구 기관, 목재 회사, 그리고 미국 원주민 부족을 포함한 20개 이상의 그룹을 연결하는 액션 네트워크로 성장했다. 이 그룹들은 지역 대부분의 토지를 집합적으 로 소유하거나 관리하며 "앞으로 올 세대를 위해 인간과 자연 생태계가 함께 번성하는 회복력 있고 활기찬 지역을 가꾸자"는 공유된 목적 아래 함께하고 있다.[7]

액션 네트워크로서 SCMSN은 조직 간 정보와 지식공유의 흐름 을 촉진하는 학습 네트워크의 성격을 포함하며 이를 기반으로 활동 한다. 동시에 네트워크는 전 지역을 걸쳐 자연보존의 성과를 확산하 기 위해 구성원의 상호협력을 지원한다. 예를 들어 이 네트워크는 수백 만 달러 규모의 식생 맵핑 프로젝트를 추진하여 토지 관리자에게 그 들의 보호관리 노력에 직접적인 도움이 되는 귀중한 데이터를 제공했 다. 한편 SCMSN에 의해 촉발된 또 다른 이니셔티브가 탄생하기도 하 였다. 이 이니셔티브는 캘리포니아 경관 보호 관리 네트워크(California

Landscape Stewardship Network)의 일부로서 작동하던 좀 더 큰 규모의 무브먼트 네트워크에 의해 발전된 것이었다. 이들이 이끈 것은 "그린 테이프 커팅 이니셔티브(Cutting Green Tape Initiative)*"인데, 이들은 주 전역의 생태복원 프로젝트의 자금지원과 허가문제의 효율성을 크게 개선하는 데 기여하고 있다. SCMSN이 이 정도 규모로 협력적으로 일할 수 있게 되기 전까지, 참가자들은 먼저 자신들이 공통적으로 가지고 있는 목적을 분명히 하고, 의미 있는 신뢰 관계를 형성해야 했다.

신뢰 관계로 발전시키는 능력은 결코 당연한 것이 아니었다. 네트워크 창립 이전에 실시했던 참여자와의 초기 인터뷰에서, 우리는 해당 지역의 사회적 분열과 오랜 갈등의 역사를 알게 되었다. 적어도 1960년대부터, 환경주의자와 자신의 생계를 위해 토지를 경작했던 산타크루즈 카운티 주민들은 어떻게 지역의 삼나무 숲을 관리할 것인지에 대한 판에 박힌 분쟁으로 서로에게 상처를 남겼다. 수십 년간 환경단체와 토지 신탁은 지역 전체에서 목재 채취를 제한하고 "삼나무 보존(save the red woods)"이라는 보존주의적 사명을 추구해 왔다. 20세기 중반부터 지속 가능한 선택적 벌목 기술을 사용해 온 목재 회사들은 이러한 보존주의적 접근 방식에 반대했다.

토지 신탁과 목재회사 사이의 분쟁은 산타크루즈 산맥의 양쪽에 있는 두 마을 간의 서로 다름으로 인해 더 복잡해졌다. 산맥의 동쪽에 위치한 산타클라라 카운티는 경제력과 정치적 영향력이 있는 실리콘밸리의 본거지이다. 반면 서쪽에 위치한 산타크루즈 카운티에서는 대부분의 사람들이 시골 생활을 하며, 땅을 운영(경작)해 생계를 유지하고 있다. 지역의 가장 큰 토지 신탁들은 주로 동쪽의 산타클라라 카운티에 위치해 있으며, 목재회사와 그 노동자들은 서쪽의 산타크루즈 카운티에 살

---

* 역자주: 생태 복원 프로젝트와 관련된 규제나 절차를 간소화하고자 하는 정책적 노력

며 일하는 경향이 높다.

한편 우리가 인터뷰한 몇몇 리더들은 힘의 역학 관계에 문제가 있다는 우려를 표명하기도 했다. 즉 자금력이 풍부한 토지 신탁에 의해 작은 환경보호단체가 가려지고 있다는 것이다. 일부 리더들은 자신의 이전 협력관계에서 공정한 대우를 받지 못했다고 느끼고, 다른 조직에 분한 마음을 갖고 있기도 했다. 또 다른 사람들은 여전히 네트워크가 사적인 이익에 이용당할 것이라는 우려를 표했다.

우리는 무엇을 함께 할 것인지에 대해 집중하기보다 — 네트워크 구성원 간 신뢰의 부족으로 심각한 장애물을 만나게 될 것이기에 — 네트워크 구성원이 공통적으로 지녀야 할 바람과 원칙을 명확히 하는 데 우선 집중했다. 우리는 또한 장기간에 걸쳐 창조적 사고와 협력을 기르는 관계를 조성하는 데 집중했다.

네트워크의 출범 첫 해에 열린 세 번의 회의모임을 통해 참여자들은 서로의 가치와 동기에 대해 배워 나갔고, 산맥을 보호하기 위해 실제로 관리를 어떻게 해야 하는지에 대해 토론했다. 많은 관점 차이에도 불구하고, 이들은 각자가 땅에 대한 사랑을 가지고 있다는 것을 알게 되었다. 참여자들은 자신의 조상에 대해, 자신이 어떻게 산타크루즈 산맥 지역에 살게 되었는지에 대해, 어떻게 자신이 지역의 나무와 동물, 강, 그리고 산과 처음 사랑에 빠졌는지에 대해 이야기를 나눴다. 또한 자신의 지역을 위해 자신이 원하는 미래를 그려보고, 자신들의 조직을 화합하는 공동의 염원을 명확히 했다. 참여자들은 새로운 관계를 형성하고, 이미 알던 사람과의 연결을 더 돈독히 하였다. 세 번째 회의가 끝날 때, 참여자들은 네트워크의 목적을 정의하는 공동 헌장을 만들고, 훌륭한 보호관리에 대한 집합적 이해를 구성했으며, 서로 협력해야 하는 특별 우선순위 지역을 정했다. 헌장을 제정하는 것은 역사적인 사건이었지만,

이는 시작에 불과했다.

네트워크는 새로운 구성원을 더하고 새로운 협력을 촉발하여 발전을 계속해 나갔다. 머큐리뉴스*의 묘사에 따르면, '전통적으로 여러 사안에 서로 합의라는 것을 해 본 적이 없는' 두 구성원, 즉 지역 환경단체인 페닌술라 오픈 스페이스 트러스트(Peninsula Open Space Trust)와 가족 경영 목재회사인 빅 크릭 럼버(Big Creek Lumber)가 거의 1,000에이커에 달하는 삼나무숲을 보존하기 위해 파트너가 되었다. 이는 지난 10년간 유사한 종류의 처리 과정 중 가장 큰 협력 건이었다.[8] 이와 별도로 아마 멋선 부족 공동체(Amah Mutsun Tribal Band), 캘리포니아 주립공원(California State Parks), 산마테오 자원보전구역(San Mateo Resource Conservation District), 이들 셋은 퀴로스테 밸리(Quiroste Valley)의 생태 생명력을 복원하기 위해 함께 일하고 있다. 7장에서 더 자세하게 소개하겠지만 이러한 노력은 부족 구성원들이 이끌고 있으며 이들은 자신들의 조상으로부터 보호관리 방식을 이어받아 나쁜 것은 개선하고 주 정부기관과의 신뢰를 구축하는 과정에서, 더디지만 그 과정을 지속해 나가고 있다.[9]

성과가 고무적일 때 가장 주목을 받아야 하는 것은 관계이다. 관계는 네트워크가 작동하도록 하는 데에 핵심적 역할을 한다. "우리는 얼마나 관계와 신뢰가 중요한지 말하기가 조심스럽지만 관계 형성은 마법의 시작점입니다. 관계는 우리가 함께 '네(동의합니다)'를 찾도록 합니다."라고 산마테오 자원보전구역의 상임이사인 켈릭스 넬슨(Kellyx Nelson)은 이야기한다.[10]

---

* 역자주: 캘리포니아 산호세지역, 샌프란시스코 베이 지역의 에서 발행되는 아침 일간지

# 관계: 네트워크의 심장

임팩트 네트워크가 달성하는 모든 것의 중심에는 관계가 존재한다. 네트워크와 다른 다중 이해관계자 협력에 대한 이십여 년간의 연구로부터, UC버클리 하스 경영대학(Hass School of Business at University of California, Berkeley)의 제인 웨이-스킬런(Jane Wei-Skillern)은 "모든 협력의 요소 중 가장 중요한 요소는 참여자 간의 신뢰 기반 관계이다. 강력한 관계의 기초가 부족하기 때문에 많은 협력적 노력이 그 잠재력을 100% 활용하는 데 궁극적으로 실패한다."는 것을 발견했다.[11]

어떤 시스템이든 개별 요소들을 더 효과적으로 만드는 데 많은 에너지를 쓰는 반면, 사람들은 시스템을 함께 묶어주는 관계의 그물망을 통해 시스템 전체를 강화할 기회는 자주 간과한다. 예를 들어, 재단은 다양한 조직들이 강력한 방식으로 자신들의 노력을 서로 합치도록 하는 협력적 기반구조에 투자하지 않으면서 — 투자가 거대한 임팩트를 낼 것을 기대하고 — 개별 조직들에 자원을 투자하는 일은 흔하다. 탄력적이고, 똑똑하며, 혁신적인 시스템을 조성하기 위해서 우리는 개인과 조직 사이 관계의 강력한 네트워크가 필수적임을 계속해서 보게 된다. 관계가 형성되지 않은 경우 효과적인 협력은 가능하지 않다.

산타크루즈 산맥 지역 전역에 존재했던 분절의 정도를 더 잘 이해하기 위해, 우리는 첫 네트워크 회의 소집 직전에 1차 사회네트워크분석(SNA)*을 실시했고, 2차 소집 6개월 후 2차 분석을 실시했다. 조사는 조사 대상자가 네트워크에서 자신을 제외한 모든 사람들에게 연결감을 느끼는 정도를 익명으로 평가하도록 했다(보기문항: 0-연결 없음, 1-아는 사

---

\* 역자주: SNA(Social Network Analysis)는 학술적 개념으로 사회연결망 분석, 사회적 네트워크 분석 등으로 다양하게 번역될 수 있음.

람, 2-관계있음, 3-강력한 관계 있음). [그림 1.5]에서 보듯이 다양한 형태의 조직 리더들 사이에는 거의 관계가 존재하지 않았다. 노드는 조직 리더를 나타내고 연결선은 두 사람 사이의 관계 또는 강한 관계 있음을 나타내며, 음영 별로는 정부기관, 토지 신탁, 또는 연구기관과 같은 특정 조직의 형태를 나타내고 있다(개인정보 보호를 위하여 특정한 식별정보는 삭제하였다).

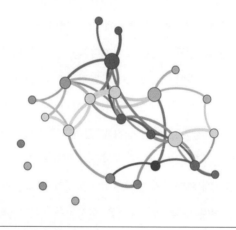

[그림 1.5] **1차 회의 소집 이전의 산타크루즈 산맥 보호관리 네트워크의 네트워크 맵. 각각의 노드(node)는 네트워크에 참가하고 있는 조직의 리더를 나타내고, 연결선은 관계, 개별 노드의 음영의 차이는 조직의 형태를 구분한 것. 이 맵의 컬러 버전은 컨버지 웹사이트(converge. net) 내에 컨버지 네트워크 툴킷(Converge Network Toolkit)에서 살펴볼 수 있음.**

우리는 시스템 분절을 강조하기 위해 네트워크 구성원들에게 조사 시점에서 맵핑 결과를 공유하였다. 우리는 또한 아직까지 관계가 없는 사람들 사이에 연결을 조직하고 서로의 가치와 동기 그리고 활동을 알 수 있는 대화 모임을 형성하기 위해 데이터를 사용하였다. [그림 1.6]에서 보다시피 2차 분석을 수행할 때 네트워크는 서로 다른 형태의 조직 사이에 더욱 다양한 연결을 통해 훨씬 더 상호연결되었다(우리는 네트워크의 성장을 평가하고, 네트워크의 발전에 도움이 될 기회가 드러나도록 하는 데에 도움이 되기 위해 임팩트 네트워크가 정기적으로 SNA를 수행하는 것을 권장한다. 사회적 네트워크분석에 대한 더 많은 정보는 10장에서 찾아볼 수 있다).

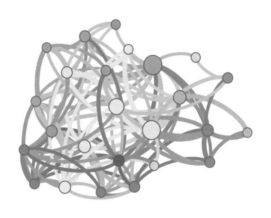

[그림 1.6] **산타크루즈 산맥 보호관리 네트워크 발족 6개월 후 네트워크 맵**

산타크루즈 산맥 보호관리 네트워크(SCMSN)의 코디네이터이자 유일한 상근 직원인 딜런 스카이브룩(Dylan Skybrook)은 네트워크의 성장을 회고하면서 관계를 네트워크 성공의 기반으로 꼽았다. 관계의 힘은 네트워크에서 논쟁적 주제에 관하여 대화를 하고, 사람들이 서로의 활동을 돕기 위해 전력을 다할 때 가장 분명하게 드러난다고 스카이브룩은 이야기한다. 그러나, 가장 중요한 지점은 이제 관계가 그저 규범(당연한 것)이 된 것이라고 그는 말한다. "사람들이 더 이상 서로를 신뢰하고 관계를 맺고 있다는 사실조차 알아차리지 못하는 것 같다. 그냥 서로가 자연스러운 거다. 모든 사람들이 지속적으로 서로에게 관여하고 있고, 함께 일할 방법을 찾고 있다. 더 나은 토지 보호관리를 위해 지역 전체가 서로 보이지 않는 그물구조를 만들었다."[12]

현재 전체 시스템이 서로 협력하는 것은 관계 덕택이다. 정보가 조직, 기관, 정부 사이에서 자유롭게 공유된다. 네트워크 구성원 중 한 명은 다른 조직이 사업을 진행하는 방식에 이슈가 있을 때 이제 "그냥 전화를 걸어서 이야기할 수 있게 되었다."고 놀라움을 나타낸다. 또 다른 사람은 새로운 관계가 자신의 관점을 확장시키며, 이제 자신은 다른 사람의 의도를 추측하기 전에 멈춰 생각해 보게 되었다고 이야기한다. 서로 신뢰하는 관계가 없다면, 이러한 네트워크의 임팩트는 가능하지 않았을 것이다.

# 2장
# 네트워크 마인드셋

기존의 현실과 싸워서는 결코 변화를 일으킬 수 없다.
무언가를 변화시키려면, 지금 존재하는 모델을 무력화할
새로운 모델을 만들어라.
벅민스터 풀러(Buckminster Fuller), 「풀러의 관점(A Fuller View)」

———————

　우리가 사는 세상을 구성하는 관계의 그물망을 인지하기 시작하면, 다시는 예전으로 돌아갈 수 없다. 이것을 우리는 **네트워크 마인드셋 전환**이라고 부른다. 네트워크 마인드셋을 받아들이는 것은 모든 것이 연결되어 있다는 현실을 받아들이는 것이다. 즉, 개인, 조직, 섹터의 행동이 서로에게 종종 예기치 못한 방식으로 크게 영향을 끼친다는 것이다. 크리스토퍼 비탈(Christopher Vitale)은 자신의 책 **네트워콜로지스(Networkologies)**에서 네트워크 마인드셋은 다른 무엇보다도 "세상을 바라보는 방식, 관점의 전환으로… 세상을 관계적으로 보는 것"으로 특징지어진다고 설명한다.[1] 이러한 마인드셋 전환은 변화를 만들어 내기 위해 네트워크를 통해 생각하고, 배우고, 일하는 여정의 필수단계이다.

　네트워크 마인드셋을 받아들인 사람은 자신을 더 큰 활동 그물망의 일부로 – 중앙 허브가 아닌 시스템의 많은 노드 중 하나로 – 생각한다. 오토 샤머(Otto Scharmer)와 카트린 카우퍼(Katrin Kaufer)가 **본질에서 답을 찾아라**(Leading from the Emerging Future)에 썼듯이, 네트워크 마인드셋 전환은 나에서 우리로, 또는 "자아중심 시스템 인식"에서 "(나를 포함한) 생태 시스템 인식"으로의 초점 변화로 특징지어질 수 있다.[2] 이러한 전환으로 리더는 어떻게 자신의 노력과 다른 사람이 관련되어 있는지 의식하는 데 능숙해지며, 결과적으로 함께 일하는 기회를 식별하는 것이 더 쉬워짐을 느낀다. 또한 개별 조직 하나의 규모를 **키우는 것**(scale up)보다, 협력을 통해서 임팩트를 생성할 더 강한 연결을 만들어 규모를 **확산**(scale out)하고자 한다. 이러한 사고 방식과 활동 방식은 우리의 역량이 복잡성에 효과적으로 작용하는 데 결정적 역할을 한다. 임팩트의 잠재력은 모든 형태의 자원 – 리더십, 돈, 재능 – 이 시스템 전체에 걸쳐 공동의 목적을 향해 승수효과를 낼 때(레버리지될 때) 폭발적으로 증가한다.

　네트워크 마인드셋은 제인 웨이-스킬런(Jane Wel-Skillern)이 말하는 4가지 원칙으로 명료하게 정리된다.[3] 네트워크 마인드셋을 선택한 리더들은 다음에 집중한다.

- 자신의 조직이나 기능의 성장이 아닌, 임팩트 자체를 키우는 것
- 시스템의 중앙화가 아닌, 상호연결된 시스템의 일부가 되는 것
- 권력을 축적하거나 영웅이 되려 하지 않고, 리더십과 인정을 동료와 공유하는 것
- 통제 시스템이 아닌, 신뢰 기반의 관계를 만드는 것

당신이 네트워크 마인드셋을 받아들인다면, 혼자 고립된 채로 일하는 방식에서 벗어나게 된다. 대신에, 연결을 만들고, 흐름을 강화하며 자원을 공유하여 혼자서 가능했던 것보다 더 많은 일을 함께 하는 데 초점을 두게 된다.

## 위계적 마인드셋

오늘날 세상에서 지배적인 조직 체계는 소수의 리더 그룹이 의사결정을 하고 명령 체계를 따라 이를 하달하는 위계적인 지시와 제어 모형이다. 위계적 체계는 "사람이나 그룹이 지위나 권위에 따라 서열화되는 시스템 또는 조직"[4]으로 정의되며, 이것은 재화나 서비스를 생산하는 것과 같이, 특정되고 잘 정의된 목적을 효율적으로 추구하고 달성하는 데 대하여 비범한 능력을 지니고 있다. 이러한 위계적 체계는 론 하이페츠(Ron Heifetz)가 말하는 문제의 정의와 해결책, 이행 방식이 명확한 "기술적 도전"이라고 부르는 것 에 대처할 때 가장 효과적이다.[5]

위계적 체계는 그 예측가능성과 안정성 측면에서 많은 사람들에게 선호된다 — 직원과 리더는 자신들이 무엇을 기대할 수 있는지 알고 있고, 활동을 미리 예측할 수 있다. 그러나 위계적 구조는 복잡하고 다면적인 사안에 대처하는 데 한계가 있다. 네트워크는 서로의 대화에서 떠오르는 아이디어와 실천을 가지고 내부에서 시작해 외부로 확산해 나가는 반면, 위계적 구조에서는 힘 있는 리더가 계급 위계구조를 통해 지시와 자원을 하부로 전달하는 상명하달식으로 일을 추진한다. 복잡한 상황에 직면했을 때 이러한 체계는 병목현상에 빠진다.

위계적 체계는 보통 [그림 2.1]과 같이 피라미드로 묘사할 수도 있고,

[그림 2.2]와 같이 경직된 허브와 스포크 네트워크로 시각화할 수도 있다. CEO를 중심에 두고, 선은 직접보고의 관계로 연결되어 있다. 직접보고 선은 또다른 직접보고 선과 연결되어 있고, 각각의 선은 중심허브를 향하게 된다.

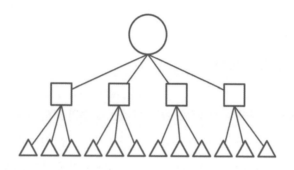

[그림 2.1] 피라미드로 주로 묘사되는 위계적 구조

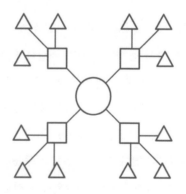

[그림 2.2] 허브와 스포크 네트워크로 도식화된 위계적 구조

위계적 구조의 거의 꼭대기(또는 경직된 허브와 스포크 네트워크)에 있다는 것은 당신이 더 많은 통제권을 가지며, 사람들이 당신을 필요로 한다는 점에서 장점이 있다. 하지만 그것에는 비용도 따른다. 더 많이 통제하려 하면 할수록 사람들은 자기 주도적으로 일을 발전시켜 나가기 위

한 자기조직화(self-organize)를 할 수 없게 된다. 당신을 필요로 하면 할수록 당신이 부재할 때, 시스템은 유연성을 잃게 된다. 당신이 위계적 구조를 유지하고자 할수록, 병목현상이 생기고 정보의 자유로운 흐름이 막히게 된다. 결국 중요한 역할을 맡고 통제권을 가진 위치에 선다는 것은 양날의 검과 같다.

　이것이 왜 위계적 체계가 변화하는 환경에 빨리 적응하기 힘든지에 대한 큰 이유이다. 조직 구조가 이미 정해져 있고 유연하지 않을 때, 집단적 발견, 자발적인 협력, 예상치 못한 혁신은 거의 일어나기 어렵다. 위계적 구조는 성취를 위해 정해 놓은 특정한 목적을 달성하기에는 좋으나 쉽게 해결책을 찾을 수 없는 복잡한 이슈에 대처하는 데에는 잘 맞지 않는다.

　이러한 이유로 위계적 구조는 다중이해관계자 협력에는 좋지 않은 선택이 된다. 위계적 구조의 상부에 있는 사람들은 통제를 고수함으로써 시스템 나머지 부분의 자기조직화 능력을 제한한다. 위계적 구조는 사람들을 순위로 세우는 경직된 구조를 유지함으로써 정보와 권력에 대한 불평등한 접근을 형성하고 신뢰를 약화시킨다. 이러한 위계적 구조가 협력적 환경에 놓이게 되는 경우 참여하는 다수의 다양한 이해관계자 그룹을 감독할 수 있는 수뇌부나 공유되는 운영체가 없는 경우가 많다. 더 열악하게는 너무 관료적인 대응을 하면서 복잡성을 다루는 데 필요한 다양한 관점을 포함하지 못하는 단선적 지시를 내린다.

　우리가 이제까지 본 가장 효과적인 협력은 목적과 관계를 공유하는 가운데 고도로 연결된 네트워크로 조직된 것이었다. 이는 네트워크 구조에 내재된 유연함을 가지고 높은 연결도를 유지하는 네트워크를 의미한다. 성공적인 다중이해관계자 협력을 만드는 것은 위계적 조직을 모방한 구조를 만드는 것이 아니라 역동적이며 상호 연결된 네트워크를 키우는 것과 더 유사하다.

## 네트워크와 위계적 구조, 함께하기

많은 경우, 이미 존재하는 위계적 구조를 제거하는 것은 불가능하거나 현명하지 않다. 위계적 구조는 나름의 존재 이유가 있다. 예측가능하며 신뢰 가능하다. 그리고 수행되어야 하는 일이 명확한 경우 전략을 구사하기에도 좋다. 따라서 어떤 조직에서는 내부 구조를 변경하기보다는 기존의 위계적 구조와 함께 작동하도록 네트워크를 지원한다. 이전에 설명하였듯이 특히 임팩트 네트워크는 명확한 해결책이 없는 복잡한 사안 또는 시스템 전체에 걸친 사안을 다루거나 현장이나 부서 간 또는 외부 이해관계자와 더 높은 수준의 협력이 요구되는 기회를 모색할 때에 매우 적합하다. 이러한 임팩트 네트워크의 조건이 구글(Google)의 푸드랩(Food Lab) 시작에 영감을 주었다.

마이클 배커(Michiel Bakker)가 처음 구글의 먹거리팀(푸드팀)에 왔을 때, 그는 회사가 무척 내부지향적인 조직이라는 것을 알게 되었다. 구글이 신경 쓰고 있는 가장 크고, 복잡한 이슈 중 몇 가지에 더 폭넓은 임팩트를 만들고자, 배커는 외부 사람들과의 연결뿐만 아니라 구글 시스템 전반에서 연결을 키워야 할 필요성을 느꼈다.

중요한 먹거리 시스템 문제를 다루고 구글 직원들이 더 지속 가능한 생활방식을 추구하는 데 영감을 주기 위해 구글은 배커의 리더십을 바탕으로 2012년에 푸드랩을 창설했다. 그때부터 푸드랩은 외부 전문가와 리더를 포함하여 구글 조직의 모든 직급의 사람들을 함께 모이게 했다. 1년에 두 번의 모임을 통해, 그들은 식문화를 채식 식단 위주로 전환하는 것, 먹거리 시스템에 투명성을 증가시키는 것, 플라스틱 쓰레기를 줄이는 것 등의 중점 분야에 집단지성을 적용했다.

이 네트워크를 지원하기 위해 구글은 퍼실리테이션, 모임 공간, 운영 지원을 위한 자원을 제공하였다. 이를 통해 우리는 네트워크와 위계적 구조의 하이브리드(혼합) 적용 사례를 살펴 볼 수 있다—임팩트 네트워크는 과정과 액션을 만들고, 위계적 구조는 관리와 보고를 담당하였다.

푸드랩은 구글 시스템 전반에 걸쳐 새로운 관계를 형성했다. 다양한 부서와 조직의 모든 직급에서 온 직원들은 자신이 깊게 관심을 가진 사안에 기여할 수 있는 기회를 갖게 되어 기쁜 마음으로 참여했다. 푸드랩은 또한 구글의 전략적 활동에 기여했다. "당신이 다양한 관점을 함께 모으면, 혼자서는 절대 생각하지 못했을 해결책에 다다르게 된다."라고 배커는 이야기한다. "전에 존재하지 않았던 파트너십을 이끌면서, 푸드랩은 도전과 기회에 대한 심층적 이해를 제공해 왔다."[6]

직원 네트워크(또는 직원 자원 그룹, ERG로 알려진)는 조직을 아우르는 네트워크의 더 일반적 사례를 보여준다. 이러한 정체성—혹은 경력—기반 네트워크는 사람들이 서로를 돕도록 하고, 동등한 급여, 전문성 개발 또는 조직 내 가시성 향상과 같은 공동의 목표와 관심사를 추구할 수 있는 공간을 제공한다. 예를 들어 나이키의 경우, 흑인 직원 네트워크(Black Employee Network), 프라이드(PRIDE Network), 나이키여성 네트워크(Women of Nike)를 포함한 8개의 직원 네트워크가 있다.[7]

조직 내부 네트워크는 서로 다른 부서, 다른 현장에서 일하더라도 노동자 간 소속감을 만들어 낼 수 있다. 이러한 네트워크는 공통된 경험과 욕구에 초점을 두기 때문에 직원들이 회사에서 경험하는 가장 강력한 개인적 연결을 제공할 수 있다. 직원 네트워크는 더 공정한 정책을 만들고, 회사에 필요한 인재를 유지하고, 직원 만족도를 증진시키며, 보다 포용적인 제품을 개발하는 데 도움이 되는 것을 비롯하여 조직 전체에 커다란 자원이 될 수 있다. 이러한 그룹(네트워크)은 당사자가 직접 조직하기도 하나, 조직으로부터 재정적, 물질적 지원을 받을 수도 있다.

구글의 푸드랩, 직원 네트워크와 같은 네트워크는 기존의 위계적 구조에서는 가능하지 않은 방식으로 조직에 기여한다. 네트워크가 달성할 수 있는 특정 성과 외에도, 이들 네트워크는 조직에 구성원들의 창의성과 참여를 끌어올릴 수 있는 수단을 제공한다. 이는 대부분 직원들이 일상의 업무 범위에서는 벗어나 있지만 관심 있는 일들에 기여할 수 있는 의미 있는 기회를 제공함으로써 이루어진다.

앞서 설명한 사례처럼, 네트워크와 위계적 구조는 상충되는 것이 아니며 서로 조화롭게 작동할 수 있다. 물론 우리가 네트워크 마인드셋과 위계적 마인드셋을 구별하고 있기는 하지만, 실제로는 위계적 구조와 네트워크가 중요한 측면에서 서로 겹치기도 하고 상호작용하기도 한다. 모든 조직은—위계적 구조의 조직이라도—사람과 부서를 함께 연결하는 유기적이고 비공식적인 네트워크가 있다. 랍 크로스(Rob Cross)와 앤드류 파커(Andrew Parker)는 **소셜 네트워크의 숨겨진 힘(The Hidden Power of Social Networks)**에서, 이러한 네트워크는 "조직의 성과, 전략 개발 및 실행방식 혁신 능력과 복잡하게 얽혀있다."라고 기술하고 있다.[8] 그들의 연구는 "제대로 운영되는 네트워크의 연결성이 성과와 학습, 그리고 혁신에 필수적이라는 것을 보여준다."[9]

이처럼 모든 네트워크는 자연스러운 위계적 구조를 포함하고 있다. 네트워크에는 하나의 위계적 명령체계보다 특정 맥락에 따라 나타난 다수의 유연한 계층 구조가 있다. 이것이 흔히 알려진 **다중위계(heterarchical) 조직구조**이다. 이 다중위계 조직구조에서는 공식적인 권력과 의사결정이 분리되어 있다—어느 누구도 다른 사람보다 구조적 우위를 점할 수 없다. 다만 몇몇 사람은 자신의 지식, 경험이나 역할에 기반하여 특정 사안에 대해 더 큰 영향력을 끼칠 수는 있다.

뉴욕시 5개구 전역에서 경제적 계층이동성을 증진하고자 하는 액션 네트워크인 스털링 네트워크 NYC(Sterling Network NYC)와 함께 일하며, 나는 한 참여자가 이 분야의 리더로서 전문성과 경력을 바탕으로 공공주택에 관련된 신뢰받는 정보의 원천이 되는 과정을 살펴볼 수 있었다. 그 사람은 공공주택 전문성 관련 위계 구조에서는 최상위에 있었지만, 다른 부분에서는 낮은 위치에 있었다. 어떤 참여자는 전문적인 사회 정의에 관한 전문 변호사로 형사법 개혁이라는 주제에 영향력이 있는 사람이었다. 한편 최신 기술에 능숙한 한 참여자는 네트워크가 어떤 기술 도구를 채택해야 하는지에 대한 질문에 관해 가장 영향력이 있는 사람이었다. 임팩트 네트워크는 ― 단일 권력의 위계 구조가 권위를 행사하는 것이 아니라 ― 여러 개의 자연스러운 위계 구조가 등장할 수 있도록 허용함으로써, 참여자들이 그룹에 가져다주는 많은 재능이 발휘될 수 있게 한다.


## 마인드셋 전환하기

많은 사람들은 네트워크를 통해 관계로 일하는 것을 자연스럽다고 느낀다. 그러나 평생을 위계적 구조의 조직에서만 일해 온 사람들에게 네트워크 마인드셋으로의 전환은 다소 시간이 걸린다. 네트워크 마인드셋이 면밀한 계획과 통제를 통해 변화가 일어난다는 서양식 사고와 대조되기 때문이다. 위계적 마인드셋과 네트워크 마인드셋의 주요 차이점은 다음 표에 정리되어 있다.

자연에서 비유하자면, 임팩트 네트워크는 기러기의 V자형 비행이라기보다 찌르레기 떼의 비행과 같다. 네트워크 구성원은 기러기들이 하는 것처럼 자신이 원하는 곳에 도착하기 위해 정확히 같은 속도와 같은 방향으로 움직일 필요가 없다. 그러기보다, 서로 긴밀할 소통을 유지함으로써 자신의 가장 가까운 이웃의 움직임을 바탕으로 자신의 액션을 조율해 가면서 독립적으로 움직인다. 찌르레기 떼의 비행 모습은 많은 개별적인 부분이 모여 상호작용을 통해 창의적이고, 흥미로우며, 새로운 무언가가 생겨나는 사회적 시너지의 힘을 보여준다.

| 위계적 마인드셋 | 네트워크 마인드셋 |
| --- | --- |
| 기계론적 세계관 | 생명 시스템 기반 세계관 |
| 위계적 피라미드로 시스템을 바라봄 | 상호작용의 그물망으로 시스템을 바라봄 |
| 조직에 집중 | 목적에 집중 |
| 상명하달식, 거시적 리더십 | 분산된, 서번트(사람을 받드는) 리더십 |
| 중앙화된 의사결정 | 집합적 의사결정 |
| 명령하고 제어하는 자극 | 연결하고 협력하는 자극 |
| 제한된 정보 | 공유된 정보 |
| 과업 기반 | 관계 기반 |
| 계획적인 전략에 대한 편향 | 즉흥적인 전략에 대한 수용 |

[표 2.1] 위계적 마인드셋과 네트워크 마인드셋의 차이점

네트워크 마인드셋으로의 전환이 가지는 주요한 시사점 중 하나는 우리가 리더십을 어떻게 생각하는지에 있다. 위계적 리더십은 지시적이며 통제를 강화한다. 권력은 중앙에 집중되어 있으며 추구하거나 보호해야 하는 것으로 여겨진다. 이와는 반대로 네트워크 리더십은 촉진적이며 사람 사이의 연결을 만들고 힘을 분산하여 최상위 리더 없이도 사람들이 조직화할 수 있도록 만든다. 위계적 리더는 다른 사람과 **자기 자신의** 관계의 양과 질에 집중하는 반면, 네트워크 리더는 **다른 사람들 사이의** 관계의 양과 질의 증가에 집중한다.

비슷한 맥락으로 위계적 리더는 자신(또는 자신이 속한 조직)이 우주의

태양이며, 다른 모든 행위자들은 자신의 주위에서 궤도를 도는 행성처럼 생각하는 일이 흔하다. 다른 사람들을 2등 역할로 강등시킴으로써, 그들은 자신의 이야기에서 영웅이 된다. 반면에 네트워크 마인드셋을 채택한 리더들은 자신이 상호 연결된 더 큰 시스템의 일부임을 인지하고 있다. 내부의 측정 내용과 재무적 목표에 집착하여 내부만을 바라보기보다 조직의 경계를 넘어 바깥쪽을 바라본다. 그들은 자신들의 우려와 고민지점을 나누는 다른 그룹과 밀접하게 연결되어, 전체 시스템에 대한 인식을 가지고 행동한다. 그들은 자신이 속한 조직의 성장보다 목적 추구를 중심에 둔다. 이러한 변화는 [그림 2.3]에 반영되어 있다.

위계적 마인드셋으로부터 네트워크 마인드셋으로의 전환은 전략에 대한 우리의 사고방식도 변화시킨다. 위계적 시스템은 보통 계획 후 실행(plan-and-deliver) 전략을 취한다. 이는 길고 상세한 전략을 수립하는 의례에서 확인할 수 있다. 그러나 복잡한 상황은 전략적 계획에서의 특징인 인과관계를 따르지 않는다. 복잡한 사안을 다루는 것은 실험과 학습, 그리고 유연함을 요한다. 계획과 실제 적용의 균형을 맞추기 위해서는 계획적인 전략**과** 즉흥적인 전략이 모두 필요하다.

사람들이 각기 다른 관점을 공유하고 아이디어를 함께 섞을 때, 전에 예측할 수 없었던 새로운 가능성이 생긴다. 우리의 뇌가 개별 뉴런의 전기 자극을 연구하여 예측할 수 있는 것 이상의 비상한 특성을 보이듯이, 네트워크도 개별 부분만 봐서는 이해할 수 없다. 수소와 산소 분자만으로는 물의 수많은 놀라운 특성을 예측하거나 이해할 수 없는 것과 마찬가지이다. 새로운 무언가가 만들어지는 것은 부분들 간의 상호작용에서 비롯된다. 이 과정을 한 단어로 하면, **창발(Emergence, 나타남)**이라고 할 수 있다. 창발은 네트워크의 임팩트에 폭발적인 잠재력을 부여하는 마법같은 특성이다.

시스템의 서로 다른 부분에서 온 사람들이 상호작용할 때 나타나는 무한한 창의성을 활용하기 위하여 네트워크 리더들은 권위적 의사결정을 피한다. 그들은 네트워크의 경로를 일방적으로 통제하기보다, 네트워크가 연결, 학습, 협력적 액션이 가득한 활기찬 생태계로 자기조직화하는 것을 지원하며, 네트워크의 출현을 도모한다.

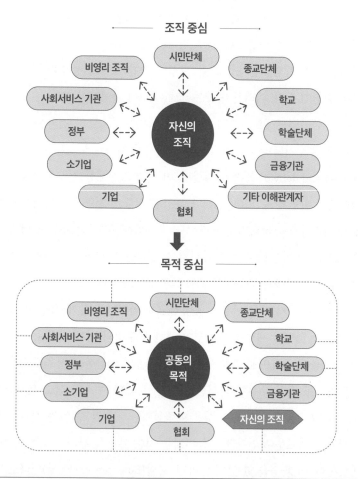

[그림 2.3] 위계적 마인드셋에서는 자신의 조직을 초점에 둠. 네트워크 마인드셋에서는 목적을 초점에 두며, 자신이 속한 조직을 더 거대하고 상호연결된 시스템의 일부로 바라봄. 이 그림은 제인 웨이-스킬런과 마티 쿠이스트라(Marty Kooistra)가 고안한 도식에 기초함.

사람들이 자신의 판단에 기초해 기회를 알아차리고 그에 따라 행동하도록 했을 때 자기조직화가 일어난다. 사람들이 새로운 시도를 해보고, 실험을 시작하고, 시스템에 있는 다른 사람과 연결하고 협력하는 것이 자유로울 때, 네트워크는 "리더-풀"해(리더스러워)진다.[10] 위계적 구조에서 리더십의 기회는 구조 내에서 자신의 지위와 상응하는 것이지만, 네트워크에서는 리더십의 기회가 모든 곳에서 생긴다. 모든 사람들은 자신이 에너지를 쓰고 싶은 프로젝트를 주도적으로 추진할 수 있다. 결과적으로 사람들은 시스템의 성과에 대한 책임은 공유하면서 자신이 직접 미래를 만들 수 있다는 것을 인지하게 된다. 이는 소수의 리더십 그룹이 현재 상황을 파악하고 다음 계획을 수립하는 대부분의 위계적 구조 시스템에서 볼 때 큰 변화이다.

자기조직화가 자연발생적인 자기 생성(self-generation) 같은 의미로 오해되는 경우가 흔하다. 그러나 자기조직화는 무작위로 또는 순전한 운으로 발생하지 않는다. 대신에 네트워크의 자기조직화 잠재력은 연결, 학습, 그리고 액션이 일어날 수 있는 조건을 조성하는 서번트 리더*에 의해 육성된다. 또한 네트워크형 리더들은 이 모든 것들이 아무것도 없는 진공 상태가 아니라 사람들이 지향할 수 있는 명확한 목적과의 관계 속에서 일어나도록 한다. 결과적으로 한 집단의 액션은 전략과 범위가 매우 다양할 수 있으나 그들은 모두 일관성 있으며 상호 강화하도록 되어 있다. 복잡한 환경에서 일관성 있는 자기조직화는 다양한 관점을 모으고 공동선을 위한 폭넓은 실험을 가능하게 하는 중요한 힘이다.

근본적으로 네트워크 리더의 역할은 다양한 집단이 자신들을 하나로 묶는 공동의 목적을 발견하도록 돕고 자기조직화를 촉진하며 새로이 나

---

\* 역자주: 로버트 그린리프(Robert Greenleaf)가 만든 용어에서 차용하자면,[11] 구성원을 받드는 리더

타나는(창발하는) 액션을 조율하여 서로에게 정보를 제공하고 서로를 강화할 수 있도록 하는 것이다. 우리는 복잡한 도전과제에 대처하는 최고의 방법을 예측하지 못할 수도 있지만 네트워크가 가진 창발가능성과 자기조직화 능력을 통해 우리는 함께 미래로 나아가는 길을 배울 수 있다.

# 3장
# 네트워크 작동하기

비슷한 관심사를 가진 사람들이
공동의 목적을 위해 함께할 때, 거대한 힘이 생긴다.
이도우 코예니칸(Idowu Koyenikan), 「모두를 위한 부(Wealth for All)」

---

네트워크는 우리를 둘러싼 시스템을 관찰하거나 생각하는 것을 넘어 세상의 복잡성에 대처하기 위한 조직화 방식이다. 임팩트 네트워크는 다음의 두 가지 조건이 충족될 때 필수적인 접근법이다. (1) 스스로 풀 수 없는 복잡한 사안에 직면할 때, (2) 그 사안에 대처하기 위해 개인 또는 조직이 더 높은 수준의 연결성을 필요로 할 때이다.[1]

네트워크의 관심사에 따라 임팩트 네트워크는 각각 고유한 구조를 가진 다양한 형태로 나타날 수 있다. 1장에서 소개했듯이, 임팩트 네트워크의 기본 형태는 학습 네트워크, 액션 네트워크, 무브먼트 네트워크 3가지이다. 이러한 분류를 사용하여 각각의 다른 초점과 구조의 중요한 차이점을 구별하지만, 실제 네트워크는 매우 유동적이며 어느 순간 창발하기에 하나의 정의된 범주에 명확하게 분류되는 경우는 드물다. 예를 들어 임팩트 네트워크가 학습 네트워크로 처음 시작했으나 이후 공동 프로젝트 협력을 위한 구조가 필요하게 되면서 액션 네트워크로 진화하는 경우처럼 말이다.

그렇다고 해서 모든 임팩트 네트워크가 사회 변화에 영향을 끼치기 위해 액션 네트워크나 무브먼트 네트워크를 최종 목적지로 삼아야 한다는 것은 아니다. 그와 반대로 모든 형태의 네트워크는 각각 적합한 자리가 있으며 네트워크의 목적과 상황에 따라 각각의 형태는 최선일 수 있다. 어떤 형태가 자신의 네트워크에 가장 잘 부합하는지 확실하지 않다면, 가장 단순한—최소로 실행 가능한—구조로 시작하라. 소규모 구조는 장기간 유지될 수 있으며 필요한 경우 언제나 더 발전시킬 수 있다.


## 임팩트 네트워크의 기본 형태

학습 네트워크는 연결과 학습에 중점을 두고, 액션 네트워크는 연결과 학습, 그리고 액션에 초점을 둔다. 무브먼트 네트워크는 다양한 학습 또는 액션 네트워크를 함께 연결하여, 더 넓은 무브먼트[*]를 조율한다. 각 형태의 개요는 다음과 같다.

### 학습 네트워크

"실천 공동체(communities of practice)" 또는 "지식 네트워크(knowledge networks)"와 같이 다양한 용어로 설명하는 학습 네트워크의 사례는

---

[*] 역자주: 사회적 목적 달성을 위하여 사람들이 조직적으로 벌이는 운동을 이야기함.

셀 수 없이 많다. 학습 네트워크는 정보 교류를 촉진하고, 혁신을 일으키며, 협력을 증가시키고, 구성원이 지역 내 도전 과제에 지식을 적용하는 능력을 강화하기 위해 형성된다.[2] 이러한 네트워크는 리더십 네트워크나 펠로우십(fellowship)처럼 참가자들 사이의 상호지지나, 참가자 개인의 발전을 도모하고자 형성되기도 한다. 이 책에서 소개하는 학습 네트워크는 다목적 예방 기술 이니셔티브(IMPT), 행동하는 정의 수호자 네트워크(Justice in motion defender network, 이하 디펜더 네트워크), 화재 적응 공동체 학습 네트워크(Fire Adapted Communities Learning Network)이다.

학습 네트워크는 전형적인 사회적 네트워크의 느슨한 관계 구조([그림 3.1])를 넘어서 [그림 3.2]처럼 참여자 간뿐만 아니라, 외부 그룹과의 지속적인 정보의 흐름을 장려한다. 누구나 참가할 수 있도록 열려 있는 학습 네트워크도 있으며, 특정 기준에 부합하는 참여자만 받는 닫힌 학습 네트워크도 있다(참여 기준을 정하는 과정은 네트워크의 **경계만들기**라 일컬어진다. 더 자세한 사항은 10장 참조). 참여자는 네트워크의 목적과 관련된 대화를 나누고, 지식을 공유하며 특정 주제에 대한 정보를 모으기 위해 **학습 모임**을 구성할 수도 있다.

일반적으로 학습 네트워크에서는 구성원이 파트너십을 맺고 공동으로 의사결정을 하는 정도까지 직접적으로 협력하지 않지만, 서로 배우고 서로의 일에 도움이 될 기회를 찾으면서 각자의 개별적 노력이 더 긴밀하게 연결된다. 결과적으로 유용한 실천방안들은 널리 퍼지고, 자원은 가장 필요한 곳에 더 쉽게 배분되며, 메시지는 더 일관성 있게 정렬되고, 함께하고 있는 사람들의 액션은 서로 강화된다. 이러한 방식으로 강력한 학습 네트워크를 만드는 것은 협력적 액션을 굳이 강조하지 않더라도 변화를 만드는 데 효과적인 전략이 된다.

## 액션 네트워크

액션 네트워크는 복잡한 이슈에 대처하기 위해 전 시스템에 걸쳐 서로 연결하고, 학습하고, 협력할 사람들을 모은다. 이 책에서는 액션 네트워크의 사례 중 산타크루즈 산맥 보호관리 네트워크, 친환경 전자기기 제조네트워크(CEPN), UCSF 건강 돌봄 조율 네트워크(USCF Health Coordination of Care Network), 리-앰프 네트워크(RE-AMP Network), 100Kin10을 다룬다.

### 사회적 네트워크

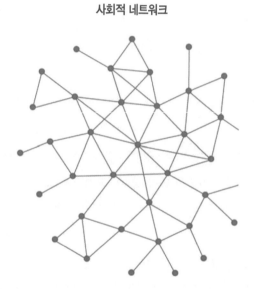

[그림 3.1] 기본적인 사회적 네트워크. 개인(노드로 표현됨)들을 연결하는 관계(연결선으로 표현됨)의 그물망으로 구성됨.

학습 네트워크

[그림 3.2] **학습 네트워크의 기본 구조. 경계가 있는 참여와 학습모임, 그리고 네트워크 안팎과 네트워크 전체에 걸친 정보의 꾸준한 흐름이 특징임.**

액션 네트워크는 네트워크 안팎 및 네트워크 전체에 걸쳐 정보의 출입 흐름을 가속화하는 동시에 적극적으로 협력을 촉발하는 다음 단계를 취하면서 학습 네트워크의 모든 특성을 기반으로 만들어진다. 협력을 촉진하는 방식 중 하나는 [그림 3.3]과 같이, **프로젝트팀(실무그룹** 또는 **태스크포스**라고 부르기도 한다)을 통해서다. 프로젝트팀은 네트워크의 목적과 관련한 특정활동을 추진해 나가기 위해 존재한다. 전술했듯이 임팩트 네트워크의 형태는 유동적인 경우가 많아 학습 네트워크 역시 프로젝트팀을 형성하기도 하지만, 흔한 일은 아니다. 학습 네트워크와 액션 네트워크의 차이는 구조가 아니라, 초점의 기본 방향에 있다. 학습 네트워크로서 정보와 지식의 흐름을 촉진하느냐, 액션 네트워크로 협력적 액션을 추진해 나가느냐의 방향 차이이다.

액션 네트워크는 또한 집단적 행동을 가이드하기 위해 추가적인 참여형 거버넌스 구조를 발전시킬 수도 있다. 이와 같은 대부분의 액션 네트워크(그리고 일부 학습 네트워크)가 구성하는 거버넌스 구조가 **코어팀(핵심팀)**이다. 코어팀(때때로 **리더십 팀, 운영 위원회, 거버넌스 협의회**로 불림)은 네트워크의 역할과 활동을 안내하기 위하여 자원하거나, 선출된 참여자들로 구성된다. 코어팀, 프로젝트팀, 및 학습 모임의 기능에 대한 더 자세한 사항은 10장에서 살펴볼 수 있다.

액션 네트워크는 **동맹, 연합, 컬렉티브 임팩트 이니셔티브, 컨소시엄, 혁신 네트워크** 등 다양한 이름으로 불려 왔다. 네트워크 구조화의 정도는 다양하다. 어떤 네트워크는 대의를 위해 사람을 함께 모으는 느슨한 협력이 될 수 있다. 반면에 다른 네트워크는 컬렉티브 임팩트 이니셔티브처럼 서로의 활동을 상호 강화하도록 데이터 기반의 공동 측정시스템을 강조하는 고도의 구조적 노력을 다하는 네트워크가 될 수도 있다.

그들의 목표 또한 범위가 매우 다양할 수 있다. 예를 들어 연합은 새로운 정책을 통과시키는 것처럼 특정 성과를 달성하고자 할 경우, 목표로 한 성과가 달성되면 그 연합은 보통 해체된다. 그러나 이 책에서 우리가 언급하는 대부분의 액션 네트워크는 정해진 결말이 없는 복합적이고 구조적인 사안을 해결하기 위해 동시에 여러 액션을 추구한다.

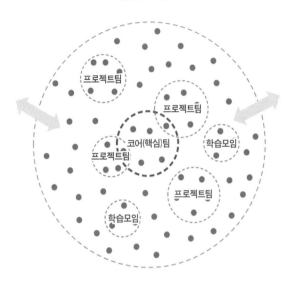

액션 네트워크

[그림 3.3] 액션 네트워크의 기본 구조. 제한된 참여와 학습모임, 프로젝트팀, 코어팀, 그리고 네트워크 안팎과 네트워크 전체에 걸친 정보의 꾸준한 흐름이 특징임. (단순화 하기 위해, 이 도식은 [그림 3.2]에서 나타난 노드 사이 연결선을 숨겼다)

무브먼트 네트워크

무브먼트 네트워크는 많은 다양한 임팩트 네트워크의 활동을 연결한다. 구조적으로 무브먼트 네트워크는 [그림 3.4]와 같이 지역적이거나 더 좁은 범위의 내용을 다루는 네트워크가 **핵심(코어) 네트워크**를 통해 연결된 네트워크들의 네트워크와 유사하다. 개별 네트워크(때때로 지부 또는 **계열사**로 불리기도 한다)는 공유된 목적을 위해 공유된 원칙에 맞춰 정보를 공유하고 서로 조정하면서 반(semi-, 半)자율적으로 기능한다. 반면 핵심 네트워크의 역할은 정보공유를 촉진하고, 구성원의 활동을 강화하고 지원하며, 더 큰 규모로의 액션을 이끄는 것이다. 액션 네트워크의 코어팀과 마찬가지로, 핵심 네트워크는 더 큰 전체를 관리하는 리더 역할을 한다.

농업 시장 생태계 동맹(Agribusiness Market Ecosystem Alliance, 이하 AMEA)은 전문 농업인 조직의 발전을 가속화하기 위해 전 세계 및 지역 단위에서 활동하는 무브먼트 네트워크의 사례로, 80개국에서 수백만 개의 소규모 농가를 지원하고 있다. AMEA의 핵심 네트워크는 헤퍼 인터내셔널(Heifer International), 머시 콥(Mercy Corps), 그리고 열대우림 동맹(Rainforest Alliance)을 포함한 27개 단체로, 농업 부문에서의 시스템 절반에 걸친 변화를 위해 협력하고 있다. 동시에 핵심 네트워크는 농산업 관련 이해관계자를 위한 번영하는 지역 생태계를 구축하기 위하여 지역 네트워크를 만들어내고 지원한다. AMEA는 향후 라틴 아메리카와 서아프리카 지역에 추가적인 네트워크 성장을 지원하려는 계획으로, 현재 에티오피아, 케냐, 우간다, 코트디부아르 공화국, 온두라스 5개국에 지역 네트워크를 두고있다. 지역 네트워크는 무브먼트 네트워크 전체를 가이드 하는 공동 원칙에 동의한다는 것을 전제로 자신들이 속한 지역 맥락에 맞게 자유롭게 의사결정하고 행동한다.

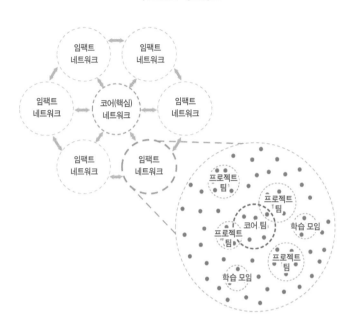

무브먼트 네트워크

[그림 3.4] 무브먼트 네트워크의 기본 구조. 다수의 임팩트 네트워크가 핵심 네트워크를 통해 연결되어 관계를 만들고, 정보를 공유하고, 액션을 조정하며 시스템 전반에 걸친 변화를 만들어내는 것이 특징임.

## 임팩트 네트워크의 핵심 활동

임팩트 네트워크는 일련의 공통적인 활동으로 추동된다. 네트워크의 **왜**(목적)와 **무엇**(행동)이 광범위하게 다른 반면, **어떻게**(네트워크를 구성하는 데 포함된 주요 활동들)는 놀라울 정도로 일관성이 있다. 임팩트 네트워크를 육성하고 유지시키는 활동에는 5가지 핵심활동이 있다. 부르기 쉽게, "5Cs(파이브 씨, C로 시작하는 다섯가지 핵심활동)"라고 부른다.

---

- 목적과 원칙을 명확히 하라(**Clarify** purpose and principle)
- 사람들을 소집하라(**Convene** the people)
- 신뢰를 키워라(**Cultivate** trust)
- 행동을 조율하라(**Coordinate** actions)
- 시스템 변화를 위해 협력하라(**Collaborate** for systems change)

학습 네트워크가 주로 앞의 네 가지 활동에 집중하는 반면(목적을 명확히 하는 것부터 액션을 조율하라는 원칙까지), 액션 네트워크와 무브먼트 네트워크는 시스템 변화를 위한 협력을 포함하여 5가지의 모든 활동을 포함한다.

이러한 다섯 가지 활동은 역동적이며 상호의존적이다. 절대로 완전하지 않고, 엄격하게 선형적(linear)이지도 않으며, 네트워크는 진화하면서 위의 활동을 반복하고, 네트워크 전체 생애주기 동안 지속될 것이다. 사람들이 함께 이야기하기 시작할 때까지 정확히 무슨 일이 일어날지 알 수 없지만, 5C의 목적은 의도적으로 설계되고 촉진될 수 있는 네트워크의 육성을 위한 과정을 개괄적으로 보여준다. 각 활동의 개요는 다음과 같다. 이 책의 2부에서는 전체 프레임워크를 구성하는 데 활용할 수 있는 실제 방법과 함께 각 활동을 심층적으로 소개한다.

## 목적과 원칙을 명확히 하라(Clarify purpose and principle)

네트워크의 목적은 시스템의 이질적인 부분을 하나로 모으는 연결지점, 즉 네트워크의 존재의 이유를 표현하는 것이다. 목적은 사람들에게 영감을 주어 그들이 시간과 에너지를 기여하도록 한다. 공동의 목적을 명확히 하는 것은 임팩트 네트워크의 형성에서 필수적인 초기 단계이다. 네트워크의 자기조직화 성격상, 임팩트 네트워크는 **통제될** 수 없다. 그러나 네트워크는 공동의 목적을 지향할 수 있다. 이것이 네트워크가 성장하면서도 일관성을 유지할 수 있는 방법이다. 목적은 **수평으로 가기**(Going Horizontal)의 작가 사만다 슬레이드(Samantha Slade)가 썼듯이 "보이지 않는 리더"이다.[3]

네트워크가 목적을 명확히 하는 과정에서 공유된 원칙을 명확히 하는 것도 협력에 도움이 된다. 원칙은 참여자들이 목적을 추구하기 위해 어떻게 액션하고 함께 일할 것인지에 대한 기본적인 믿음이다. 원칙은 가치를 행동과 연결함으로써 행동과 의사결정을 가이드한다. 명확히 이해되고 서로 공유되는 원칙을 정의함으로써, 참여자는 자신의 특정 관심사를 추구하기 위한 것을 유지하면서 서로 맞추어 활동하는 것에 동의한다. 목적과 원칙은 역동적이고 일관성 있으며 자기조직화를 위한 기반을 만든다. 목적과 원칙을 명확히 하기 위한 제언은 5장에 제시되어 있다.

## 사람들을 소집하라(Convene the people)

네트워크를 육성하는 본질은 사람들을 모아 더 긴밀하게 상호 연결된 전체를 만드는 데 있다. 연결은 네트워크가 작동하도록 하는 핵심요소이다.

일대일 대면, 단체 소집, 온라인 소통 플랫폼 등 연결을 만드는 데에는 다양한 방식이 있다. 그러나 그 중에서도 한 가지 방식이 다른 방법들보다도 특히 두드러진다. 우리가 본 대부분의 영향력 있는 네트워크는 **소집**의 행위를 매우 진지하게 받아들였다.

대면이든 온라인이든, 소집은 전체 시스템을 경험하도록 함과 동시에 사람들을 함께 모으는 예술이다. 성공적인 소집은 새로운 방식으로 사람들이 상호작용하고, 생각하고, 이야기하고, 함께 협력하는 생성석 공간을 만든다. 네트워크 전체에 걸쳐 관계의 본질을 전환시키고, 참여자들이 함께 자신들의 미래를 그리며, 만들 수 있도록 하는 순간을 생성하기 때문에 소집은 새로 나타나는 네트워크와 그리고 성숙한 네트워크 모두에게 중요한 기준이 된다. 누구를 모으고, 어떻게 전환적인 소집을 기획하고 촉진할 지는 6장에서 다룬다.

### 신뢰를 키워라(Cultivate trust)

임팩트 네트워크는 그 네트워크를 함께 유지시키는 관계만큼만 힘이 있다. 관계는 정보가 공유되는 방식, 의사결정이 이루어지는 방식, 작업이 완수되는 방식을 포함하여 네트워크가 달성하기를 목표로 하는 거의 모든 것에 영향을 끼친다.

두 사람의 관계가 서로에 대한 믿음이 깊어져 의견이 다르더라도 공동의 목적을 위해 행동할 수 있다고 믿게 되는 상태를 우리는 **신뢰**라 부른다. 신뢰는 개방성, 헌신, 협력의 문화를 구성하는 근본 요소다.

신뢰를 연결 또는 동의와 헷갈리지 않는 것이 중요하다. 함께 일하기 위해서 사람들은 서로를 좋아할 필요가 없다. 또한 사람들이 모든 사안에 서로 동의할 필요도 없다. 여기서 말하는 신뢰는 **임팩트를 향한** 신뢰를 의미한다. 이는 사람들이 불일치나 의견충돌 등으로 긴장을 유지하면서도 공동의 기반을 찾을 수 있도록 하고 공동의 목표를 달성하기 위해 함께 하도록 하는 신뢰하는 관계의 한 형태이다.

비록 신뢰 관계가 협력에 있어 이로움을 준다고 널리 받아들여지고는 있으나 보통은 신뢰가 다른 활동의 부산물이며 신뢰를 만들기에 오랜 시간이 걸린다고 생각된다. 의도적으로 신뢰를 쌓기보다 일상적으로 액션을 추진하고 시간이 지나면서 자연히 신뢰가 발전하도록 하는 데 초점을 두는 것이 일반적인 관행이다. 그러나 우리는 성공적인 임팩트 네트워크 뒤의 가장 중요한 단 하나의 요소가 신뢰라는 것을 일관성 있게 발견했다. 네트워크는 정확히 신뢰한 만큼 자란다.[4] 그러므로 신뢰는 네트워크 발전의 시작에서부터 의도적으로 길러져야 한다. 7장에서 신뢰의 관계를 가꾸는 방법에 대해 집중해 살펴보겠다.

## 행동을 조율하라(Coordinate actions)

네트워크가 서로 함께하도록 하는 연결만큼 강력하다면, 연결은 그러한 연결을 **통해** 움직이는 네트워크만큼만 가치가 있다. 연결에는 관계만 있는 것이 아니다. 연결은 – 정보의, 지식의, 자원의 – 흐름에 관한 것이기도 하다. 네트워크에서 무슨 일이 일어나는지 정말 알고자 한다면, 각각의 노드들이 어떻게 연결되어 있는지 이해하는 것 이상으로 전체 네트워크에 걸쳐 노드와 노드 사이에 어떠한 흐름이 일어나고 있는지를 이해하는 것이 중요하다.

전체 네트워크에서 흐름이 가속화될 때, 데이터 전문성·역량이 가장 필요로 하는 곳에 빠르게 배분될 수 있는 새로운 기회가 생겨난다. 결과적으로 사람들은 자신이 실천해야 하는 노력을 더 잘 조율할 수 있게 된다. 흐름을 가속화하고, 행동을 조율하는 사례는 8장에 상세하게 제시되어 있다.

## 시스템 변화를 위해 협력하라(Collaborate for systems change)

네트워크 전체에 연결과 흐름을 증가시키면 여러 긍정적인 이점이 생긴다. 그러나 더 지속가능한 협력을 촉발하고, 시스템 차원의 변화를 만드는 것이 목표라면, 네트워크는 가능한 지레점(leverage point)의 탐구를 더 깊이 해 나갈 필요가 있다. "하나에서의 작은 변화 하나가 모든 것에서의 큰 변화를 일으킬 수 있다."는 도넬라 메도즈(Donella Meadows)

의 주장처럼, 이러한 지레점은 시스템 상에 존재한다.[5] 그 다음 네트워크는 사람과 조직이 혼자 가능했던 것보다 함께 일함으로써 더 큰 임팩트를 낼 수 있는 기회에 행동을 취할 수 있게 한다.

변화를 만드는 기회를 식별할 때 먼저 시스템에서 무슨 일이 일어나는지를 다양한 관점으로 이해하는 것이 필요하다. 사람들과 조직은 보통 퍼즐의 특정 조각에 초점을 맞추곤 하는데, 그도 그럴 것이 각각의 퍼즐은 중요하며 특정 사안에 대한 깊은 전문성과 경험을 발전시키는 데에는 집중이 필요하기 때문이다. 그러나 각각이 그렇게 고립된 상태로 계속 일한다면 전체에 대한 각자의 이해는 제한될 것이다.

퍼즐 은유는 네트워크적 접근을 아주 가치 있게 만드는 세 가지 상황의 예를 보여준다.

---

- **국소적 지식**: 사람들은 퍼즐의 한 조각처럼 특정 전문성을 가지고 시스템의 서로 다른 부분에 참여하고 있다.
- **분리**: 사람들은 서로 떨어져 있어 서로의 지식과 자원을 공유할 수 없거나, 공유하기 자체를 원하지 않는다.
- **복잡성**: 시스템은 복잡해서 누구도 혼자서 이해할 수 없다. 각자의 퍼즐 조각을 함께 모으는 것만이 전체 퍼즐을 이해하도록 할 수 있다.


전체 시스템을 살펴봄 없이 우리가 세상에 바라는 시스템 전체에 걸친 변화를 이룰 수 있는 기회는 거의 없다. 그러므로 복잡한 사안에 의미 있게 대처하기 위해서는 한 시점에 여러 각도에서 해당 사안에 관여가 필요한 다양한 퍼즐 조각(전문성과 경험)을 가진 사람들을 함께 모으는 것이 필요하다. 그제서야 우리는 더 큰 그림을 인식할 수 있으며 일부분이 아닌 전체 시스템에 득이 되는 의사결정을 할 수 있다. 9장에서는 복잡한 시스템을 이해하고 시스템 전체에 걸친 변화를 이루기 위해서 취할 수 있는 네트워크의 잠재적 경로를 살펴본다.

## 네트워크가 번성하도록 하기 위한 환경을 만들기

위의 5C를 가지고 어떻게 네트워크가 옳은 방향으로 가도록 도울 수 있을까? 이 질문에 대답하기 위해서는 네트워크를 정원처럼 생각하는 것이 도움이 된다. 정확한 사양으로 만들어질 수 있는 기계와 달리, 정원은 특정한 방식으로 자라도록 강요할 수 없다. 모든 식물은 이웃과, 토양과, 기후와의 관계로 자라기에 어떤 정원도 똑같은 정원은 없다. 하루밤 사이에 정원을 키우는 것도 불가능하다. 당신이 어떤 정성을 쏟든 식물이 자라는 데에는 시간이 필요하다.

그러나 당신은 식물이 자라고 번성하기에 필요한 영양분과 물, 햇빛을 주며 정원을 가꿀 수 있다. 당신은 매 순간 정원이 가장 필요로 하는 것에 주의를 기울이면서 꽃가루의 수분을 돕고, 비료를 주고, 잡초를 뽑아주며 정원을 돌볼 수 있다. 식물이 성장하면서는 말뚝이나 구조물의 형태로 식물의 지지대를 만들어 줄 수 있다.

정원과 같이, 임팩트 네트워크는 살아있는 시스템이다 — 이들은 생명이 있다. 이것이 우리가 네트워크를 **짓는다**고 하지 않고 **가꾼다**고 표현하는 정확한 이유이다. **가꾼다**는 것은 농사에 쓰이는 말로 "보살피고 자라도록 돕는다."는 의미이다.[6] 이는 땅을 경작하여 곡식이 자랄 수 있도록 하는 것처럼 당신이 이미 결정된 청사진을 기반으로 벽돌을 쌓아 구조를 만든다기보다 무언가가 나타나거나 번성하도록 하기 위한 적절한 조건을 만드는 것을 의미한다.

네트워크의 성장을 돕는 개인, 즉 이 은유에서의 정원사가 바로 네트워크 리더이다. 겸손과 보살핌으로 임팩트 네트워크의 발전을 보호하고 가꾸는 한 명 한 명의 리더는 네트워크가 번성하도록 하는 데 필수불가결한 요소이다. 네트워크를 이끄는 책임을 맡은 사람은 자신의 노력이 열매를 맺기 전까지 수개월 또는 수년의 활동을 꾸준히 할 준비가 되어 있어야 한다. 네트워크 리더가 초기의 학습과 협력을 알아보고 육성할 수 있지만 네트워크가 특별한 성과에 이르기까지 한 번의 대화면 될지, 많은 세월이 걸릴지는 알기는 어렵다. 그럼에도 불구하고 현재의 도전과 제들은 그러한 투자가 필요하다. 이후 장에서는 임팩트를 위한 네트워크를 이끌고 가꿈을 통해 여러분이 자신의 네트워크를 작동하게 하는 방식을 시험해 볼 수 있도록 도울 것이다.

# 4장

# 네트워크 리더십

진정한 네트워크 리더는 "네트워크는 내가 아니다."라고 말하며,

그 사실을 행동으로 보여줄 수 있다.

네트워크는 나 이외의 다른 사람들도 아니다.

그것은 우리 모두를 아우르면서도 훨씬 더 큰 무언가이다.

데이비드 하스켈(David Haskell), 작가와의 인터뷰

---

네트워크 리더십은 신뢰, 협력, 그리고 공동의 힘에 뿌리를 두고 있다. 그것은 상황에 따라 유연하게 대처하며 촉진시키는 역할을 하고 우리가 살아가는 세상의 시스템에 대한 지혜를 바탕으로 한다. 또한, 네트워크 리더십은 분산되어 있다. 누구나 자신의 위치에 상관없이 다양한 방식으로 네트워크 리더십을 발휘할 수 있다. 이러한 포용적인 리더십의 이해는 자발적인 조직화를 촉진하며 네트워크가 혁신과 변화를 위한 강력한 도구가 될 수 있도록 창의적 잠재력을 이끌어낸다.

그러기에 네트워크의 목적과 그에 참여한 사람들을 위해 더 많은 책임을 기꺼이 떠맡는 특정한 사람들이 항상 존재한다. 이들은 변화를 위한 비전을 심고 새로운 네트워크가 형성될 수 있도록 영감을 준다. 또한 네트워크가 그 목적과 원칙을 명확히 하고 신뢰를 바탕으로 한 관계를 발전시킬 수 있도록 돕는다. 이들은 네트워크의 운영을 관리하고 온라인 소통 시스템을 유지하며 무엇보다도 네트워크에 대한 각별한 관심을 보여주면서 그 성장을 돌보고 필요와 도전에 미리 대비한다. 네트워크가 번성할 수 있는 환경을 조성하는 이 사람들을 **네트워크 리더**라고 부른다.

　네트워크 리더는 다양한 이해관계자를 연결하고 공동의 목적을 추진하기 위한 학습과 액션을 발전시킨다. 이들은 사람들에게 무엇을 할지 지시하기보다 사람들이 무엇을 함께 성취할 수 있는지 발견하도록 돕는다. 경직된 구조와 규칙으로 경계를 나누기보다 호혜의 문화를 키운다. 네트워크 리더는 명령과 제어 대신에 연결과 협력을 구한다. 잡지 표지에 나오는 개별 리더십의 영웅적 스타일과는 대조적으로, 네트워크 리더들은 항상 겸손하고 신용을 나누며 전체를 위한 행동을 몸소 보여준다. 이들은 네트워크와 네트워크 목적의 수호자이다. 네트워크 리더십은 책임을 다른 사람과 완전히 공유하면서 그 책임감의 노고는 자신의 것으로 여기는 예술(fine art)과 같다.

# 네트워크 리더십의 역할

네트워크 리더십은 다양한 형태를 가진다. 그중에서 네트워크 생애주기의 다양한 순간에 나타나는 4가지 기본적 리더십의 역할을 살펴보고자 한다.

---

- 촉매하기(Catalyzing)는 비전을 구체화하고 행동을 이끌어내는 기술이다. 특히 촉매자는 새로운 네트워크를 형성하는 데 중요한 역할을 한다. 그들은 처음으로 사람들을 모아 잠재력을 탐구하고, 이를 통해 활동을 시작할 수 있도록 돕는다. 네트워크가 시작된 후에도 새로운 프로젝트팀을 조직하고, 자원을 모으며, 네트워크의 영향력을 확장할 수 있는 새로운 기회를 만들어 나가기 위해 촉매하기(catalyzing)는 지속적으로 필요하다.
- 촉진하기(Facilitation)는 참여자들이 공통의 기반을 찾고 서로 협력할 수 있도록 집단의 과정을 가이드하는 일이다. 촉진자는 모임을 계획하고 이끌며, 다양한 관점을 존중하고, 대화가 원활히 진행되도록 돕는다.
- 조직하기(Weaving)는 새로운 연결을 만들고, 관계를 심화시키는 과정이다. 조직가는 참가자들과 소통하여 의견을 모으고, 서로를 소개해 자발적인 조직화를 촉진하며, 새로운 커뮤니티와의 다리를 놓아 네트워크가 성장할 수 있도록 돕는다.
- 조율하기(Coordination)는 네트워크의 내부 시스템과 구조를 조직하는 작업이다. 이러한 활동은 참가자들이 정보를 공유하고 집단의 목표를 이루어 나갈 수 있게 한다. 코디네이터(조율자)는 네트워크 운영을 확립하고 유지하며, 지식 관리를 지원하고 네트워크 팀을 돕는 역할을 한다.


한 사람이 이 네 가지 역할을 모두 책임지는 경우도 있다. 그러나 대부분의 경우, 네트워크의 진화 과정에서 각기 다른 사람들이 적절한 시점에 위의 역할들을 수행하게 된다. 모든 참여자는 이러한 역할을 받아들이면서 네트워크 리더십을 실천할 수 있다. 복잡한 문제를 해결하려면

'온 마을이 필요하다'는 말처럼, 리더십은 분산되는 것이 좋다.

이러한 네 가지 역할에 대한 자세한 설명은 이후 장에서 다뤄진다. 5장 "목적과 원칙을 명확히 하기"에서는 촉매하기를, 6장 "사람 모으기"에서는 촉진하기를, 7장 "신뢰를 가꾸기"에서는 조직하기를, 그리고 8장 "액션 조율하기"에서는 필수요소로서의 조율하기를 살펴볼 수 있다.


## 네트워크 리더십의 원칙

모든 복잡한 문제마다 다양한 사람, 조직, 그리고 내부의 역학이 얽혀 있듯, 모든 네트워크도 각기 고유하다. 따라서 임팩트 네트워크를 구축하기 위한 정확한 지침을 개발하는 것은 어렵지만, 네트워크 리더들은 모든 생명 시스템, 특히 인간 시스템에서 작동하는 강력한 원칙들을 활용할 수 있다. 우리는 다양한 규모의 임팩트 네트워크에서 다음의 네 가지 네트워크 리더십 원칙을 경험하고 관찰해 왔다.

---

- 자기조직화를 장려하라
- 창발(나타남)을 장려하라
- 변화를 받아들여라
- 동적 긴장을 유지하라

위 원칙들에 대한 자세한 설명은 아래에서 다루어진다.

### 자기조직화를 장려하라

2012년, 허리케인 샌디(Hurricane Sandy)로 인해 수백 명이 목숨을 잃고, 수천 명이 식량·주택·전력이 공급되지 않는 환경에 놓이는 참사가 발생했다. 이 끔찍한 재난 직후, "오큐파이 샌디(Occupy Sandy, 샌디를 점령하라)"라는 이름으로 모인 수만 명의 자원봉사자들의 네트워크가 신속하게 나서서 도움이 필요한 지역사회에 식량과 구호 물자를 나누어 주었다. 그 결과 허리케인 발생 이후 전 세계적으로도 보기 드물게 가장 빠르고 효과적인 대응이 이루어졌다. 이 이야기에서 가장 믿을 수 없는 점은 오큐파이 샌디가 재난이 발생하기 며칠 전까지는 존재하지 않았다는 사실이다.

오큐파이 샌디는 "오큐파이 월스트리트(Occupy Wall Street, 월가를 점령하라)" 시위에서 만난 여섯 명의 자원활동가들에 의해 시작되었다. 허리케인이 닥치자 그들은 미국 적십자사를 포함한 어느 구호 단체도 눈여겨 보지 않던 뉴욕의 일부 지역에 음식을 전달하기 시작했다. 이들은 활동을 시작하면서 오큐파이 월스트리트 네트워크의 구성원들에게 도움을 요청했고 약 6만 명이 이에 응답했다.[1]

참여자들은 빠르게 자발적으로 조직(self-organized)되었다. 그리고 각 지역사회와 단체들의 긴급한 필요를 파악하고 필요한 자원을 적시에 전달했다. 현장에 직접 나설 수 없던 사람들은 오큐파이 샌디 자원활동가들이 만든 선물 목록*을 통해 필수 물품을 구입하는 방식으로 도움을 주었고 이를 통해 70만 달러 이상의 물품이 기부되었다.[2] 정보는 네트워크의 온라인 채널을 통해 신속하게 전달되었으며, 사람, 자금, 물자 등 다양한 자원이 중앙 통제 시스템의 관리하에서는 불가능했을 정도의 빠른 속도로 조율되었다. 이러한 오큐파이 샌디의 활동은 매우 성공적이어서 미국 적십자사도 구호 물자를 오큐파이 샌디에 전달해 배분을 맡길 정도였다.[3] 오큐파이 샌디의 성공은 자기조직화된 네트워크의 엄

---

\* 역자주: Wedding registry 결혼 예정인 커플을 위한 선물 목록으로, 커플이 갖고 싶거나 필요로 하는 물품을 안내하기 위해 작성된 선물 목록

청난 잠재력을 보여준다. 자기조직화된 네트워크가 새로운 형태로 진화하고, 변화하는 상황에 적응할 수 있게 해준다. 또한 각 참여자의 재능과 창의적 가능성을 극대화하여 그들이 활동에 대해 느끼는 내재적 동기를 강화한다. 자기조직화는 네트워크에 **생명**을 불어넣는다. 자기조직화된 시스템이 가지는 크고 다양한 그룹의 지혜를 결합하는 능력은 준 홀리(June Holley)가 "자기조직화는 의심할 여지 없이 네트워크가 변혁을 가져올 가능성이 가장 큰 요소"라고 주장한 근거이기도 하다.[4] 자기조직화된 시스템에서는 리더십이 분산되어 있다. 그러므로 언제 어디서나 누구든지 리더십을 발휘할 수 있으며 이는 전통적인 리더십의 협소한 정의를 넘어 확장될 수도 있다. 네트워크의 발전을 위한 창의적이고 자발적인 활동은 투명하고 협력적이며 목적과 원칙에 부합하기만 한다면 얼마든지 환영받는다. 결과적으로 네트워크에 참여하는 모든 사람은 네트워크 발전에 대한 공동의 기회와 책임을 나누게 된다. 특히 복잡하고 혼란스러운 상황에서 어떤 행동이 가장 큰 영향을 미칠지 확실하지 않을 때 이러한 주체적 활동의 정도는 더욱 중요하다.

따라서 네트워크 리더의 주요 책임 중 하나는 자기조직화가 더 많이 이루어질 수 있는 조건을 조성하는 것이다. 네트워크 리더들은 한 발 물러서서 다른 이들의 리더십을 따를 겸손함이 있어야 한다. 컨버지에서는 엔스파이럴(Enspiral)* 네트워크의 격언을 따른다. "누구도 항상 리더가 되어서는 안 되며, 모두가 때로는 리더가 되어야 한다."[5] 이것이 바로 분산된 리더십의 본질이다.

---

* 역자주: 뉴질랜드를 기반으로 하는 개인 및 조직의 네트워크로, 사람들이 각자 생각하는 의미 있는 일을 할 수 있도록 지원하기 위해 네트워크적 접근법을 사용함. 다양한 프로젝트와 기업 협업을 위한 플랫폼을 제공하며, 서로 협력을 촉진하기 위한 다양한 원칙과, 문화를 가지고 있으며, 이를 구현하기 위한 소프트웨어를 개발함.

## 창발(나타남)을 장려하라

수많은 찌르레기 떼, 물고기 떼, 그리고 곤충 떼들은 마치 하나처럼 일사불란하게 움직이며 휘돈다. 이들의 움직임을 통제하거나 지시하는 메커니즘(기제)은 존재하지 않는다. 그들의 움직임 패턴은 자연스럽게 창발하는(나타나는) 것이다.

찌르레기 떼의 경우, 각각의 새는 자신 주변의 예닐곱 마리의 동료로부터 신호를 받으며 그 응집성을 형성한다는 것이 수학적 모델로 증명되었다.[6] 포식자가 등장해 무리를 흩트리면 한 마리의 새가 먼저 움직임을 시작하고, 그 뒤를 이어 무리의 다른 새들이 그에 반응한다. 이때 리더는 누가 다음에 해야 할 행동을 더 잘 알고 있는지에 따라 바뀌며 전체 무리는 소통을 통해 서로 연결된다.

이것이 바로 '창발(emergence)'의 마법이다. 복잡한 문제에 직면했을 때, 우리는 앞으로 일어날 일을 정확히 예측할 수 없다. 우리가 할 수 있는 것은 서로를 연결하고 긴밀하게 소통함으로써 변화하는 환경에 함께 움직이고 빠르게 적응하는 것이다. 즉, 우리는 학습하면서 조정해 나가는 과정에서 창발적인 방식으로 대응할 수 있는 것이다.

창발을 받아들이는 것의 중요성을 이해하기 위해서는 이를 전략의 맥락에서 생각해 보면 도움이 된다. 경영 이론가 헨리 민츠버그(Henry Mintzberg)는 모든 전략이 의도적이면서도 창발적이라고 말한다.[7] 의도적인 전략은 일련의 계획된 행동을 통해 명확하게 정의된 결과를 이루는 것을 목표로 한다. 동시에 전략은 계획된 활동이 현실과 상충하여 변화하는 경험에 맞춰 적응하면서 시간이 지남에 따라 나타나기도 한다. 전략에 대한 창발적인 접근(emergent approach)은 우리가 미래를 예측할 수 없고, 특히 복잡한 상황에서는 무엇을 어떻게 해야 할지 배워가며 대처해야 하는 경우가 많다는 점을 깨닫게 한다.

창발적 전략은 중국 속담처럼 "돌을 (하나씩) 더듬으며 강을 건너는 것"과 같다. 또는 작가 닥터로우(E. L. Doctorow)가 책을 쓰는 과정에 대해 "밤에 차를 운전하는 것과 같다. 우리는 우리의 헤드라이트가 비추는 곳 너머를 볼 수 없지만, 그 불빛으로 여행을 완수할 수 있다."라고 말한 것과 일맥상통한다.[8] 특히 서구 사회에서는 해야 할 일과, 그 일을 하는 방법에 대해 알고 있다고 생각하곤 한다. 우리는 전략적 우선순위를 정하고 측정 지표를 확인한 다음, 목표를 달성하기 위한 활동에 집중하는 경향이 있다. 즉, 기본 방식이 계획적으로 조직하고 실행하는 것이다. 그러나 이러한 계획적인 접근방식만으로는 모호하고 비선형적이며 끊임없이 변화하는 복잡한 문제를 해결하기에 충분하지 않다. 피터 블록(Peter Block)은 그의 저서 커뮤니티(Community)에서 "모순적이게도 경로를 예측하려는 행위가 목적을 달성하는 데 방해가 될 수 있다."고 썼다.[9] 지도와 나침반의 차이를 생각해 보자. 지도는 지형의 모델을 제공해 산과 강의 정확한 위치와 지형에 대한 명확한 경로를 제시한다. 그러나 지도는 누군가가 이미 그 길을 걸어본 경험이 있어서 그들 앞에 무엇이 놓여 있는지 정확히 설명할 수 있을 때만 유용하다.

반면, 아직 가보지 않은 길을 앞에 두고 있다면 나침반이 훨씬 더 유용한 도구가 된다. 좋은 나침반은 특정 방향을 가리키는데, 그것은 당신의 목적, 당신의 북극성, 그리고 당신이 만들어가고 있는 미래를 의미한다. 나침반은 목적지에 도달하는 방법을 정확히 알려주지 않지만 변화하는 지형 속에서 예상치 못한 장애물을 마주할 때 방향을 잡는 데 도움을 준다. 길을 안내해주는 지도를 사용할 수 없는 상황에서 유일한 선택지는 당신을 둘러싼 세상을 정확히 감지하고 한 걸음씩 나아가며 다가오는 상황에 맞춰 적응해 가는 것이다.

당신은 연결을 우선시하고 미래가 어떻게 전개될지 단서를 감지하며 가설을 실험하고 전략을 반복적으로 수정해 나가는 과정에 참여함으로써 창발을 장려하는 활동 방식을 진전시킬 수 있다. 창발의 이러한 세 가지 요소는 다음과 같다.

### 연결을 우선시하라

창조성과 새로운 생명이 가장 활발하게 나타나는 조건은 시스템의 서로 다른 부분들이 만나는 지점에서 발견된다. 예를 들어, 바다와 육지가 만나는 맹그로브 생태계, 산호초와 바다가 만나는 암초 생태계는 지구상에서 가장 생물 다양성이 풍부한 자연 생태계 중 하나이다.[10] 인간 사회에서도 다양한 사람들이 서로 상호작용할 때 새로운 아이디어와 액션의 가능성이 생겨난다. 우리가 배운 교훈 중 하나는 연결의 전체적인 양보다는 그 연결의 다양성과 질에 초점을 두는 것이 더 가치 있다는 것이다. 활동가이자 교육자인 그레이스 리 보그스(Grace Lee Boggs)는 "이렇게 정교하게 연결된 세상에서 중요한 것은 '임계량(critical mass)*'이 아니라 '임계 연결(critical connections)**'이다."라고 말했다.[11]

### 미래를 감지하라

'감지한다'는 것은 현재 일어나고 있는 일과 새롭게 일어나려는 일에 자신의 주의를 기울이는 것을 의미한다. 효과적으로 감지하기 위한 핵심은 좋은 질문을 던지고, 깊이 경청하는 것이다. 질문은 창의적인 대화를 불러일으켜, 우리가 세상을 이해하는 방식을 변화시킬 수 있다. 다니엘 크리스챤 왈(Daniel Christian Wahl)은 그의 저서 **재생적 문화 디자인하기**(Designing Regenerative Cultures)에서 "대답보다 질문이 집

---

\*     역자주: 변화가 촉발되는 양
\*\*   역자주: 변화가 촉발되는 연결

단적 지혜로 가는 길이다"라고 말한다.[12] 동시에 당신의 경청 방식에 따라 대화의 본질도 달라진다. 사람들은 자신의 이야기가 경청되고 있다고 느낄 때, 더 열린 마음을 갖게 되고 더 미묘하면서도 친밀한 관점을 나누게 된다. 결과적으로 네트워크의 방향을 가이드하는 데 도움을 줄 수 있는 새로운 의미가 생겨난다. 디펜더 네트워크(Justice in Motion Defender Network)의 야디라 후에르타(Yadira Huerta)는 "네트워크가 보내는 신호를 감지하고, 경청하라. 네트워크는 항상 어디로 가고 싶고, 어디로 가고 싶지 않은지를 알려준다."고 조언한다.[13]

### 실험에 참여하라

궁극적으로 창발(emergence)은 실험을 통해 실제 일어난다. 패트리샤 파트리치(Patricia Patrizi)와 그녀의 동료들에 따르면, 창발을 촉진하는 핵심은 불확실성을 인식하고 받아들이는 데 있으며, 지나치게 단순한 지표에 의존하는 것을 넘어 행동하고, 배우며, 실패하고, 더 나아질 수 있는 유연함을 개발하는 것이다. 그들은 **파운데이션 리뷰(Foundation Review)**\*에서 "복잡한 전략적 업무에 대한 깊은 이해는 오직 행동, 성찰, 그리고 더 많은 행동을 해보는 것을 통해서만 이루어질 수 있다."고 설명한다.[14] 최적의 지점에서 시작하는 것보다 중요한 것은 일단 시작하는 것이다. 새로운 파트너들과 함께 실험하고, 배우고, 적응하며 앞으로 나아가는 것이 더 중요하다. 그런 다음 그 중 유망한 실험이 사람들의 주목을 받을 때 당신은 그 실험을 규모화하는 데 도움을 줄 수 있다.

---

\* 역자주: 임팩트를 만들어가는 재단활동 및 필란트로피 분야 관련 저널

## 변화를 받아들여라

빠르고 예측 불가능한 변화의 세상에서 적응하고 진화하는 능력은 생존을 위한 필수적인 자질이다. 파괴적 변화를 견뎌내는 시스템의 능력을 다양한 분야에서 **강인함(robustness)**이라고 부르는데, 이는 오랫동안 자연계에서 장수와 힘의 상징으로 여겨지는 참나무(oak)를 의미하는 라틴어 **'로부스(robus)'**에서 유래되었다. 그러나 우리는 스톡홀름 회복탄력성 센터(Stockholm Resilience Center)가 "개인, 숲, 도시, 경제 등 어떤 한 시스템이 변화에 대처하고 지속적으로 발전해 나갈 수 있는 능력"으로 정의한 **회복탄력성**이라는 용어를 선호한다.[15] **회복탄력성**은 시스템이 충격을 얼마나 잘 흡수할 수 있는지, 그리고 혼란을 새로운 변화와 혁신을 촉진하는 계기로 활용할 수 있는지를 나타내는 척도이다.

임팩트 네트워크가 해결하고자 하는 복잡하면서도 진화된 문제들을 고려할 때, 지속가능성을 달성하는 것보다는 네트워크의 회복탄력성을 향상시키는 것에 더 중점을 두어야 한다. 지속가능성은 네트워크가 현재 형태로 어느 정도 지속되는 것을 가능하게 하는 반면, 회복탄력성은 변화하는 상황 속에서 네트워크가 혼란을 견디고 경로를 전환할 수 있도록 한다. 네트워크의 회복탄력성을 향상시키는 두 가지 방법은 연결을 분산시키고, 잉여적인 중복성을 만드는 것이다.

## 연결을 분산시켜라

시스템 내에 지배적인 중심점(허브)이 존재할 경우, 그 하나의 중심점(허브)이 실패하면 전체 시스템이 붕괴될 위험에 처하게 된다. 과도하게 중앙집중화된 시스템의 위험성은 2008년 서브프라임 모기지 사태에서 일부 대형 은행과 금융기관의 실패가 전체 금융 시스템의 붕괴를 야기하는 데서 여실히 드러났다.

1장에서 정의한 바와 같이, 중심과 바퀴살 구조 단계에 머물러 있는 네트워크는 중앙 구심점이 사라지게 되면 붕괴의 위험에 처하게 된다. 이러한 위험을 피하고 회복탄력성을 높이기 위해서는 중심과 바퀴살 구조 단계를 가능한 한 빨리 넘어서야 한다. 네트워크가 (여러분 자신을 포함해) 어느 한 사람에게 의존하지 않도록 강력한 관계를 만들어내고 연결을 분산시키는 데 집중해야 한다.

### 잉여적인 중복성을 만들어라

설계상 제외되어야 하는 과잉이나 불필요한 자원의 낭비로 보이는 중복은 보통 부정적인 의미를 인상을 준다. 그러나 **재생적 문화 디자인 하기**(Designing Regenerative Cultures)의 저자 다니엘 크리스티안 왈 (Daniel Christian Wahl)은 "살아 있는 시스템에서는 다양한 규모에서의 중복이 필수적이다. 중복은 중요한 기능들을 시스템 전체에 분산시켜 전체 시스템을 더욱 탄력적으로 만든다."고 설명한다.[16] 숲은 생태계 내에서 다양한 발달 단계의 역동적인 다양성을 유지함으로써 방해요소에 대한 회복탄력성을 가진다. 숲의 일부는 성숙한 단계에 있는 반면, 다른 부분들은 초기 성장 단계에 있다. 심지어 기계조차도 중요한 기능의 오류에 대비하여 여분의 부품을 장착하도록 설계된다. 대부분의 항공기는 독자적으로 기능하는 세 대의 다른 비행 컴퓨터를 탑재하고 있으며, 이 세 대의 비행 컴퓨터는 각기 다른 회사에서 제조되며, 서로 다른 처리장치를 장착하고 있다. 만약 어떤 부품이 오류가 나더라도 다른 중복된 여분의 부품이 즉시 그 역할을 맡아 작동하여 비행기가 제 궤도에서 비행을 계속할 수 있도록 한다.

잉여적인 중복의 중요성은 필자가 대형 학군의 교직원과 학부모 자원

활동가 네트워크 간의 연결을 사회네트워크분석(SNA)을 활용하여 맵핑하는 과업을 맡았을때 아주 분명해졌다. [그림 4.1]에 표시된 네트워크 맵이 보여주는 가장 중요한 통찰 중 하나는 학군과 중요한 소수민족 공동체인 몽족(Hmong)계 미국인 커뮤니티와의 연결이 단 한 명의 교직원에 의해 유지되고 있었다는 사실이다. 이 교직원은 그 지역사회와 필수적이고 중요한 연결 고리를 형성했지만, 이는 한 명의 교직원, 하나의 노드에 의존하는 아주 가느다란 연결이었다. 만약 이 교직원이 학군을 떠나거나 활동이 불가능해지면 학군은 많은 중요한 관계를 잃을 위험에 처하게 될 것이었다.

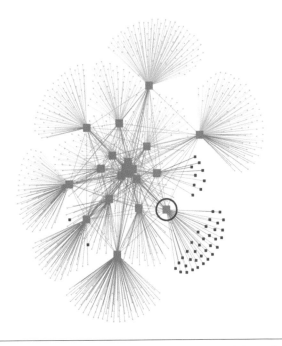

[그림 4.1] 학군의 직원과 학부모 자원활동가 네트워크 사이의 연결. 교직원은 큰 네모로 표시되어 있음. 학부모는 더 작은 사각형으로 표시되어 있으며, 몽족 학부모는 그보다 약간 더 큰 네모에 가장 어두운 음영의 노드로 나타나 있음. 중요 교직원은 동그라미로 표시되어 있음. 학군이 이 교직원을 잃는다면 많은 몽족 학부모와의 연결 또한 잃게 될 것임.

이 맵에서 볼 수 있듯이 학군은 먼저 중요한 역할을 하는 교직원을 유지하기 위해 할 수 있는 모든 조치를 취해야 한다는 점을 인지했다. 두 번째로, 학군은 직원들과 몽족 학부모들 간의 연결을 다양화하여 소위 폭이 넓은 연결다리를 형성하기로 노력했다. **넓은 연결다리**를 통해 네트워크에 중복성을 만드는 것은 특정 개인이 대응할 수 없거나 활동이 가능하지 않은 경우에도 지속적으로 자원과 정보의 흐름이 유지되도록 한다.

## 동적 긴장을 유지하라

임팩트 네트워크는 진화하면서 여러가지 동적 긴장에 직면하게 된다. "동적(dynamic)"이라고 하는 것은 네트워크가 끊임없이 변화하기 때문이며, "긴장"은 겉으로 보기에는 상충하는 요구나 시사점을 가진 아이디어 혹은 가치 사이의 관계를 나타낸 것이다. 이러한 **긴장**(또는 양극성)이 효과적으로 관리될 경우, 이는 강력한 에너지의 원천이 될 수 있다. **재생적인 리더십(Regenerative Leadership)**에서 길스 허친스(Giles Hutchins)와 로라 스톰(Laura Storm)은 "시스템에 긴장이 없다는 것은 생명력이 없고, 배움도 진화도 없다는 것을 나타낸다."고 주장한다.[17]

네트워크가 발전함에 따라 수백, 수천 가지의 다양한 긴장이 발생할 수 있지만, 우리는 특히 여섯 가지 유형의 긴장이 자주 나타나는 것을 확인할 수 있다.

---

- 신뢰 구축과 행동의 실행
- 참여와 속도
- 자기 관심사와 공동의 관심사
- 부분과 전체
- 계획과 창발(나타남)
- 발산과 수렴

이와 같은 양극성에 직면했을 때 인간의 뇌는 대상을 단순화하여 둘을 분리된 것으로 간주하려는 경향이 있다. 서로 상반되는 의견을 동시에 받아들이면서 발생하는 충돌은 다루기 어렵다. 이것이 바로 제로섬*사고방식이며, 다음과 같이 표현된다. 승자가 있으면 반드시 패자가 있다, 옳은 것이 있다면 그른 것이 있다, 단 하나만 존재하거나 둘 사이에 회색지대는 없다고 여기는 것이다.

더 섬세한 관점은 **둘 중 하나**라고 생각하는 대신에, **둘 다-그리고**로 생각하면서 삶의 이중성을 수용하는 것이다. 삶의 모든 측면은 겉으로 보기에 상반되지만 서로 상보적인 힘의 상호작용으로 이루어져 있다. 이러한 삶의 내재적 이중성은 고대 중국 철학에서 **음양**으로 불리며, 어둠이 없으면 빛이 있을 수 없다, 아래가 없으면 위가 있을 수 없다, 죽음이 없으면 생명이 있을 수 없다, 살기 위해서는 숨을 들이쉬고 내뱉어야 한다와 같이 현실에서도 적용된다.

동적 긴장 속에서 서로 상반되는 것처럼 보이는 두 가지 관점 모두 진실이고 가치가 있다. 예를 들어 신뢰**와** 액션은 둘 다 중요하며, 개인의 욕구**와** 공동의 관심사 모두 살펴야 한다. 그러기에 네트워크 리더의 필수적인 역할은 긴장이 나타나면 그 양극성을 감지하고 인정하며, 겉으로 보기에 반대인 경로 사이에서 긴장을 유지하면서, 다음에 무엇을 해야 할지 의사결정 할 때 '둘 다-그리고'의 사고를 하는 것이다. 양극단 사이의 동적 긴장은 풀어야 할 문제가 아니다. 이러한 긴장은 네트워크의 생애 주기 내내 제대로 인지되고 통합되며 주의 깊게 관리되어야 한다. 임팩트 네트워크에서 흔한 여섯 가지 동적 긴장은 아래에서 자세히 살펴볼 수 있다.

---

* 역자주: 하나의 상황(게임)의 참가자 각각의 이득과 손실의 합이 제로가 되는 상황

## 신뢰 구축과 행동의 실행

1장에 서술했듯이 신뢰는 성공적인 협력의 가장 중요한 요소이다. 그럼에도 많은 사람들은 신뢰가 그저 부수적인 것, 즉 뭔가 좋은 것이지만 꼭 필요하지는 않은 것이라고 생각한다. 사람들은 일에 착수하기 위해 프로젝트를 즉시 파악하고 실행하려는 급박함을 가지고 네트워크에 참여한다.

그러나 사람들이 간과하는 것은 **신뢰 구축 자체**가 중요한 작업이라는 점이다. 거의 모든 협력의 사례에서 올바른 방향에 대한 의견 충돌이나 오해로 인해 관계가 손상될 가능성이 있다. 기본적인 신뢰가 구축되지 않은 경우, 그런 순간들은 그동안의 모든 노력을 수포로 돌아가게 하며 협업 전체를 무너뜨릴 수 있다.

반면, 충분한 신뢰가 먼저 형성된 경우, 사람들은 서로의 긍정적인 의도를 신뢰하게 되어 자신의 의견과 다르더라도 함께 작업을 이어나갈 가능성이 커진다. 동시에 작은 방식으로라도 함께 일하는 과정 자체 **또한** 더 큰 신뢰를 구축하는 데 기여한다. 사람들이 함께 도전 과제를 해결하고 공통점을 찾으며 서로의 작업을 지원하는 과정에서 신뢰는 자연스럽게 형성된다. 신뢰와 액션은 마치 동전의 양면과 같다.

우리는 "나중에 빠르게 가기 위해서, 지금은 천천히 가라"와 같은 원칙을 통해 신뢰와 행동을 아우른다. 즉, 네트워크 형성 초기 단계에서 신뢰를 깊이 쌓기 위해 시간을 들이고 이를 통해 이후에 더 빠른 행동 속도를 가능하게 하는 것이다. 관계가 발전하는 동안에도 사람들이 서로의 작업을 지원할 수 있는 작고 단기적인 방법들을 모색한다. 신뢰와 실행이 함께 발전하면 이는 선순환을 이루게 된다.

## 참여와 속도

네트워크는 폭 넓은 범위의 이해관계자를 참여시킬 때 가장 효과적이다. 하지만 더 많은 사람을 포함하게 되면 초기에는 소규모 그룹보다 속도가 느려질 수 있다. 현재의 생각을 공유하고, 공동의 언어를 발전시키며, 도전 과제에 대한 집단적 이해를 발전시키고, 일련의 행동 방침을 결정하는 데 시간이 필요하기 때문이다. 또한 소규모 그룹에서 느끼는 친밀감이 부족할 경우, 신뢰를 구축하는 데도 더 많은 시간이 걸릴 수 있다.

네트워크가 커질수록 신뢰를 쌓고 행동으로 옮기는 데 시간이 더 오래 걸릴 수 있다. 반면에 소수의 사람들에 의해 빠르게 추진된 행동은 성공할 가능성이 낮아질 수 있다. 네트워크 리더는 폭넓은 참여를 보장하면서도, 일의 추진이 가능한 속도를 유지해 나아갈 수 있도록 하는 중요한 역할을 담당한다.

## 자기 관심사와 공동의 관심사

함께 행동하려는 의지 때문에 참여자들은 대개 공동의 목적을 찾고 그에 따라 협력하는 데 자신의 시간 대부분을 할애하게 된다. 하지만 이타적인 이유만으로는 바쁜 일정과 우선순위가 서로 충돌하는 상황에서 사람들의 네트워크 참여를 정당화하기 어렵다. 장기적으로 참여를 지속하려면 네트워크가 참여자들의 개인적인 관심사도 어느 정도 충족시켜야 한다. 예를 들어 가치 있는 인맥을 형성해 주거나 새로운 배움을 제공하면서 개인이나 조직의 우선순위를 추진하도록 하는 방식으로 말이다.

사람들은 자신이 이기적으로 보일까 염려하기 때문에 개인적인 관심사를 드러내는 것을 꺼린다. 그러나 네트워크 구성원들은 자신이 참여할 만한 가치를 느끼기 위해 어떤 관심사를 가지고 있는지 솔직하게 밝

힐 수 있어야 한다. 동시에 그들은 네트워크의 성공을 돕기 위해 무엇을 제공할 수 있는지, 그리고 동시에 그들이 자유롭게 기여할 수 있는 정도가 어느 정도인지 그 한계도 공유할 수 있어야 한다. 시간이 지나면서 이러한 의미 있는 호혜적 관계가 이루어지면 참여자들은 네트워크에 더 깊이 관여하게 된다. 하지만 이러한 호혜성이 없다면 결국 참여자들은 네트워크를 떠나게 된다. 호혜성을 형성하는 문화를 만들기 위해 권장되는 방법은 8장에서 자세히 설명된다.

## 부분과 전체

네트워크는 개별적인 여러 부분들이 서로 연결되어 전체를 이루며 형성된다. 하지만 때로는 부분과 전체 사이에 긴장이 느껴질 수 있다. 네트워크가 필요로 하는 것과 집단이 나아가고자 하는 방향이 특정 개인이 그 순간에 원하거나 필요로 하는 것과 충돌할 수 있기 때문이다. 어떤 사람들은 때때로 자신이 전체 그림 속에서 어디에 속하는지 확신하지 못하고, 마치 퍼즐 조각이 제자리를 찾지 못한 듯 느낄 수 있다.

네트워크 리더는 이 긴장을 두 가지 방법으로 조정할 수 있다. 첫 번째는 해당 부분에 더 많은 관심을 쏟아 그 부분이 전체 안에서 어디에 부합하는지를 탐색하는 것이다. 사람들이 네트워크에 참여할 때 바라는 다양한 목적—개인적인 동기부터 조직의 목표까지—을 탐구함으로써, 그 목적들이 공동 목적과 어느 정도 겹치는 지점을 찾을 수 있다. 두 번째는 네트워크의 존재 이유와 발전 방향에 대해 더 명확하게 설명하는 것이다. 전체 퍼즐의 그림이 명확할수록 각 퍼즐 조각이 어디에 들어맞는지 쉽게 알 수 있다. 이는 개개인이 네트워크에서 자신이 기여할 수 있는 자리를 찾는 데 도움이 될 뿐 아니라 네트워크가 그 시점에 자신과 맞지 않다는 것을 더 확실히 인식하게 되어, 불필요한 에너지를 절약하고 추가적인 좌절을 막을 수 있다.

## 계획과 창발(나타남)

불확실성에 대한 불편함을 해소하기 위한 시도로 일부 참여자들은 네트워크의 경로를 미리 정하려고 목표와 지표를 서둘러 설정하며 전략적 계획을 세우고자 할 것이다. 계획은 가치가 있지만 지나치게 많은 계획은 유연성을 제한하여 적응을 어렵게 만든다. 엄격한 계획과 미리 정해진 결과가 네트워크의 액션을 지배하게 되면 창의성은 시들고 에너지가 떨어지며 잠재력도 사라진다. 그러나 반대로 아무런 준비나 체계 없이 너무 많은 것들이 나타나면(창발하면) 혼돈을 느낄 수 있다. 활동이 수월하게 계획되고 진행되기 위해서는 어느 정도 신중한 전략은 필수적이다.

계획과 창발이 함께 일어날 수 있도록 우리는 네트워크 리더들에게 "과정은 신중히, 결과는 창발하도록"이라는 지침을 기억할 것을 권장한다. 활동은 신중하게 계획될 수 있고 그렇게 하는 것이 바람직하다. 하지만 그 활동의 결과는 자연스럽게 유기적으로 발생하도록 할 수 있다. 이러한 두 가지 상반된 요소를 조정하는 것을 우리는 **창발을 위한 계획**이라고 부른다. 이는 과거, 현재, 미래를 감지하여 잠재력 있는 기회를 찾아 추구하되 실험 정신을 유지하며 새로운 정보에 빠르게 적응할 수 있도록 한다.

## 발산과 수렴

네트워크 리더가 사람들 간의 공통점을 찾아 함께 일할 수 있는 기반을 마련하는 데 많은 주의를 기울이는 것은 자연스러운 일이다. 이것이 바로 의견을 모으고, 서로 겹치는 관점을 찾으며, 선택하고 결정을 내리는 **수렴**(covergence)의 과정이다. 하지만 새로운 통찰을 얻기 위해서는 의견 불일치를 위한 여유를 마련하는 것이 필수적이다. 이것이 바로 이견을 분명히 하고, 독립성을 주장하며, 다양한 관점을 표현하는 **발산**(divergence)의 과정이다.

기업가이자 작가인 마거릿 헤퍼넌(Margaret Heffernan)은 "집단이 함께 생각하려면 어떻게 해야 하나?"라는 논쟁적인 질문을 던진다. 그녀는 대부분의 경우 함께 생각하지 않는다고 말하며, 그 이유는 "사람들이 그것을 원하지 않아서가 아니라, 진짜 그렇게 할 수 없기 때문이다. 왜냐하면 사람들은 다른 사람과의 갈등을 너무나 두려워하기 때문이다."라고 설명한다.[18] 다른 사람들과의 갈등을 기피하는 문화에서는 이견이 억제되고 새로운 의견은 억눌리게 된다. 사람들이 다양한 관점을 자유롭게 표현할 수 있을 때(발산), 비로소 모든 통찰이 세상에 드러나게 된다. 이 지점에서 집단은 자신들의 아이디어가 어떻게 서로 부합할 수 있는지(수렴)를 살피기 시작한다. 이러한 수렴의 과정은 이전에 존재하지 않았던 새로운 가능성을 불러일으킨다(창발). 발산은 수렴을 가능하게 하고 그 결과 창발이 이루어진다. 이는 [그림 4.2]에서 보여주는 것처럼, 발산과 수렴의 순환은 집단이 아이디어를 도출하고, 선택지를 평가하고, 결정을 내리는 과정의 핵심이다. 이는 네트워크가 **생각하는** 방식이기도 하다.

따라서 사람들의 합의점뿐만 아니라 이견이 존재하는 지점에도 집중해야 하며, 사람들이 용기 있게 자신의 생각을 표현할 수 있는 공간을 만들어야 한다. 차이점을 탐구하는 과정에서 창의성과 통찰이 발현된다.

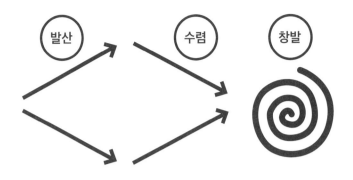

[그림 4.2] 발산(서로 다른 관점을 표현하는 것)은 수렴(서로 다른 생각을 모으는 것)을 가능하게 하며, 이는 창발(새로운 가능성을 발견하는 것)을 이끎.

네트워크 리더들은 네트워크 여정에서 많은 동적 긴장을 만나게 될 것이다. 물리학에서 긴장은 힘이 시스템에 가해졌을 때 발생한다. 예를 들어, 줄타기 곡예사가 두 나무 사이에 팽팽하게 묶인 밧줄 위를 걷는 장면을 상상해 보자. 밧줄이 너무 느슨할 경우, 그 위를 걷는 것은 불가능하다. 하지만 밧줄을 나무 사이에 팽팽하게 연결하면 그 줄을 당기는 에너지가 줄타기 곡예사를 지탱하는 힘이 된다. 곡예사의 체중에 줄이 휘어도 끊어지지 않을 때 긴장이 만들어내는 유연한 힘을 알 수 있다.

임팩트 네트워크에서의 동적 긴장도 이와 유사한 에너지를 제공한다. **긴장**의 어원은 "늘어남(Stretch)"을 의미한다. 줄타기와 마찬가지로, 늘어나는 과정에서 생기는 유연한 힘은 네트워크가 압력을 잘 견디며 끊어지지 않고 균형을 유지하도록 해준다. 긴장을 불화의 신호로만 볼 것이 아니다. 오히려 제로섬 사고방식에서 벗어나 신뢰를 바탕으로 구조를 형성하고 다양성이 혁신을 불러일으키는 네트워크 사고방식으로 전환할 기회를 제공한다. 건강한 네트워크에서는 신뢰로 강화된 긴장이 내구성 있는 합금*을 만들어낸다.[19]

---

\* 저자주: 함께 섞여 새로운 성질의 것을 생성함을 의미함.

우리가 아직 다루지 않은 또 다른 동적 긴장은 리더로서 리더십을 발휘하는 것과 참여자로서 참여하는 것 사이의 긴장이다. 당신은 리더십을 발휘하는 것에 대해 확신이 없을 수 있고, "내가 과연 네트워크를 이끌 책임을 질 적임자인가?"라는 의문이 들 수도 있다. 나 역시 이러한 의심을 품은 적이 있다. 하지만 이 질문을 하고 있다는 것 자체가 어쩌면 당신이 바로 적임자일 수 있다는 신호다. 다작 작가 세스 고딘(Seth Godin)의 말을 인용하자면, "당신은 당신이 생각하는 것보다 훨씬 준비된 사람이다. 아마 아직 준비되지 않았다고 느낄 수도 있고 실제로 완전히 준비될 수는 없을 수도 있다. 하지만 당신이 무언가 가치 있는 것을 하지 않으면 준비는 절대 될 수 없다."[20] 당신은 사람들이 저절로 자기조직화되기를 바라고 있을지도 모른다. 하지만 현실은 늘 리더십이 중요하다. 새로운 네트워크를 촉발하고 대화를 촉진하며, 연결을 만들고 행동을 조율하는 모든 과정에서 리더십은 필수적이다. 단지 우리가 흔히 위계적인 환경에서 보게 되는 리더십과는 다른 유형의 리더십일 뿐, 리더십은 네트워크의 진화의 모든 단계에서 필요하다.

세상은 사람들을 하나로 모으고 자기조직화를 장려하며 창발을 이끌고 이익이나 지위보다 목적을 우선시하는 더 많은 네트워크 리더들을 필요로 한다. 네트워크 리더십은 다른 사람과의 파트너십을 통해 집단을 위해 이끌며 활동하는 일이다. 이끈다는 것은 상황에 따라 큰일이 될 수도 작은 일이 될 수도 있다. 다른 사람의 발전을 위해서 리더 역할을 한다면 그로 인해 발전한 사람도 미래에는 리더가 될 수 있다. 이러한 방식으로 네트워크 리더들은 모두를 위한 세상에 기여하는 네트워크를 형성한다. 당신이 그 길을 시도할 준비가 되어 있다면 2부에서 그 방법을 찾을 수 있다.

# 2부

## 임팩트 네트워크 가꾸기

# 5장

# 목적과 원칙 분명히 하기

목적은 목표나 사명 선언문이 아니다.

목적은 사람들이 함께 이루고자 하는 바의 명확한 표현이다.

또한 원칙은 진부한 이야기가 아니라, 그 목적을 추구하는 과정에서

자기 자신이 어떻게 행동하고자 하는지에 대한 근본적인 신념이다…

당신이 목적과 원칙을 함께 지킨다면,

당신은 명령과 통제에 의존할 필요가 없다.

디 혹(Dee Hock), 엔라이튼넥스트(EnlightenNext) 인터뷰

―――――――――――

임팩트 네트워크를 가꾸는 첫 번째 단계는 임팩트 네트워크가 존재해야 한다면 그것이 왜 존재해야 하는지 존재의 이유를 명확히 하는 것이다. 자신의 영역에서 수년간 일해온 사람들에게는 그 이유가 매우 명확할 때도 있지만 때로는 그 이유를 탐구해야 할 필요가 있다. 어느 상황에서나 네트워크의 잠재력을 인식하고 네트워크를 형성하기 위해 시간

과 자원을 투자하는 특별한 사람이나 집단이 필요하다. 우리는 이들을 **네트워크 촉매자**로 부른다. 촉매자는 새로운 네트워크의 발족에 참여하는 선구자들이다.


## 새로운 네트워크 촉매하기

촉매자는 다양한 형태로 나타난다. 1장에서 소개된 산타크루즈 산맥 보호관리 네트워크의 사례에서는 최초 촉매자가 캘리포니아에서 가장 오래된 토지신탁인 셈퍼비렌즈 펀드(Sempervirens Fund)의 상임이사 리드 홀더맨(Reed Holderman)이었다. 홀더맨은 해당 분야에서의 오랜 현장 경험을 통해, 토지 관리와 보호활동을 하는 지역 조직 사이에 더 큰 협력이 필요함을 알게 되었다. 그는 조직에서 사임하기 전 마지막 활동으로, 지역 내 조직들이 보다 효과적으로 협력할 수 있는 방안을 모색하기 위해 리더들의 첫 모임을 만들었다. 또한, 네트워크 출범을 위한 초기 자금을 마련했다.

1장에서 설명한 또 하나의 네트워크인 다목적 예방 기술 이니셔티브(IMPT)는 분절된 다목적 예방 기술(MPT) 분야를 연결할 필요를 느낀 베다니 영 홀트(Bethany Young Holt)라는 비영리 리더가 촉매자가 되었다. 홀트는 HIV 예방, 성병 예방, 피임 개발에 종사하는 이해관계자들을 모아 회의를 조직했다. 그리고 그녀의 조직인 카미헬스(CAMI Health)의 자원을 활용해 이들이 정보를 공유하고 서로의 활동을 조율할 수 있도록 지원했다.

2장에 소개된 구글의 푸드랩의 핵심 촉매자는 마이클 배커(Michiel Bakker)로 그는 조직에 입사했을 때, 복잡한 먹거리 시스템 문제에 대처하기 위해 구글 안팎으로부터 활동하는 사람들을 참여시키는 것이 기회라고 생각했다. 9장에 소개된 다른 사례는 UCSF 헬스의 팔리아티브 케어 프로그램(Palliative Care Program)의 디렉터인 스티브 판틸랏(Steve Pantilat)이다. 그는 보건의료 시스템 전체에 걸쳐 중증환자에게 더 통합적이고 조율된 완화치료*를 제공하기 위하여 12개 현장과 10개 보건의료 전문분야를 연결하는 돌봄 조율 네트워크(Coordination of Care Network)를 촉매하였다.

재단 또한 새로운 네트워크를 촉발하기에 좋은 위치에 있을 때가 있다. 예를 들어, 가필드 재단(Garfield Foundation)은 미 중서부 지역의 기후 문제를 체계적으로 다루기 위해 재원 조달자와 활동가들을 모아 리-앰프(RE-AMP) 네트워크를 촉매하였다. 이와 유사하게, 로버트 스털링 클락 재단(Robert Sterling Clark Foundation)은 도시 내 5개 자치구 전역에서 경제적 이동성을 향상시키기 위해 공공, 민간, 시민사회 분야 리더를 지원하는 스털링 네트워크 NYC(Sterling Network NYC)를 촉매하였다.

네트워크 마인드셋을 갖춘다면 누구나 촉매자가 될 수 있다. 네트워크 마인드셋을 실천하는 것은 사람들의 노력을 통제하기보다 리더십을 공유하고 겸손함을 보이며 네트워크의 목적을 위한 진정으로 헌신하는 것을 의미한다. 마지막 요소는 매우 중요하다. 무장 분쟁으로부터 시민을 보호하기 위해 다양한 조직을 함께 하도록 하는 코디네이터이자 촉매자인 크라이시스 액션(Crisis Action)의 닉 마트류(Nick Martlew)는 촉매자가 충분히 신뢰를 받지 못하거나 목적에 헌신하지 않으면, 참여자는 촉매자가 "임팩트를 위해 조직하려 하는 것인지, 또는 촉매자 본

---

*　역자주: palliative care, 임종이 임박한 환자 등 환자의 신체·정신적 고통 완화에 대한 치료를 아우르는 포괄적 형태의 의료 행위

인의 자아를 위해 조직하려는 것인지" 의문을 가지게 될 것이라고 이야기한다.[1] 촉매자가 참여자들의 신뢰를 얻는 가장 확실한 방법은 자신의 이익이 아닌 네트워크의 목적을 중심에 두는 것이다. 신뢰받는 촉매자는 사려 깊고, 높은 정직성을 갖췄으며 지속적으로 자신의 권한을 나누고 공을 남에게 돌리며 다른 사람들을 고무시킨다.

## 네트워크를 위한 잠재력 탐구하기

복잡한 사안을 마주했을 때, 앞으로 나아가기 위해 개인과 조직 간의 더 높은 수준의 연결이 필요하다고 판단될 경우 다음의 단계를 통해 새로운 임팩트 네트워크가 나타나도록 할 수 있다.

### 1단계, 시스템을 이해하라 그리고 이미 존재하는 것을 기반으로 시작하라

먼저, 현 상황을 제대로 파악하기 위해 철저히 조사하는 것이 중요하다. 이를 위해 그 문제에 관여된 다양한 사람들과 대화를 나눠야 한다. 그 사안에 대한 공통된 의견은 무엇인가? 그 사안에 대해 서로 다른 견해를 가진 지점은 어디인가? 사람들을 하나로 모을 수 있는 공동의 목적이 있는가? 현장에서 일하는 사람들이 더 많은 연결성이나 협력이 필요하다고 느끼고 있는가? 형평성의 관점에서 해당 사안을 살펴보라. 시스템이 현재의 방식을 취하고 있는 이유는 무엇인가? 누가 권력을 가지고 있고, 누가 그렇지 않은가? 무엇이 이 일의 중심이 되어야 하는가? 역사적으로 혹은 현재에 누가, 그리고 어떤 관점이 과소평가되거나 소외되었는가?

새로운 네트워크를 시작하기 전, 이미 진행 중인 작업을 지원하고 그것에 기반하여 일하기 위해서 면밀히 살펴보는 것이 중요하다. 이미 있는 것을 중복해 새로 만들기보다는 잠재적인 참여자들의 리더십을 따르라. 기존의 이니셔티브의 인정을 받지 않고 일을 위에서부터 하달식으로 강요할 때 현장에서 그 일을 하고 있는 사람들을 포용하지 못할 때 새로운 네트워크는 해가 될 수 있다.

### 2단계, 서로 탐구하는 모임을 조직하라

더 많은 연결, 조정, 그리고 협력이 필요함에도 불구하고, 이를 위해 협업이 가능한 구조가 아직 없다면, 그 다음 단계는 시스템 전반에 걸쳐 사람들을 초대해 임팩트 네트워크의 잠재력을 탐구하는 것이다. 미국 전역의 지역사회에서 다른 보호관리 중심의 네트워크를 촉매하는 무브먼트 네트워크인 스튜어드십 네트워크(Stewardship Network, 산타크루즈 산맥 보호관리 네트워크와 혼동하지 말 것)는 새로운 네트워크의 필요성과 열망을 확인하기 위해 "가능성 탐색 워크숍"을 하루 동안 개최한다. 이러한 워크숍은 초청 형식으로 진행하는 것이 적절할 때도 있지만, 관심 있는 사람은 누구나 참여할 수 있도록 열린 행사로 진행하는 것이 더욱 효과적일 수 있다. 스튜어드십 네트워크의 창립자인 리사 브러쉬(Lisa Brush)는 "우리가 하는 일의 핵심은 다양한 사람들이 참여할 수 있는 자리를 마련하는 것이다."라고 말한다. "시간이 지나면서 핵심적인 사람들이 꾸준히 참여하게 되고, 그 그룹이 더 큰 그룹으로 뭉치기 시작한다."[2]

탐구하는 모임에서는 다음의 질문들을 논의한다.[3]

---

- 우리는 왜 이 네트워크를 시작해야 합니까?
- 우리는 왜 이 네트워크를 시작하지 말아야 합니까?
- 우리가 활동할 만한 사안에는 무엇이 있습니까?
- 이 자리에 누가 더 힘께해야 합니까?

그리고 모임이 끝날 무렵에는 다음을 묻는다.

---

- 우리는 계속 (네트워크를) 진행해야 합니까?
- 그렇다면, 어느 정도로 참여할 의향이 있습니까?
  (사람들이 선택할 수 있는 네 가지 참여 정도는 10장을 참조하라)

많은 에너지나 관심이 보이지 않는다면, 지금은 아마도 임팩트 네트워크를 생성하기에 적절한 시기가 아닐 수 있다. 그러나 조직된 임팩트 네트워크가 없더라도, 시스템 전반에 걸쳐 연결을 촉진하기 위한 노력을 계속적으로 할 수 있다. 비슷한 사안에 관해 일하는 사람들을 서로 소개하거나 사람들이 정보를 공유할 수 있는 새로운 소통 채널을 구성할 수 있다. 어떤 시스템상에서라도 기저에 있는 연결 네트워크를 강화하는 것은 거의 모든 상황에서 가치 있는 일이다. 많은 사례로 볼 때, 공식적인 네트워크를 구성하기 위하여 추가적인 자원을 쏟기 전에 비공식적으로 연결을 강화함으로써 사람들이 더 깊이 관여하고자 하는 흥미가 있는지 파악하는 것이 현명하다.

### 3단계, 기획팀을 형성하라

진정한 힘은 촉매자의 위상과 관계가 있으며, 그 힘은 네트워크의 시작 시점에 명확하게 인정되어야 한다. 이는 가볍게 여겨질 역할이 아니다. 특히 이 힘은 네트워크의 목적을 초기에 명확히 하고, 사람들이 참여하도록 네트워크에 초대되는 방식에서 드러난다. 새로운 네트워크 형성 과정을 더욱 공정하게 만들기 위한 효과적인 방법 중 하나는 다양한 구성원으로 이루어진 **기획팀**을 구성해 이 권한을 함께 나누는 것이다.

기획팀 구성원들은 네트워크의 목적과 향후 참여자들을 위해 활동하며 네트워크 발전을 이끌어간다. 이들은 시스템의 각 분야를 대표하는 사람들로 왜 네트워크가 필요한지, 누가 참여해야 하는지를 공동으로 결정한다. 이 신중한 소규모 그룹은 다양한 관점을 대변하고 폭넓은 시각에서 논의할 수 있어야 한다.

기획팀의 첫 번째 임무는 서로를 탐구하는 탐색 회의에서 얻은 내용을 바탕으로 이제 막 시작한 네트워크에 대한 일관된 서사를 정제하는 것이다. 이 과정에서 네트워크 목적의 초안을 명확히 할 수 있다. 네트워크의 목적, 즉 존재 이유는 시간이 지나면서 변화할 수 있지만 처음 사람들을 모으기 위해서는 그들이 함께 해결하고자 하는 과제나 기회에 대한 개괄적인 설명이 필요하다. 기획팀은 또한 어떤 유형의 네트워크가 필요한지, 네트워크 참여의 범위를 어떻게 설정할지 고려해야 한다.

가장 중요한 것은 초기 소집을 조직하기에 필요한 질문에 답하는 것이다. 누가 참여해야 하나? 어떻게 사람들이 함께하도록 초대할 것인가? 그리고 누가 회의 소집을 기획하고 촉진할 것인가? 기획팀은 또한 네트워크가 어떻게 구성되면 좋을지, 어떤 소통 시스템을 사용할 수 있을지, 어떻게 필요한 자원을 모을지, 누가 지속적으로 조율할지 등을 포함해 회의 소집 이후에 네트워크를 어떻게 추진시킬지에 대해 숙고할 것이다.

목적과 마찬가지로 이러한 각각의 초기 고려사항은 참가자들이 모였을 때 개정될 수 있다. 그러나 신생의 네트워크가 아무것도 없이 처음부터 그러한 고려사항을 개발하여 발전시키도록 하기보다는 네트워크가 반응할 수 있는 초안을 준비하는 것이 도움이 된다. 기획팀이 네트워크의 성공적인 출범을 위한 탄탄한 기반을 마련하는 데 숙고(초안)를 마쳤을 때가 초기 소집을 시작할 시점이다.

## 4단계, 초기 소집을 조직하라 그리고 5C 과정의 순환을 시작하라

기획팀과 협력하는 마지막 단계는 한 번 이상의 소집을 조직하고, 5C 과정의 순환을 시작할 사람들을 초대하는 것이다. 많은 네트워크는 사람들의 관심을 살피기 위해 한 번의 회의 소집으로 시작하지만 이때부터 바쁜 일정들을 고려해 일련의 소집 스케줄을 정하는 것이 현명한 운영일 수 있다.

이 초기 소집에서 촉매자가 직접 진행을 맡을 수도 있고 누군가 그 중요한 역할을 맡을 다른 사람을 찾을 수도 있다. 그러나 1차 목표는 항상 같다. 사람들을 함께 모아 전체 시스템이 더욱 긴밀히 연결되도록 하고 공통된 지점을 찾아 사람들이 협력할 수 있는 부분을 식별하며 비록 일부 의견 차이가 있더라도 협력할 수 있는 방법을 모색하는 것이다. 또한 신뢰 관계를 구축할 시간을 갖고, 서로의 일을 지원할 수 있도록 정보와 자원을 공유하는 방법을 모색하는 것이다.

네트워크의 초기 단계에서는 "작게 시작해서 점차 키워 나가라"는 제인 웨이-스킬런(Jane Wei-Skillern)의 말이 도움이 된다. "자원을 공유하고, 기반시설의 비용을 함께 부담하며, 사람들이 혜택을 볼 수 있는 작은 협력에 참여하라. 네트워크는 모든 사람들의 일과 삶을 더 쉽게 만들어야 한다. 만약 네트워크가 그 목적에 부합하지 않는다면 그 네트워크는 존재할 필요가 없다."[4] 우리는 수많은 야심찬 네트워크 리더들에게 곧바로 행동에 나서기보다는 먼저 강력한 학습 네트워크를 육성하라고 조언해 왔다. 활기찬 학습 네트워크가 미적지근한 액션 네트워크보다 훨씬 낫고 학습 네트워크는 언제든지 액션 네트워크로 진화할 수 있기 때문이다. 시간이 지나면서 사람들은 혼자서는 할 수 없는 협력의 기회를 발견할 수 있는데, 이 시점에 촉매자는 새로운 구조를 만들고 그 협력을 지원하기 위해 추가 자원을 제공하는 데 도움을 줄 수 있다.

네트워크가 발전하면서 촉매자들은 네트워크를 이끄는 데에 계속 도움을 줄 수도, 다른 모든 사람들과 같이 단순 참여자가 될 수도 있다. 둘 중 어떤 한 상황이라도, 촉매자의 역할은 일단 네트워크가 함께 모이고 충분한 리더십과 자원을 갖췄으며 미래에 발전을 지속할 방향에 대한 명확성을 갖추었다면 완수된 것이다.

## 공동의 목적 찾기

네트워크의 목적, 즉 **왜** 네트워크가 존재하는가는 사람들이 네트워크에 참여하게 만드는 원동력이다. 목적은 사람들에게 영감을 줄 수 있을 만큼 야심 차야 하며, 누구를 소집해야 하는지를 분명히 구분할 수 있을 만큼 명확해야 하고, 참여자들의 에너지를 집중시킬 수 있을 만큼 구체적이어야 한다. 가장 좋은 네트워크 목적은 연결, 학습, 그리고 액션에 활력을 불어넣는다. 사람들은 자신이 의미 있는 기여를 할 수 있다고 느끼는 설득력 있는 비전을 공유할 때, 훨씬 더 서로에게 가닿고 참여하고자 한다.

사람들을 결집시키는 공동의 목적이 없다면, 사람들은 자신과 가장 비슷해 보이는 사람들과 연결되고자 할 것이다. 이것은 네트워크 현상 중 하나인 **동종선호(homophily)**로, "유유상종, 같은 무리끼리 서로 사귄다."는 말의 원리이기도 하다. 니콜라스 크리스타키스(Nicholas Christakis)와 제임스 파울러(James Fowler)는 책 『행복은 전염된다 (Connected)』에서 동종선호는 "의식적이든 무의식적이든 우리와 닮은 사람들과 어울리려는 경향(단어 자체는 '같은 것을 사랑한다'는 의미를 지닌다)"이라고 설명한다.[5]

그러나 우리가 즉각적으로 인지할 수 있는 것을 넘어, 표면 아래에는 우리를 연결하는 더 깊은 공통성이 많이 존재한다. 공동의 목적을 명확히 함으로써 우리는 우리를 하나로 묶어줄 수 있는 더 깊은 공통성을 살펴보게 된다. 그 과정에서 우리 내면의 무언가가 변화하며 자신을 더 큰 "우리"의 일원으로 보기 시작한다. 2장에서 언급했듯이, 우리는 자기중심적 관점에서 생태계를 의식하는 상태로 진화하게 된다. 우리는 서로를 개인으로만 바라보는 것이 아니라 공동체의 일원으로서 관계를 맺게 된다.[6]

네트워크의 목적은 대개 특정 사안, 지역 및 (또는) 인구의 조합에 초점을 둔다. 예를 들어, 스털링 네트워크 NYC의 목적은 뉴욕시의 "5개 자치구에서 경제적 이동성을 증진시키는 것"이다.[7] 100Kin10의 목적은 "미국 교실에서 100,000명의 뛰어난 STEM 과목 교사를 육성하고 지원하는 것"이다.[8] 디펜더 네트워크의 목적은 "국경을 가로질러 정의를 구현함으로써 이주민의 권리를 보호하는 것"이다.[9]

네트워크의 목적은 구체적으로 정의될 수도 있고, 광범위하게 설정될 수도 있다. 두 가지 방식 모두 유효하다. 목적이 명확하고 더욱 촘촘할수록 그 문제를 해결하기 위해 필요한 사람들을 식별하고 모집하는 것이 쉬워진다. 반면에 더 광범위한 목적을 설정하면 더 다양한 구성원들의 참여를 독려하고, 네트워크가 궁극적으로 어떤 곳에 초점에 맞출지를 정하는 일에 유연함을 제공할 수 있다.

공동의 목적을 명확히 하는 것의 목표는 동의를 강요하고자 함이 아니라 차이를 정당하게 인정하는 것이다. 공동의 목적을 통해 서로 다른 관점을 탐구함으로써 가치가 수렴되는 지점을 발견할 수 있다. 사람들이 서로의 연결된 열망의 본질을 인식하게 되면, 그들이 느꼈던 차이는 장벽이 아닌 선물이 된다. 페기 홀맨(Peggy Holman)은 **창발에 참여하기 (Engaging Emergence)**에서 "우리가 본질적으로 같은 것을 원한다는 것을 알게 되면, 우리의 차이점은 더 이상 장애물이 되지 않는다. 오히려 우리 각자와 우리 모두에게 중요한 것을 담고 있는 예상치 못한 혁신을 위한 창의적인 경로가 된다."고 했다.[10]

양극화된 세상에서는 우리가 실제로 공유하고 있는 공통지점이 많다는 사실을 잊어버리기 쉽다. 우리는 우리 자신과 가족의 안전을 원하고 고통과 근심으로부터 자유롭기를 원한다. 우리는 깨끗한 공기와 신선한 물을 원하며 사랑을 갈망하고 다른 사람들과의 연결감을 느끼고 싶어한다. 우리가 원하는 것에 도달하는 방법에 대한 의견은 다를 수 있지만 충분히 깊이 파고들면 우리를 하나로 묶는 공동의 목적(why)들을 찾을 수 있고, 이를 바탕으로 목적을 달성하도록 서로 연결하고, 배우며, 함께 일할 수 있는 기반을 조성할 수 있다.

## 다양한 수준의 목적 통합하기

사람들이 각자 자발적으로 네트워크에 참여하기에, 다양하면서도 서로 같은 부분이 있는 목적에 의해 동기 부여된다는 점을 인지하는 것이 중요하다.

- 개인적 목적: 개인이 하고 있는 활동의 목적과 관련한 내적 동기
- 직업적 목적: 네트워크에 참여한 직업적 또는 조직적 동기
- 집단적 목적: 네트워크를 하나로 묶는 공동의 목적

사람들은 이타적 관심만으로 네트워크의 참여를 지속하기 어렵다. 의미 있는 방식으로 헌신하고 참여하도록 하기 위해서, 개인적 목적이나 직업적 목적 또한 잘 다루어져야 한다. 이는 자기 관심사와 공동의 관심사 간의 동적 긴장을 반영한다. 네트워크의 목적을 명확히 하는 과정에서 개인의 열정과 직업적 동기, 그리고 집단적 열망의 교차점을 찾아라.

또한 개인적 동기를 공유하는 것은, 사람들이 순전히 직업적 맥락에서 서로를 바라보는 데에만 익숙한 상황에서 참여자들이 서로 인간적으로 보이게 하는 데 도움이 된다. 이를 달성하는 데 우리가 사용하는 한 가지 연습은 '퍼포즈 스탠드(Purpose Stands, 목적 표현하기)'이다. 이 연습에서 각 참여자는 '내가 하는 일의 목적은 무엇인가?'라는 하나의 중심 질문에 답하는 1분짜리 발언을 한다. 이 질문은 각 개인이 세상에서 추구하는 사명을 드러내는데, 이는 그들의 일상 업무의 책임과 부합할 수도 있고, 그렇지 않을 수도 있다. 이 1분 발언은 실질적인 **내용(what)**에 초점을 맞추기보다, 자신의 활동을 정의하는 개인적인 **목적(why)**에 초점을 맞춘다. 퍼포즈 스탠드를 이끄는 전체 지침은 온라인 상의 컨버지 네트워크 툴킷(Converge Network Toolkit)에서 찾을 수 있다. (이 도구와 책에서 언급된 여러 도구는 ✂ 웹사이트 converge.net을 방문하면 접근 가능하다)

## 문제에서 가능성으로 초점 전환하기

공동의 목적을 탐구하는 것은 공동의 문제를 정의하는 것이기보다 공동의 가능성을 살피는 것에 가깝다. 네트워크에 활동할 수 있는 무언가를 제공하기보다 네트워크가 활동할 수 있는 **방향**을 부여하는 것이다.[11]

홀맨(Holman)은 사람들이 자주 두 가지 주요 질문으로 사회 문제에 접근한다는 것에 주목하였다. "무엇이 문제인가요?" 그리고 "어떻게 우리가 그것을 고칠까요?" 이 질문은 이상적이거나 또는 상상 속의 과거 상태로 시스템을 복구하는 것에 초점을 둔 후향적 관점이다. 반면에, 안내하는 질문이 "무엇이 가능한가요?" 그리고 "어떻게 우리가 그것을 만들어낼까요?"처럼 미래 지향적일 때는 사람들이 더 전환적 변화에 초점을 맞추어 움직이도록 한다.[12] 문제에 집중하는 것은 한계를 만드는 것이지만, 가능성에 집중하는 것은 해방시키는 것이다.

십여 개 이상의 조직으로 구성되어 아코라 재단(Arcora Foundation)의 지원을 받는 액션 네트워크인 스마일 스포케인(Smile Spokane)의 활동을 살펴보자. 스마일 스포케인은 워싱턴 주의 스포케인 카운티(Spokane County) 지역의 구강 보건을 향상시키기 위해 활동하는 네트워크이다. 네트워크 참여자들이 "문제"에만 집중했다면, 이들은 스포케인 카운티에 있는 3학년 학생 10명 중 6명은 충치를 경험한 적이 있다는 것을 인지하는 데 그쳤을 것이다. 연구는 취약한 구강 건강이 구강을 훨씬 넘어서 다른 부분에까지 커다란 영향을 끼친다는 것을 보여준다. 예를 들어, 구강 건강이 취약한 아이들은 그렇지 않은 아이들에 비해 학교 결석율이 거의 3배 이상이며, 성적이 낮을 확률 또한 4배 더 높다.[13]

문제에 집중한다면, 네트워크의 목적을 "모든 스포케인 카운티 지역 주민의 충치를 감소시키는 것"으로 정의하고, 네트워크는 충치 예방에 효과적인 학교의 치아 실란트*지원을 늘리는 전략에만 집중했을지도 모른다. 이러한 문제 정의와 그에 따른 전략은 충치를 감소시키는 효과성으로 볼 때 가치 있는 목적일 수 있다. 하지만 문제가 보이는 지점은 대개 고장 난 시스템의 가장 눈에 띄는 증상일 뿐이다. 지역사회에 내재된 시스템상의 불평등과 같이 더 깊은 원인이 존재할 가능성이 높으며 증상만을 다루는 것은 문제의 원인이 작동하는 방식을 그대로 유지시킬 가능성이 높다. 문제에만 초점을 맞추는 것은 네트워크가 임팩트를 만들 수 있는 더 큰 기회를 잃게 할 수도 있다.

증상의 해결에 집중하는 대신에 스마일 스포케인은 "모든 사람의 구강 건강을 개선하여 더 건강한 스포케인을 만들겠다."[14]라는 미래지향적인 비전을 제시했다. 이러한 미래 지향적인 목적에 따라 네트워크는

---

* 역자주: 치아 사이의 접합부나 이음매를 메우는 재료

근본적인 문제에 영향을 미칠 수 있는 전략을 마련했다. 취약 계층의 구강 건강 관리에 대한 접근성을 높이고 구강 건강 관리를 필수 보건활동에 통합하며 구강 건강 관리를 행동 건강 및 약물 사용 장애와 관련된 다른 서비스와 연계하기 위한 건강돌봄 검색 서비스를 제공하는 것이었다. 이러한 전략들은 주민들에게 장기적으로 더 나은 결과를 지속적으로 제공할 수 있는 새로운 의료 시스템을 구축하는 것을 목적으로 하고 있다. 물론 미래를 바라보는 접근 방식이 현재의 문제를 외면하는 것을 의미하지는 않는다. 이러한 사례는 꼭 해결해야 하는 시급한 문제들이 당신이 만들고자 하는 미래의 더 큰 맥락에서 해석될 수 있다는 것을 보여준다. 스마일 스포케인은 장기간의 변화를 진전시키는 한편, 단기적으로 학교 치아 실란트지원 프로그램이 당장 필요한 곳에서는 그 활동을 확대하기 위하여 일하고 있다. 네트워크가 출범하기 전에는 도시 내 학교 기반 실란트지원 프로그램이 단 하나뿐이었으며 지역 인구의 아주 소수만을 대상으로 했다. 하지만 네트워크를 통해 육성된 파트너십 덕분에 현재 실란트 지원 프로그램은 저소득층 학생이 다수인 대부분의 학교에 혜택을 주고 있다.[15]

## 미래 상상하기

당신이 실현하고자 하는 것을 널리 공유하고(대화, 예술 그리고 다른 수단을 통해), 함께 미래의 모습을 그려보며 상상하는 것은 꿈의 영역이다. 미래를 함께 구상하는 것은 네트워크가 목적을 명확히 할 수 있도록 에너지와 창의성을 불러일으킨다.

레조넌스 네트워크(Resonance Network)는 강력한 비전을 활용해 사람들을 모으고 앞으로의 사업 방향을 설정한 좋은 사례이다. 노보재단(NoVo Foundation)이 10년간 지원한 프로그램인 폭력근절운동(Move to End Violence)에서 출발한 레조넌스 네트워크는 폭력이 없는 세상을 만들기 위해 헌신하는 사람들이 모이도록 점점 더 진화되고 있다.

네트워크 발전의 초기 단계에서, 네트워크 리더들은 자신이 창조하고자 하는 세상에 대한 명확한 그림이 필요하다는 것을 알게 되었다. 그들은 "이 시대에, 이 시대 안에 들어가 사는 데에는 전혀 새로운 존재 방식이 필요하다."라고 하며, "새로운 해결방안과 가능성을 창조하는 예술은 우리가 살고 싶은 세상이 어떤 세상인지 아는 것에서 시작된다."[16] 라고 썼다.

네트워크의 목적을 명확히 하기 위한 첫 소집에서 30명의 리더들이 보스턴에 모여 3일간 예술 작품, 워크샵용 차트, 그리고 포스트잇으로 가득 찬 방에서 시간을 보냈다. 그들은 정치 전략가이자 참선(禪) 수도자인 노마 웡(Norma Wong)이 제시한 심오한 질문을 함께 숙고했다. "상호 의존, 소속감, 그리고 다른 사람과 지구와의 조화로운 삶에 뿌리를 둔 세상에서, 100년 후 우리가 바라는 세상을 만들기 위한 당신의 비전은 무엇인가?" 이 질문을 다양한 관점에서 살펴보기 위해, "우리는 어떻게 음식을 얻는가?", "물과 우리의 관계는 어떤가?", "아이들은 어떻게 배우는가?", "어떻게 사람들을 안전하게 지내도록 할까?", "아이들은 어떻게 태어나는가?", "사람들은 어떻게 죽는가?" 등의 후속 질문들도 함께 논의했다.

참여자들은 자신들이 바라는 미래를 진지하게 생각해내기 시작했다. 미래를 구체적으로 생각하여, 차트를 그리고, 서로의 비전을 발전시키며 공통적인 맥락을 강조해 나갔다. 그 다음 진행자는 그룹에 질문을 던졌다. "좋다. 만약 그것들이 100년 안에 목격하게 될 일이라면, 그 100년 비전이 실제 일어나도록 하기 위해서 50년 후에 우리는 어느 위치에 있어야 할까?" 잠시 서로의 생각을 나눈 후 참여자들은 시간의 범위를 더 단축해 "이제 50년 비전이 실현되도록 하려면, 25년 후에 우리는 어느 위치에 있어야 할까?"라는 질문을 받았다.

각 단계에서 참여자들은 장기적으로 변혁적일 수 있는 잠재적 전략을 발견하고 자신의 비전을 현재에 더 가까이 실현하도록 요구받았다. 시간을 거슬러 올라가며 사람들에게 다음 질문들이 이어졌다. "2년 후에 우리는 어디에 위치해 있어야 할까?" 그리고 마지막으로 "바로 지금, 우리는 어디에 있어야 할까?"

네트워크의 공동 디렉터인 알렉시스 플래너건(Alexis Flanagan)은 "처음에는 사람들의 비전이 너무 대담하고, 그 비전을 종이에 적는 것이 너무 무모하다고 느꼈다"고 회상했다. "그러나 곧 사람들은 에너지를 얻었고, 지금 당장 무엇을 해야 이 모든 일이 가능해질지 알게 되었다."[17] 마침내 참가자들은 자신들이 이뤄낸 작업을 되돌아보았다. 네트워크의 존재 이유가 분명해졌다. 깊은 관계, 활기찬 공동체, 그리고 지구와의 연결에 기반한 세상을 만듦으로써 폭력의 뿌리를 변화시키는 것이었다.

## 집단적 목적 만들어내기

산타크루즈 산맥 보호관리 네트워크의 형성은 어떻게 다양한 이해관계자 그룹이 집단적 목적을 정의할 수 있는지를 보여주는 사례이다. 십여 개 이상의 조직이 어떻게 하면 더 효과적으로 협력할 수 있을지 그 방법을 모색하기 위해 첫 모임을 가졌을 때, 네트워크가 왜 만들어져야 하는지에 대한 중요한 질문이 오고 갔다. 사람들은 숨겨져 있을지 모르는 의도에 대한 우려를 가지고 있었고, 모든 구성원이 관심을 가질 만한 단일한 이슈도 없었으며, 참여 조직들 간의 단기적 우선순위도 매우 달랐다.

구성원들이 네트워크의 공동의 목적에 합의하기 전에, 먼저 "보호관리(stewardship)"가 의미하는 것을 명확히 할 필요가 있었다. 새로운 네트워크에서 핵심 용어를 정의하는 것은 공통적인 초기 과제이다. 보호관리가 무슨 의미인지 동의하는 것만으로도 참여자들은 그 단어를 실행가능한 것으로 만들기 시작할 수 있었다.

또한, 참여자들은 지역의 보호관리에 영향을 미치는 역사적·시의적 요인들을 살펴보면서 시스템에 대한 공동 이해를 발전시킬 필요가 있었다. 이를 위해 역사적 분석을 수행하고 시나리오 계획을 통해 외부의 동향과 영향을 조사하며 각자의 희망과 우려를 확인했다.

충분한 토론을 통해, 참여자들은 공통 기반을 찾기 시작했다. 대부분의 사람들은 효과적인 보호 관리가 다면적이고 모자이크 같은 접근 방식을 필요로 한다는 데 동의했다. 또한 개발과 기후 변화로 인한 위협을 인지했고, 거의 모든 사람들이 강화된 연결과 협력 관계가 그들의 일과 지역에 이익이 될 것이라는 데 동의했다. 토지 보호관리를 가장 효과적으로 하는 방법에 대해서는 많은 의견 차이가 있었지만, 효과적인 보호관리의 중요성에 대해서는 많은 공감대가 형성되었다.

결국 참여자들은 공동의 목적을 만들고 개선할 준비가 되었다. 촉진자로서 우리는 참여자들에게 "우리는 어떻게 … 할 것인가(How do we…)?"라는 문장을 완성함으로써 네트워크의 목적을 자신들의 관점에서 표현해 달라고 요청했다. 그런 다음 그들이 제시한 의견을 바탕으로 초안을 작성해 이를 개선할 수 있도록 제안했다. 큰 집단이 처음부터 새로운 문구를 만드는 것보다 초안을 개선하는 것이 더 수월하다는 것을 경험적으로 알고 있기 때문이다.

참여자들은 소그룹으로 나뉘어 초안을 논의하고 개선을 위한 의견을 제시했다. 집단 전체가 단어를 이리저리 다듬고 조율하도록 하는 것은 시간상 효율적이지 못하다. 그러므로 자원한 참여자가 팀을 이루어 네트워크의 피드백을 받고, 휴식 시간 동안 초안을 다듬기로 했다. 이후 그날 늦게, 초안을 다듬어 다음의 목적(안)을 공유했다. "미래 세대까지 인간과 자연이 지속적으로 번영할 수 있는 회복력 있고 활기찬 지역 조성하기"

10장에 제시된 동의 기반의 의사결정 과정을 활용해 향후 필요할 경우 어느 때나 다시 수정할 수 있다는 것을 전제로 하여 모든 참여자들은 네트워크의 목적 문장을 공식적으로 채택하는 데에 동의했다. 다음 6개월의 과정을 거쳐 이 목적은 원칙과 참여 동의, 그리고 최우선 과제를 포함하여 더 완성도 있는 네트워크 헌장으로 발전하였으며 3번째 소집에서 21명의 네트워크 구성원이 비준하였다(네트워크 헌장은 이 장의 후반부에 더 자세히 소개되어 있다).[18]

## 공동의 원칙 정의하기

네트워크가 중요하게 여기는 근본적인 신념을 가치라고 한다면, 원칙은 결정을 내리고 행동하는 데 도움이 되는 지침이다. 원칙은 가치를 실행 가능하게 한다. 따라서 원칙은 네트워크가 무엇을 지향하고 세상에서 어떻게 나타날지를 보여주는 궁극적인 표현이다. 함께 공동으로 만든 원칙은 참여자들이 네트워크의 목적을 발전시키기 위해 함께 일하는 방식에 대해 말한 것을 책임감 있게 실행하도록 하는 강력한 시금석을 제공한다. **창발적 전략(Emergent Strategy)**의 저자, 아드리엔 마리 브라운(adrienne maree brown)은 명확한 원칙을 갖는다는 것은 "중요한 것에 대한 공동의 이해가 있어, 상황이 변하여도 공동의 실천과 행동으로 귀결되는 방법"이라고 설명한다.[19]

내가 리슨(Leaders in Science and Technology Engagement Network, LISTEN) 네트워크 발족을 지원하고자 동료 및 파트너와 함께 일할 때, 우리는 첫해 동안 다양한 네트워크, 국가 기관, 그리고 과학 협회의 대표들과 함께 네트워크의 목적과 그들이 공유하는 미래에 대한 열망을 반영한 원칙을 정의하는 데 주력했다. 네트워크의 목적인 "모든 사람과 과학 사이의 관계를 키우는 것"은 네트워크가 집중해야 할 강력한 초점을 제공하며, 네트워크의 원칙들은 대화와 액션을 이끄는 데 중요한 역할을 했다. 예를 들어, 네트워크의 다섯 가지 원칙 중 하나는 "지역사회의 우선순위를 존중"하겠다는 참여자들의 상호 약속을 명시하고 있다.[20] 오랫동안 현장의 우선수위가 주요 기관들에 의해 결정되어 왔던 이 분야에서는 큰 변화임을 알 수 있다. LISTEN의 목적과 원칙은 네트워크 헌장에 담겨 있으며 이는 법적 구속력은 없지만 모든 참여자가 동의한 공식 문서이다.

네트워크의 유일한 코디네이터인 에리카 키머링(Erica Kimmerling)에 따르면, 명확한 원칙이 헌장에 기록되어 있다는 것은 그녀에게 "경계를 넓히고, 네트워크가 중요하다고 합의한 것에 대해 책임을 물을 수 있는 권한을 주는 것"이다. 조지 플로이드(George Floyed)의 사망 사건*이 반(反) 흑인 인종차별에 대한 국가적인 공론을 일으켰을 때, 키머링은 헌장을 참고하며 "우리가 소외를 만드는 시스템 구조를 명확하게 지적하고 도전하지 않는다면 … 우리의 작업은 그 구조를 강화하게 될 것"이라고 언급했다. 이러한 맥락에서 그녀는 네트워크를 소집해 과학 참여 분야에서 발생하는 구조적인 인종차별 문제를 논의할 수 있었다. 네트워크가 이미 원칙을 정의하는 어려운 일을 마쳤기 때문에 키머링은 추가적으로 수행되어야 하는 과업을 제기할 수 있었던 것이다.[21]

---

* 역자주: 2020년 미국에서 발생한 경찰의 흑인 과잉진압 사건

5장 목적과 원칙 분명히 하기

네트워크의 원칙을 명확히 하고 합의를 이끌어내기 위해 다양한 접근 방식을 사용할 수 있다. 지금 진행형인 네트워크에서도 다음의 접근 방식은 효과적으로 작동한다.[22] 첫째, "당신이 보거나 경험한 시간 중 우리의 네트워크가 가장 잘 운영된 때"에 대한 이야기를 공유하고, 경청하라. 그리고 그 이야기 속에 떠오르는 주제를 식별해내는 대화를 시작하고 당신이 거기에서 한줌의 가치와 그와 관련된 원칙을 끌어낼 수 있는지 살펴보아라. 아마도 **배움**이 공동의 가치로 나타날 것이다. 그러면 당신은 참여자들에게 질문하게 된다. "**배움**과 관련한 실천과 행동을 어떤 지점에서 느꼈는가?" 이에 대한 응답은 "많은 관점을 이해하기 위해 듣는 것, 기꺼이 실험해보는 것, 또는 환경이 변했을 때 빠르게 적응하는 것" 등의 내용을 포함하게 될 것이다. 이러한 과정을 통해 참여자들의 실제 경험에 기반한 네트워크의 원칙을 도출할 수 있다. 네트워크가 이제 막 형성되는 단계라면, "당신이 경험했거나 목격한 협력적 노력이 아주 잘 작동한 때"를 공유하는 방식으로 이야기를 나눌 수 있다.

## 합의사항 헌장에 담기

헌장은 네트워크가 존재하는 이유와 협력하는 방식에 대한 초기 탐색의 결실로, 네트워크가 발전해 나갈 기초를 확립하는 데 도움이 된다. 헌장은 또한 네트워크 구성원들이 앞으로 나아갈 길을 고민할 때, 새로운 구성원을 맞이할 때, 그리고 네트워크를 새로운 청중에게 소개할 때 참고할 수 있는 지침서 역할을 한다.

물론 헌장에 적힌 단어 자체보다는 그 헌장을 만들어가는 과정에서 이루어진 대화가 훨씬 더 중요하다. 그럼에도 불구하고 참가자들이 서로에게 약속을 확인하고 공감하는 순간은 대개 흥미롭고 영감을 주는 경험이 된다. 더 나아가 헌장에 서명하거나 다른 방식으로 공적인 약속을

하는 것은 참여자들이 서로에게 책임감 있게 행동하도록 한다.[23]

네트워크는 끊임없이 변화하고 발전하기 때문에 헌장은 살아 있는 문서로 간주되어야 한다. 헌장은 네트워크의 초기 합의를 담고 현재 방향을 안내할 만큼 구체적이면서도 네트워크가 성장함에 따라 유연하게 적응할 수 있어야 한다. 마찬가지로 네트워크의 목적을 가끔씩 재검토해야 하듯이 헌장 역시 주기적으로 재검토할 필요가 있다.

헌장에는 일반적으로 네트워크가 왜 형성되었는지에 대한 배경, 네트워크의 목적과 원칙, 그리고 참여자에 대한 간략한 설명이 포함된다. 또한 네트워크의 우선순위나 중점 분야가 포함될 수 있다. 운영 협약은 별도의 문서에 기록될 수 있으며 여기에는 거버넌스 및 의사결정 과정, 운영 구조, 그리고 참여 협약 등이 포함될 수 있다(참여 협약 수립에 대한 자세한 내용은 10장에 나와 있다). 컨버지 네트워크 툴킷(Converge Network Toolkit)에서 ✂ 헌장 템플릿을 확인할 수 있으며, 템플릿에는 섹션 제목, 예시 내용, 그리고 헌장을 개발하는 데 필요한 안내가 포함되어 있다.

## 목적과 원칙의 진화

사람들이 네트워크에 합류한 이유, 그들의 관심사, 그리고 미래에 대한 바람을 공유하면서 네트워크의 목적과 원칙은 시간이 지남에 따라 진화한다. 목적과 원칙을 명확히 하는 것은 능동적이고 반복적인 과정이다. 공연 전에 함께 모여 악기를 조율하는 오케스트라처럼, 네트워크의 목적과 원칙이 여전히 공감을 받고 있는지 재차 확인하는 것이 좋다. 리-앰프 네트워크가 발족 이후 몇 년이 지나 그러한 재확인의 과정을 거쳤을 때, 상당 부분의 개정이 일어났다.

2004년, 리-앰프 네트워크는 가필드 재단이 미국 중서부 지역의 청정

에너지 이니셔티브를 발전시키기 위해 활동가와 재원 조달자들을 소집하면서 시작되었다. 잠재적인 활동 분야를 파악하기 위해 분석한 결과, 비록 이 지역에서 청정 에너지 발전에 엄청난 성과를 거두더라도 그 결과는 시스템을 근본적으로 변화시키기에는 충분하지 않다는 것이 명확해졌다. 그에 따라 네트워크는 초점을 확대해, 청정 에너지와 에너지 효율성 증진뿐만 아니라, 석탄 발전소 폐쇄, 그리고 탄소 배출 제한 등 다양한 방법을 통해 온실가스 배출을 줄이는 데 주력하게 되었다.

리-앰프는 여러 주에서 에너지 효율화 정책을 통과시키고, 불가피해 보였던 석탄 발전소 건설을 저지하면서 일찍부터 큰 성공을 거두었다. 이러한 성공 덕분에 네트워크는 빠르게 성장했지만, 2008년에서 2010년 사이, 출범 5년에서 7년 차에 접어들면서 어려움에 직면하게 되었다. 경제위기로 지역 경제가 황폐해졌고 새로 등장한 정치인들이 네트워크의 정책 추진을 가로막았으며, 결국 리-앰프의 주요 재원 조달자들 중 일부는 지원을 중단하기로 결정했다. 가필드 재단의 협력 네트워크 프로그램 디렉터인 루스 로밍거(Ruth Rominger)는 "이 시점에 네트워크는 '이제 우리는 무엇을 해야 하는가?'라는 의문을 갖기 시작했다."라고 회상한다. "그러기에 리-앰프의 초기 분석과 목적을 논리적으로 재검토하는 순간이었다."고 말한다.[24]

그러한 성장의 시간 동안, 리-앰프가 활동해 온 방식에 가치를 발견한 새로운 사람들이 네트워크에 참여하게 되었다. 이러한 신규 구성원들은 기후변화를 해결하려면 오염을 조장하는 인종차별적, 식민주의적, 자본주의적 구조에 맞서야 한다는 점을 강하게 주장했다. 또한 그들은 누가 의사결정 권한을 가지는지에 대한 인식의 전환이 없다면 더 이상의 진전은 없다고 확신했다. 이 집단은 점차적으로 영향력을 키우며 네트워크 내에서 중요한 목소리로 자리 잡게 되었다.

시간이 지나면서, 네트워크의 구성원과 리더십이 발전했다. 새로운 리더십은 결국 네트워크의 구조 분석을 새롭게 해야 하고, 이때 기후변화의 중심에는 기술적 문제가 주요하다기보다 사회, 경제적 문제의 증상이 있다는 것을 인식하게 되었다.

이러한 인식은 운영자들이 "공평한 심층 탈탄소화 정상회의(equitable deep decarbonization summit)"라고 부르는 행사를 소집하도록 만들었다. 이 정상회의는 리-앰프의 활동 역사상 가장 다양한 그룹을 함께 하도록 만들었고, "정상회의는 네트워크에 대한 사람들의 인식을 근본적으로 변화시켰다."고 네트워크의 이전 직원인 제시카 콘라드(Jessica Conrad)는 회고했다.[25]

정상회의에서 활동가들은 가장 영향을 많이 받는 지역사회의 필요를 중심에 두겠다는 약속이 네트워크의 업무를 이해하는 방식을 어떻게 변화시킬 수 있는지 살펴보게 되었다. 네트워크의 전략 디렉터인 게일 프랜시스(Gail Francis)는 "정말 겸손해지는 시간이었다. 이는 시스템 변화를 이룰 때 매우 중요하다. 많은 사람들이 자신들이 배워야 할 것이 얼마나 많은지 깨달았다."라고 말했다.[26] 이러한 논의 후, 네트워크는 공평한 탈탄소화가 실제로 어떤 모습일지 기준점을 제공하고, 공평한 탈탄소화에 대한 분석이 네트워크가 추진하는 각 활동에 통합되도록 하는 일련의 원칙을 개발하기 시작했다.[27]

프랜시스는 정상회의를 마치고 동료들과 뒷정리를 하면서 "리-앰프는 절대 과거 예전 모습으로 돌아가지 않을 것"이라는 이야기를 나눴으며, 이 모임이 기후 위기를 해결하는 기존의 사고방식에 크게 도전하는 중요한 전환점이었다고 회상한다. 정상회의가 열린 지 1년 만에, 네트워크는 공식적으로 그 목적을 "2050년까지 중서부에서 형평성 있게 온실가스 배출을 없애는 것"으로 개정했다.

이러한 대화는 적절한 사람들이 함께하지 않았다면 가능하지 않았을 것이다. 리-앰프가 전체 시스템에 가장 이로운 방향으로 발전할 수 있었던 것은 더 다양한 그룹의 옹호활동가를 포함했기 때문이다. 또한 세심한 기획과 숙련된 퍼실리테이션(회의 운영 및 촉진)을 통해 사람들을 함께 모았기에 가능한 일이었으며, 그랬기 때문에 네트워크는 전체 그룹으로서 필요한 대화를 할 수 있었다. 네트워크는 그에 맞는 적합한 사람들 없이는 아무것도 아니며 이들이 함께 모이는 것은 집단적인 전환을 만드는 중요한 순간이다.

# 6장

# 사람 모으기

세상은 한 사람씩 변화시키지 않는다.
세상은 서로 공동의 목적과 실현 가능한 비전을 공유하고 있다는 것을
발견한 사람들이 관계 네트워크를 형성하면서 변화한다.
마가렛 위틀리(Margaret Wheatley) & 데보라 프리즈(Deborah Frieze),
「사회혁신의 성장을 위한 창발 활용하기
(Using Emergence to Take Social Innovations to Scale)」

---

사람을 소집하는 것은, 네트워크의 목적을 발전시키는 데 필요한 사람은 누구든지 함께 하도록 하는 것을 의미한다. 사람들은 네트워크의 목적에 영감을 받아 네트워크에 참여하지만 네트워크 안에 머무는 것은 거기에 참여하고 있는 사람들 때문이다. **누가** 네트워크의 구성원인지는 네트워크가 존재하는 **이유**만큼이나, 어쩌면 그 이상으로 중요할 수 있다.

## 공동 창작에 초대하기

임팩트 네트워크에 누군가를 데려온다면 당신은 그들을 공동 창작 과정에 초대하는 것이다. 즉 네트워크가 무엇인지에 대해 함께 연구하고 네트워크가 될 수 있는 무언가를 만드는 데에 함께하도록 하는 것이다. 네트워크는 한 사람에게 소유되지 않으며 모든 이들에게 공유된다. 기존 회원과 새로운 회원 모두 네트워크의 원칙에 따라 네트워크의 목적을 진전시키기 위해 자유롭게 자기 주도적으로 활동할 수 있다. 새로운 사람들이 기여할수록 새로운 가능성도 창발하게 된다.

네트워크의 목적과 원칙은 새로운 구성원이 오기 전에 초기 그룹에 의해 잘 정의되어 있을 수 있다. 이는 사람들이 이 네트워크에 자신이 기여하고 싶은지 판단하고 네트워크가 성장하면서도 네트워크의 액션이 일관성 있게 펼쳐지고 있는지 확인하는 데에 매우 도움이 된다. 이후 목적과 원칙은 새로운 구성원이 대화에 참여하면서 더욱 구체화될 수 있다.

사람을 모으는 것은 그 사람을 "당신의 일"에 초대하는 것을 의미하지 않는다. 이는 가능한 것을 함께 만들어 나가는 데 사람을 초대하는 것을 의미하며, 이제 그 사람은 그룹의 구성원임을 의미한다. 임팩트 네트워크에 참여한 모든 사람은 네트워크의 발전에 기여할 기회와 책임이 있다.

### 누구를 초대할까?

임팩트 네트워크에 초대할 대상을 결정하는 것은 네트워크의 목적, 맥락, 시기, 그리고 범위에 따라 달라진다. 네트워크에 참여할 사람을 고려할 때, 우리는 "의무감, 죄책감, 대표성 … 심지어 사랑과 같은 여러 잘못된 이유"를 들어 초대리스트에 사람들을 포함시킨다고 아드리엔 마리

브라운은 지적한다. 우리는 다음의 조건을 충족하는 사람들을 함께하도록 초대해야 한다.

---

- 해당 사안에 직접적으로 영향을 받는 사람
- 해당 사안에 필수적인 일을 하고 있는 사람
- 일을 앞으로 나아가게 할 수 있는 사람[1]

　다양한 참여자들을 초기에 모으는 것이 중요하며, 추진의 방향이 이미 정해진 후 나중에 초대하는 방식은 피해야 한다. 집단이 형성되는 시점에 형성된 사회적 구조가 시간이 지나면서도 유지되는 경향이 있기 때문에 네트워크에 처음 합류하기로 초대된 사람들은 누구나 해당 집단의 구성에 크나큰 영향을 끼칠 수 있다.[2] 그러기에 다른 배경, 다른 행동 방식, 다른 생각과 경험을 가진 사람들을 구하는 것이 필요하다. 시스템의 다양한 분야에 종사하는 사람들이 포함된 기획팀은 새로운 네트워크 출범을 위한 신중한 선발 과정 혹은 초대 목록을 만드는 데 중심적 역할을 할 수 있다.

　만약 다양성이 우선시되지 않으면 관계 중심의 시스템은 쉽게 배타적인 공동체가 될 수 있다. 사람은 본능적으로 자신과 비슷하게 보이고, 비슷하게 생각하고, 비슷하게 행동하는 사람들과만 연결되려는 경향이 있기 때문이다. 인기 있는 블로그 **비영리 AF(Non profit AF)**의 부 레이(Vu Le)는 "소외계층과 커뮤니티는 관계에 대한 접근성이 같지 않다. 관계는 공평하게 분배되지 않는다."고 말한다.[3] 그러므로 네트워크를 형성하고자 하는 촉매자인 네트워크 리더가 이러한 반복되는 불평등을 피하기 위해 취할 수 있는 한 가지 중요한 방법은 당장의 사안에 영향을 받는 사람들뿐만 아니라 일반적으로 네트워크에서 소외되는 사람들을 처음부터 중심에 두는 것이다. 이는 단순히 "그들이 참여하도록 하는" 것을 의미하지 않는다. 그들의 리더십을 수용하고 따르는 것을 의미한다. 완전하게 참여함에 있어서 어떤 사람들은 다른 사람들보다 참여 장벽(시간, 돈, 거리, 능력, 아이돌봄 등)이 높기 때문에 사람들의 접근성을 보장하기 위한 세심한 노력이 요구된다.

네트워크가 이미 발족되었다 하더라도 아직 늦은 것은 아니다. 푸드 솔루션즈 뉴 잉글랜드(Food Solutions New England, 이하 FSNE)가 취한 포용적 전략이 좋은 사례이다. FSNE는 6개 주에 걸쳐 보다 공정하고, 회복탄력성이 있는 지역 먹거리 시스템을 만들기 위해 활동하는 액션 네트워크이다. 네트워크가 형성되고 얼마 지나지 않아 참여자들은 해당 지역에서 '인종'이 먹거리 관련 격차에 유의미한 예측변수라는 것을 깨달았다.[4] 참여자들은 또한 네트워크의 대다수가 백인 구성원으로 이루어져 있어 네트워크의 활동에 영향을 받는 지역사회의 다양성을 반영하고 있지 않다는 것을 알았다.

이러한 문제를 해결하기 위해 네트워크는 참여자들 중 한 집단을 임명하며 새로운 파트너들과 의미 있는 연결을 만들도록 활동비를 제공했다. 이 "네트워크 홍보대사"라 불리는 사람들은 유색인종, 청년, 식음료 관련업 종사자들을 포함해 네트워크에 잘 나타나지 않는 커뮤니티가 참여하도록 독려하는 데에 중요한 역할을 했다. 동시에 네트워크는 또한 더욱 인종적으로 다양한 리더십을 위한 자리를 마련하고 지역사회 내부의 자체 노력과 네트워크의 활동 사이의 조율을 향상시켰다.

### 사람을 얼마나 모을까?

임팩트 네트워크는 그 목적, 배경, 형태에 따라 규모가 천차만별이다. 일부는 더 많은 사람들이 더 많은 연결을 의미하므로 규모가 클수록 영향력이 커진다고 생각할 수 있다. 실제로, "네트워크 효과"는 더 많은 사람들이 연결될수록 네트워크의 가치가 커진다고 말한다.[5] 그러나 이 현상은 일정한 지점까지만 적용된다. 특히 인간 및 생물학적 네트워크(우리 뇌에 있는 뉴런의 네트워크와 같은)는 네트워크 효과가 더 이상 적용되지 않는 성장의 한계점, "임계점(Breakpoint)"을 가지고 있다. 즉, 어느 지점을 넘어서면 추가적인 성장은 더 이상 이익이 되지 않고, 네트워크는 가지치기 과정을 거치며 적정 규모에 도달할 때까지 줄어든다. 브레이크 포인트(Breakpoint)의 저자인 제프 스티벨(Jeff Stibel)은 궁극적으로 네트워크의 크기보다 연결의 질이 훨씬 더 중요하다는 것을 입증하였다.[6]

일부 학습 네트워크에서는 네트워크의 규모가 작은 것이 크게 문제가 되지 않는 반면, 우리의 경험으로는 새로운 액션 네트워크의 발족을 위한 규모는 대부분 12명에서 24명 사이가 적정하다. 세심하게 기획하고 공간 구성을 잘 짜서 능숙하게 진행한다면, 우리는 대부분의 그룹이 24명 정도까지 한 자리에서 대화는 것이 가능하다는 것을 발견하였다. 다음 내용은 이 분야의 다른 전문가들이 동의하는 내용이다. 모임을 예술로 만드는 법(The Art of Gathering)의 프리야 파커(Priya Parker)는 "12명은 다양한 의견을 제공하는 데 충분하고 어느 정도의 신비와 흥미를 허용할 정도이며 건설적인 낯섬을 허용할 수 있는 충분한 숫자이다."라고 말한다.[7] 또한 아드리엔 마리 브라운은 그룹 전체가 의미 있는 대화를 나누기 위해 필요한 시간을 개인당 약 5분 정도로 제안한다.[8] 보통 사람이 한 번에 약 90분에서 120분 정도 집중할 수 있다고 할 때,[9] 24명이 각자 5분씩 시간을 할당받으면 최대 집중 시간인 120분에 거의 도달하게 된다.

처음에 규모를 작게 시작하는 것이 네트워크 형성에 중요한 문제들을 더 쉽게 논의할 수 있는 적정한 그룹 크기를 만들 수 있고 모든 구성원이 충분히 기여할 수 있는 공간을 제공하는 데 도움이 된다. 그런 다음 네트워크가 자리를 잡고 영향력이 확대되면, 필요에 따라 더 큰 규모로 성장할 수 있다. 리-앰프 네트워크는 1개의 재단을 포함해서 15개 조직으로 시작했고 그 이후 거의 20여 개의 재단을 포함한 140개 이상의 조직 네트워크로 성장했다. 100Kin10은 28개의 파트너 조직으로 시작하여 현재 300개 이상의 조직이 함께 하고 있다. 반면에 네트워크가 당신이 추구하는 임팩트를 충분히 이행해내고 있다면 네트워크가 굳이 지금보다 크게 성장할 필요가 없을 수도 있다.[10] 산타크루즈 산맥 보호 관리 네트워크는 19개 조직으로 시작하여 6년이 지나는 동안 일부 구성원만 추가하였으나 그 임팩트는 지속적으로 확대되었다.

처음부터 큰 그룹으로 시작하는 것이 불가능한 것은 아니지만 그에 따른 절충이 필요하다는 점을 인식해야 한다. 참여자가 많을수록 신뢰 관계를 구축하는 데 더 많은 시간이 걸릴 것이다. 이는 참여로 인한 동적 긴장과 속도에 영향을 미친다. 때로는 네트워크의 목적을 진전시키기 위해 많은 사람들의 참여가 필요할 수 있으며, 그에 따른 도전 과제는 감수할 가치가 있다. 그러나 네트워크가 지나치게 커지면 친밀감을 잃고, 지속하기에 너무 많은 자원이 소모될 수 있다. "포용이 모임의 목적이자 정체성이라면, 유연한 경계도 괜찮다. 어쩌면 필수적일 것이다." 라고 프리야 파커는 말한다. "그러나 모임의 바람직한 목적이 구성원의 지나친 포용으로 인해 실제 목적추구에 어려움을 겪을 수 있다." 당신이 만약 어떻게 진행해야 할지 확신이 서지 않는다면, 자신에게 물어라. "이 네트워크는 **먼저** 누구를 위한 것인가?"[11]

# 의미 있는 모임 계획하기

임팩트 네트워크는 사람들을 서로 연결하기 위한 다양한 방법을 제공한다. 커뮤니케이션 플랫폼은 참여자들이 대화를 나누고, 이벤트와 기회를 공유하며, 요청 사항을 전달하고 서로에게 최신 정보를 주고받을 수 있는 공간을 제공한다. 네트워크 리더들(특히 조직가들)은 사람들을 직접 연결해 대화의 맥락을 설정하고 소개를 통해 관계를 형성하도록 돕는다. 또한 다양한 온라인 및 오프라인 활동을 통해 참가자들이 네트워크 콜, 웨비나, 현장 방문, 연습, 특정 대화 주제에 맞춘 식사 모임, 전문성 개발 기회, 그리고 동료 지원 활동 등 공통된 관심사를 중심으로 참여할 수 있는 공간을 제공한다. 네트워크 리더들은 언제나 연결을 촉진하고 정보 흐름을 가속화할 기회를 모색한다.

그러나 임팩트 네트워크를 가꾸는 것에는 온라인이든 대면이든, 만남을 소집하는 것을 대신할 수 있는 것은 없다. 만남의 소집은 모든 참여자들이 한자리에 모여 동시에 관계를 형성하고, 서로에게서 배우며, 미래를 대한 의사를 결정하는 기회를 제공한다. 이러한 만남은 네트워크가 긴밀한 공동체로서, 그리고 변화를 창출하는 도구로서 나아가는 데 중요한 이정표가 된다. 구체적으로 소집은 네 가지 주요 기능을 수행한다.

---

**소집은 전체 시스템을 한자리에 모은다.** 소집은 참여자들이 자신들의 활동이 얼마나 상호 연결되어 있는지 인지하도록 하는 특별한 기회를 제공한다. 어떤 사안에 대하여 사람들이 서로의 다양한 관점을 접할 때, 사람들은 전체 시스템에 대한 더 깊은 이해를 형성한다. 큰 그림에 대한 이러한 인식은 사람들이 자신의 일에 접근하는 방식을 영구적으로 전환시킨다.

---

**소집은 관계를 위한 공간을 제공한다.** 소집은 새로운 사람들을 만나고, 이미 알던 사

람들과 신뢰를 더 깊게 쌓을 수 있는 기회를 제공한다. 관계가 일의 중심이란 것을 머리로는 알면서도, 일상업무에 사로잡혀, 관계를 쌓는 시간을 만드는 것을 잊기 쉽다. 모임은 사람들에게 이메일이나 업무에서 벗어나 조직 대표로서가 아니라 인간으로서 다른 사람들과 연결하는 데 집중할 시간을 준다.

---

**소집은 배움과 액션을 증진시킨다.** 소집은 참여자들이 최근의 일에서 배운 것을 나누고, 앞으로의 일을 계획하는 기회를 제공한다. 소집과 소집 사이의 간격(보통 4-6개월 간격, 길 경우 1년 간격)은 실제로 프로젝트를 추진하거나, 아이디어를 시험해 볼 수 있는 충분한 시간을 제공할 수 있다. 이를 통한 배움은 다음 소집에서 서로 공유될 수 있으며, 계획은 수정될 수 있다. 이러한 계획과 실행 반복의 사이클은 네트워크가 액션을 위한 계획적인 전략과 창발적인 전략 둘 다를 통합할 수 있도록 한다.

---

**소집은 에너지를 생성한다.** 소집은 네트워크의 형성 과정에서 내부 동력을 유지해 준다. 네트워크가 손가락 위에서 도는 농구공이라고 상상해 보자. 에너지 주입 없이 더 오래 회전하면 할수록, 중력의 중심을 잃고, 손가락 위에서 떨어지기 쉽다. 우리는 소집이 있은 직후 참여자들 사이에 소통이 급증하는 것을 자주 목격한다. 이 활동의 수준은 사람들이 (온라인으로든, 대면으로든) 한 공간 안에 함께한 마지막 시점부터 점점 더 멀어지며, 천천히 소멸된다. 소집은 공이 계속 회전하도록 한다.

소집의 빈도와 형식은 네트워크의 형태에 따라 다르다. 우리는 학습 네트워크가 평균적으로 1년에 한두 번 소집하는 반면, 액션 네트워크는 연 평균 1회에서 4회 정도 소집하는 것을 발견했다. 거리, 비용, 접근성의 이유로 원격으로만 소집하는 네트워크도 있고 대부분을 대면으로 소집하는 네트워크도 있다. 빈도나 형식에 관계없이 효과적인 네트워크 소집은 그 네트워크가 취하는 전체적인 접근방식과 거의 유사한 경향이 있다. 다음은 우리가 온라인과 대면으로 네트워크 소집을 이끌면서 집단적 경험으로부터 배운 주요 사항이다.

## 소집 기획 시 주요 고려사항

퍼실리테이션(회의 운영 및 촉진)은 성공적인 소집에 있어서 많은 비중을 차지한다. 퍼실리테이터(촉진자)는 그 역할이 명확하고 눈에 잘 띄기 때문에 쉽게 잊히지 않는다. 그러나 소집의 궁극적 성공을 위해서는 논의 주제와 구조를 포함한 기획이 더 큰 영향을 미친다고 확신한다. 모든 소집이 네트워크의 특수한 상황에 맞게 맞춤화되어야 하지만 우리가 매번 기획을 진행하면서 발견한 몇 가지 중요한 교훈이 있다.

---

- 관계에 우선순위를 두어라
- 소그룹의 마법을 받아들여라
- 구조를 만드는 질문(framing question)에 집중하라
- 더 깊은 경험을 창조하라
- 여유를 설계하라
- 네트워크에 에너지를 투여하라

### 관계에 우선순위를 두어라

많은 사람들은 회의에서 실질적인 성과와 미래에 대한 계획이 나오지 않으면 그 회의는 가치가 없다고 여긴다. 그러나 발전한다는 것은 단순히 전략을 정의하고 다음 단계를 명확히 하는 것을 훨씬 뛰어넘는 일이다. 임팩트 네트워크의 세상에서는 관계를 구축하는 것이 곧 일 자체이다.

진정한 발전은 사람들이 보통 이야기했던 것을 이야기하지 않을 때, 보통 함께 대화하던 사람이 아닌 다른 사람과 이야기할 때 일어난다. 그것은 사람들이 서로의 차이를 발견하고 서로 동의하는 지점을 찾을 때 일어난다. 또한 참여자가 함께 소속감을 키울 때 일어난다.

너무 많은 회의들이 내용 중심으로 기획된다. 하지만 어떤 모임에서든

가장 가치 있는 자원은 그 모임에 참여하는 사람이다. 사람들을 한시에 한 데 모으는 드문 기회가 종종 기록이나 온라인 방송으로 대체될 수 있는 발표로 낭비된다.

우리는 소위 전문가 한 사람만 이야기하고 나머지 모든 사람들은 수동적으로 듣는 "무대 위의 현자" 스타일로부터 멀어질 것을 추천한다. 공간 안에 있는 모든 사람들이 각자 **어떤 분야**에서는 전문가라는 점을 인식해야 한다. 모든 참여자들은 기여할 것이 있다. 사람들의 지혜를 끌어내고, 사람들이 서로 꾸준히 상호작용할 수 있으며, 서로 배우고, 서로의 활동을 지원하는 방법을 모색하는 공간을 만들어라.


## 소그룹의 마법을 받아들여라

사람들이 최대한 참여하도록 하려면 동시에 서로를 살피고, 상호작용할 수 있을 만큼 충분히 작은 그룹에 속할 필요가 있다. 소그룹은 실천의 장으로서 특히 강력하다. 소그룹은 전체의 프랙털*이자 축소판으로 기능한다. 피터 블록이 썼듯이 "소그룹은 전환의 단위이자 소속감을 경험하는 공간이다."[12]

소그룹은 모든 사람에게 말하고 경청될 수 있는 기회를 주며 사람들을 편안하게 만들어 이후에 전체 그룹에서 이야기하기 더 쉽게 만든다. 전체 그룹은 개요를 설정하고 요약을 위한 공간으로 생각하고 소그룹을 내용과 논의를 심화하는 데 사용하는 것을 권장하는 것이 일반적인 방식이다.

---

\* 역자주: 작은 구조가 전체 구조와 닮은 형태로 끝없이 되풀이되는 구조

## 구조를 만드는 질문(framing question)에 집중하라

네트워크와 마찬가지로, 소집을 기획하는 것은 구조를 제공하는 것 그 이상이 되어선 안 된다. 구조를 만드는 질문을 잘 갖추는 것이 모임 공식의 핵심이다. 적절한 질문은 그룹이 가장 중요한 일에 주의를 집중하는 것을 돕는다. 그렇지 않으면 대화는 그룹마다 너무 다양해져 전체 소집 전반의 응집성을 떨어뜨릴 수 있다. 우리는 기획 과정에서 핵심 질문을 신중하게 만드는 데 많은 시간을 할애한다.

가장 좋은 질문은 우리가 다루고자 하는 사안의 핵심을 찌른다. 이러한 질문은 사람들에게 각자의 경험을 바탕으로 자신의 의미를 이끌어낼 수 있는 기회를 제공하며 질문에 대한 답변을 할 때 눈에 보이는 에너지를 만들어낸다. 대부분 기획에서 가장 중요한 부분은 질문을 올바르게 설정하고 적절한 순서로 배치한 후 각 질문에 대해 적당한 그룹 크기와 시간을 고려하여 맞추는 것이다.

우리가 즐겨 사용하는 기법 중 하나는 참여자들을 빠르게 여러 쌍으로 짝을 짓거나 소그룹으로 만들어 구조화 질문을 던지는 것이다. 각 모임의 시작에는 "왜 이 일이 당신에게 중요한가?"와 "오늘 이 모임에 대한 당신의 바람은 무엇인가?"와 같은 질문이 앞으로의 활동에 대한 배경을 설정하는 데 도움이 된다. 모임의 끝에는 "오늘 모임에서 당신이 배운 중요한 것은 무엇인가?"와 "앞으로 나아가기 위해서 우리가 유념해야 할 한 가지는 무엇인가?" 같은 질문이 모임의 마무리가 될 수 있다. 우리가 좋아하는 소그룹을 위한 구조를 만드는 질문목록(Framing Questions for Small Group)은 ✂ 컨버지 네트워크 툴킷을 참고하라.

## 더 깊은 경험을 창조하라

대부분의 전문가 회의는 액션 지향적이며 전문성에 대한 사회적 통념에 따라 참여하는 사람들이 자신의 감정을 배제하고 참여하기를 기대한다. 이러한 개인적 친밀감의 부족은 신뢰를 쌓는 데 큰 장애요소가 된다. 더 깊은 연결을 만들기 위해서 우리는 이러한 통념을 깨고 일반적인 회의와 확연히 다른 경험을 제공할 필요가 있다. 자신의 전문적 배경과는 다른 공간에 초대되었을 때, 그들이 할 수 있는 일은 완전히 달라진다. 논의될 수 있는 범위를 넓히면 새로운 주제를 다루게 된다. 감정이 풀리면, **움직임에 에너지가** 생긴다. 상대에 대한 열린 자세는 더 높은 수준의 신뢰를 이끌어낸다.

사람들을 초대하여 개인적인 이야기나 자신의 삶에서 의미 있는 순간을 공유하는 다양한 경험을 만들어라. 특정 순간에 그들이 더 깊은 교감을 나눌 수 있도록 모임마다 반복되는 요소인 의식(ritual)을 포함하라. 예술, 유머, 창의적인 공간 배치를 활용하여 이 모임이 **특별하다는** 느낌을 만들어라.

약간의 격려만 있어도 사람들은 평소 직장 내에서 경험하는 피상적인 상호작용을 넘어서 더 깊은 관계를 형성할 준비가 된다. 일단 참가자들이 개인적인 차원에서 교류를 시작하면, 그들의 관계는 이전과 같지 않을 것이다(더 깊은 관계를 형성하기 위한 구체적인 실천 방법은 다음 장에서 다룬다).

## 여유를 설계하라

모임 소집은 상대적으로 드문 상황이기 때문에 다뤄야 할 일들이 많기 마련이다. 기획자로서 당신은 소집을 위한 모든 것을 해야 한다는 압박감을 느낄 수 있다. 그러나 모임 의제를 정하는 데 가장 어려운 것은 무엇을 포함할지가 아닌 무엇을 제외할지 정하는 것이다.

활동을 연달아 포함해 소집 의제를 과포화 상태로 만드는 것은 흔한 실수이다. 매 순간이 활동으로 가득 차도록 의제를 과도하게 계획하면 새로운 아이디어와 대화가 자연스레 떠오를 가능성을 억누르게 된다. 모임 소집을 기획한다면, 다음의 사항을 고려해야 한다.

―――――
**먼저, 모든 일은 항상 당신이 계획한 것보다 오래 걸릴 가능성이 있다.** 사람들이 많으면 많을수록 더 많은 시간이 필요하다. 소개에 오랜 시간이 걸릴 것이며, 대화는 길어질 것이고, 당연히 더 많은 휴식 시간이 필요할 것이다. 만약 그렇지 않다면, 운이 좋게 몇 분의 여유 시간을 확보한 것이니 다행이다! 그러나 만약을 대비해, 의제의 거의 모든 일정이 당신이 처음 예상하고 계획했던 것보다 더 많은 시간이 걸릴 것이라고 가정하는 것이 좋다.

―――――
**둘째, 대화에 숨쉴 여유가 필요하다.** 논쟁을 위한 여유, 긴장 상황에 대한 여유, 사람들에게 새로운 관점을 소개할 여유, 자신의 생각을 말하고 싶은 사람이 그렇게 할 수 있도록 충분한 여유를 설계하라. 특히 내향형인 사람과 대화의 가장자리에 머물던 사람이 충분히 말할 수 있도록 하라. 제 시간을 지키기 위해 대화를 몰아치는 것은 창의적 사고를 멈추게 하고, 즐거움을 망치기 쉬운 방법이다. 논의가 본격적으로 진행되고 있을 때, 퍼실리테이터가 대화를 끊는 것만큼 화가 나는 일은 없다.

―――――
**셋째, 마법은 구조화되지 않은 시간에 일어난다.** 참여자가 회고하고, 재충전하도록 하는 긴 휴식시간을 제공하라. 그리고 참여자가 자유롭게 소통하고, 자신만의 방식과 시간에 필요한 대화를 나눌 수 있는 사회적 공간을 만들어라. 수많은 상황에서 우리는 공식 일정을 마친 후에 그날의 가장 기억에 남는 생산적이며 즐겁고, 친밀한 순간들이 일어나는 것을 목격했다.

## 네트워크에 에너지를 투여하라

모든 소집은 고유하고 가치 있는 경험이 되어야 한다. 소집이 단순한 업데이트, 프레젠테이션, 절차상의 논의로 가득 차 지루해지기 시작하는 순간, 참여자들의 흥미가 사라지고 에너지가 소진된다. 각 모임을 특별한 경험으로 만들기 위해서는 네트워크가 직면한 가장 큰 도전이나 성장 영역의 핵심을 다루는 대화를 이끌고, 관계를 더욱 깊게 만드는 상호작용을 설계하며, 새로운 시도를 두려워하지 말아야 한다. 우리가 주최한 모임 후에 한 참여자가 "다음에 무슨 일이 일어날지 궁금해서 계속 오고 싶다!"라고 말한 적도 있다.

소집에 생기를 불어 넣는 또 하나의 방법은 함께하는 시간 내내 다양한 에너지의 주파수를 순환시키는 것이다. 이는 숨을 내쉬고 들이마시는 호흡의 흐름이나 해변의 파도처럼 자연스러운 리듬을 반영한다. 개념적(머리), 관계적(마음), 실천적(손) 활동을 각각 번갈아 진행하고, 다양성과 융합 모두를 경험할 시간을 만들어라. 큰 그룹, 작은 그룹으로 번갈아 모일 수 있게 하고 고강도와 저강도의 순간을 오가며 참여형 활동과 반성의 시간, 고요함을 균형 있게 배치하라.

원격 모임에서도 이와 같이 온라인과 오프라인 활동을 번갈아 진행하라. 하루 또는 이틀 이상의 모임을 주최한다고 해서 모임의 모든 활동이 컴퓨터 앞에서 일어나야 하는 것은 아니다. 사람들에게 오프라인에서 집중하여 작업할 여유, 접속하던 컴퓨터를 새로운 공간에 가지고 나갈 여유, 다른 사람과 공동으로 문서를 작업할 여유, 협력자나 소모임과 전화로 이야기하면서 산책할 여유, 더 긴 휴식을 취할 여유를 제공하라. 온라인이든 대면이든 모임에서 다양한 방식을 사용하는 것은 사람들이 몸과 마음의 에너지 흐름을 활기차게 유지하는 데 도움이 될 것이다.

## 창발을 위한 준비

의제가 아무리 훌륭하다고 생각하더라도 회의를 진행할 때에는 그 의제들을 과감히 버릴 준비가 되어 있어야 한다. 기획이 소집을 계획하는 신중한 과정이라면 퍼실리테이션은 창발적 성과를 이끌어내는 것이다. 필자가 참여했던 거의 모든 소집에서 의제는 회의가 진행되면서 상당한 진화를 거쳤다. 네트워크의 창발적 성질이 잘 나타나도록 하기 위해서는 급속도로 진부해지는 의제를 붙잡고 있기보다 참가자의 에너지를 따를 준비를 하고, 실시간으로 그에 맞춰 진행하는 것이다.

그러나 기획 과정에서도 창발을 준비할 수 있다. 우리는 먼저 참여자들과의 대화를 통해 네트워크가 해결해야 할 사안들을 식별한다. 또한 많은 에너지를 투입하여 각 구조를 만드는 질문과 그룹의 규모를 신중하게 생각하고, 소집이 개념적인 측면에서 그리고 역동적으로 자연스럽게 진행될 수 있도록 활동의 순서를 정한다. 그리고 난 뒤 우리는 가능한 참가자의 입장이 되어 여러 번 의제를 검토하여 발생할 수 있는 다양한 대화들을 미리 예측하려고 노력한다. 우리는 스스로에게 묻는다. 장시간의 비행이나 운전을 마치고, 바쁜 일상 업무와 넘치는 메일을 뒤로 하고, 함께하는 이 시간이 가치가 있는지 확신이 없는 상태에서… 의제의 각 구성 요소가 어떻게 느껴질까? 언제 피로감을 느끼고, 언제 활력이 생기며, 언제 혼란스러울까?

이러한 과정을 통해 의제에서 애매하거나 불편하게 느껴질 수 있는 부분과 에너지가 떨어질 수 있는 시기를 예측하며 의제를 계속해서 수정해 나가도록 한다. 무슨 일이 일어날지 정확하게 예측하는 것이 핵심이 아니다. 그것은 불가능하다. 대신에, 다른 시나리오가 펼쳐질 경우, 당신이 어떻게 반응할지를 생각해 보고 의제가 극적으로 전환될 필요가 있는 경우 만일의 사태를 대비한 계획을 준비하라. 나의 컨버지 동료

자크 앤더슨(Zach Anderson)이 주장하듯이, "기획을 충분히 해서 언제든 버릴 수 있을 정도로 준비하고, 그 후에는 경청하고 대응하라"

## 창발적 결과 촉진하기

기획이 회의의 구조나 뼈대를 설계하는 것이라면, 퍼실리테이션은 회의에 생명을 불어넣는 것이다. 네트워크 퍼실리테이터의 임무는 네트워크가 의미 있는 공동의 성과를 향해 가도록 안내하는 것과 동시에 그룹의 필요와 욕구를 감지하고 반응하는 것이다.

**돌파하는 퍼실리테이션(Facilitating Breakthrough)**의 저자 아담 카헤인(Adam Kahane)에 따르면, 좋은 퍼실리테이션의 가장 중요한 부분은 사람들이 함께 일하도록 하는 것이 아니라, 연결과 협력의 **방해요소를 제거하는 것**이라고 했다. 여기서 방해요소는 단절, 힘 빠지게 하는 논쟁, 그리고 또 다른 형태의 "정체된 상태"이다.[13] 결국, **촉진하다**(facilitate, 퍼실리테이트)라는 단어의 라틴어 의미는 "더 쉽게 만드는 것"이다.

강을 상상해 보라. 당신이 강을 특정 방향으로 흐르게 할 수는 없으나 흐름을 방해하고 있는 바위와 통나무를 치워 물이 스스로 흐르게 할 수는 있다. 좋은 퍼실리테이터는 강요하지 않는다. 그들은 대화가 자연스럽게 흐르도록 도우면서 모든 관점이 인정받을 수 있도록 공간을 마련한다.

네트워크 퍼실리테이션은 어떤 모임에서든 좋은 퍼실리테이션과 공통점이 많다. 어떤 퍼실리테이션에서나 모임의 배경을 정하고 좋은 질문을 던지고 다양한 관점을 유도하는 것이 중요하다. 퍼실리테이터는 사람들이 기여하고자 하는 바를 최대한 발휘하도록 유해한 힘의 역학관계가 있을 수 있다는 것을 알고 무너뜨릴 수 있어야 한다.

이러한 기반에 더하여 네트워크 안에서 퍼실리테이션은 네트워크 마인드셋을 가지고 운영하는 것이 필요하다. 이는 그룹을 통제하려 하기보다는 신뢰하고 창발을 수용하며 자율적인 조직화를 독려하고 동적 긴장이 발생하면 이를 명확히 드러내는 것을 의미한다. 네트워크 퍼실리테이터는 그룹 안에서 보여야 할 규범을 실제로 구현한다. 많은 경우 네트워크는 퍼실리테이터의 에너지를 반영한다. 네트워크 퍼실리테이터는 또한 모호함과 **모르는 것**에 대해 편안함을 보여줄 필요가 있다. 네트워크 퍼실리테이터의 역할은 모든 답을 알고 있는 것이 아니다. 그보다는 좋을 질문을 던지고, 참여자들이 삶에 내재되어 있는 복잡성을 헤쳐나가는 것을 돕는 것이다.

## 네트워크 퍼실리테이션의 기본 실천

우리가 집단적인 경험으로 천여 개가 넘는 회의를 촉진하면서 얻은 경험으로, 우리는 네트워크 퍼실리테이션의 기본 실천으로 다음을 꼽는다.

---

- 당신의 전부를 보여라(Show up with your whole self)
- 소집의 맥락을 구조화하라(Frame the context)
- 여유를 가져라(Hold space)
- 다양성을 환영하라(Invite divergence)
- 의도적으로 창발적인 상태에 머물러라(Stay emergent with intention)
- 겸손하게 이끌어라(Lead with humility)

이러한 실천은 아래에 간략하게 요약되어 있다.

## 당신의 전부를 보여라(Show up with your whole self)

당신은 퍼실리테이터로서 해야 할 특별한 임무가 있다. 그러나 당신 또한 복잡하고 다면적인 인간이다. 네트워크를 위한 전인성을 갖춘 모델을 보여준다는 측면에서, 사람들을 소집할 때마다 퍼실리테이터 자신의 다양한 면을 보여라. 당신은 완벽할 필요가 없다. 다른 사람들처럼 실수할 것이다. 긴장의 순간에는 유머와 웃음을 사용하여 분위기를 풀고 우리가 공통으로 가지고 있는 불완전함과 인간다움을 인정하라.

감정을 드러내고 열린 마음을 가져라. 당신의 역할 뒤의 숨겨진 진심을 보여라. 이는 세상의 모든 차이를 만들 수 있다. 네트워크 리더로서 당신이 이 자리에 있는 이유는 네트워크의 목적에 대해 진심으로 관심을 갖기 때문임을 기억하라. 사람들을 초대하여 참여하기로 결정한 이유를 공유할 때 당신에게 네트워크가 중요한 이유를 밝히는 것을 주저하지 말자.

## 소집의 맥락을 구조화하라(Frame the context)

네트워크 소집의 첫 시작을 상상해 보자. 모두 사람들이 함께 모여 있고 그 중 일부는 처음 만난 사람들이다. 이제 당신이 그 자리에 서서 모임을 시작할 준비를 한다. 당신은 첫 마디를 무엇으로 시작할 것인가? 참여자들이 매우 소중하니 신중하게 생각해 보자. 당일 목표한 활동으로 바로 들어가고, 개회를 대충 넘기고 싶을 수도 있으나, 우리는 당신이 이 강력한 순간을 놓치지 않길 바란다. 모임의 개회는 단순한 형식적인 절차가 아니다. **소집의 기술(The Art of Convening)**을 쓴 크레이크 닐(Craig Neal)과 파트리시아 닐(Patricia Neal)은 "우리가 모임의 형태와 기능 그리고 목적을 최적화된 방식으로 준비시킬 때, 참여자들은 그 목적이 실현될 수 있는 가능성을 크게 향상시키는 방식으로 그 자리에 존

재하게 된다."라고 말한다.[14]

개회가 특히 중요한 순간이기는 하나, 소집기간 중 매일의 마무리, 그리고 새로운 그룹으로 새로운 활동을 시작하는 순간 등 소집의 매 순간의 맥락을 구조화하는 것 또한 중요하다. 맥락을 구조화하는 것을 모임의 매 순간의 상태를 명확하게 하며 네트워크가 앞으로의 일을 준비하는 데 있어 필수적인 활동으로 생각하라. 가장 좋은 맥락의 구조화는 참가자로부터 들은 것을 통합하여 소집 전체 또는 특정 모임에서의 목적과 관련 짓는 것이다. 이를 통해 다음 활동에 대한 참여가 높아질 수 있다.

### 여유를 가져라(Hold space)

네트워크 소집에서 회의장의 온도가 올라가는 순간이 분명이 있을 것이다. 대화에 긴장이 흐르며 사람들이 날이 선 것을 느끼는데, 아무도 그것을 공개적으로 인정하지 않으려고 할 때가 있다. 이 순간 많은 사람들은 로버트 솔로몬(Robert Solomon)과 페르난도 플로레스(Fernando Flores)가 명명한 "화기애애한 위선(cordial hypocrisy)"을 취하고 싶을 것이다. 진짜 할 이야기는 카펫 아래로 쓸어 넣어 덮어둔 채로 겉으로는 친절하고 예의 바른 대화를 하는 것 말이다.[15]

이때 퍼실리테이터의 역할은 무슨 일이 일어나고 있는지를 제대로 인정하고 참여자들에게 한숨 돌릴 것을 제안하며 여유를 갖도록 하여 진짜 논의되어야 할 사안들이 제대로 다뤄질 수 있도록 하는 것이다. 무슨 일이 일어나고 있는지 그 상황을 인정하는 것만으로도 불편함이 주는 불안을 완화시킬 수 있으며 그로 인한 긴장감을 줄일 수 있다. 또한 참여자들에게 대화 속에 머물라고 상기시키는 것은 그들이 "싸우거나 도망치거나 얼어붙는" 스트레스 반응에 빠지는 것을 방지하는 데 도움이 될 수 있다. 이러한 순간들은 네트워크의 진실된 순간들이다. 참여자들이 편안한 상태로 되돌아 갈지 긴장 상태를 유지하며 무언의 현실을 인정하고 중요한 사안을 해결할지 결정짓는 순간이다.

## 다양성을 환영하라(Invite divergence)

네트워크 퍼실리테이터는 다양한 견해를 피하기보다는 환영한다. 이는 참여자들이 함께 창의적으로 생각할 수 있도록 하기 때문이다. 중요한 사안을 다룰 때 참여자가 너무 감정적으로 격양된 의견을 제시하여 다른 이로부터 고립되거나 낙인 찍히는 위험이 있을 수 있다. 그 시점에 퍼실리테이터는 그러한 반대자의 의견을 넘기고 현재 다루어야 할 과제로 돌아가야 한다는 강박을 느낄 수 있다. 그 순간 직후 일어나는 일이 네트워크 문화의 경로를 바꿀 수 있다.

방해로 여기고 혼란을 피하는 대신, 퍼실리테이터로서 다른 의견을 가진 사람에게 주의를 최대한 기울이고 다른 참여자들도 함께하도록 그들의 의견을 더 자세히 설명해 달라고 요청하라. 그런 다음 다른 사람들도 비슷하게 느끼고 있는지 확인하라. 만약 아무도 그 의견에 동의하지 않는다 해도 퍼실리테이터는 그 사람의 관점을 존중하는 것이 중요하다. 개인으로서 당신이 그 의견에 동의하는지 동의하지 않는지는 중요하지 않다. 중요한 것은 다양한 의견이 공유되고 존중될 수 있는 안전한 장소를 만드는 것이다. 우리는 이것을 미래 찾기 과정(Future Search process)을 만든 마빈 웨이스보드(Marvin Weisbord)와 산드라 잔호프(Sandra Janoff)에게 배우고, 여러 번 진행해 봤다. 참여자의 의견을 인정함으로써 당신은 참여자들에게 자신의 의견이 경청되고 있다고 느끼게 만든다. 이는 참여자들이 대화의 흐름에 편하게 다시 합류할 수 있도록 한다.[16]

그 다음 사람들이 자신의 견해를 공유하도록 하라. 이는 사람들이 서로 존중하며 반대 의견을 제시하는 여유를 만든다. 이러한 순간은 참여자들이 다양한 의견을 제시하는 것에 심리적 안전감과 감사를 느끼도록 하며 서로 상호작용하는 방식을 극적으로 전환할 수 있도록 한다.

회의장에서 무언가 진행되고 있는데 당신은 무엇을 해야 할지 모르겠을 때, 소그룹이나 짝짓기를 사용해 보라. 빠르게 참가자들을 두 명 내지 네 명으로 나누어 현재 회의장 안에서 일어나는 상황에 대해 논의하고 다음에 무엇이 필요할지 논의하도록 하라. 그런 다음 각 그룹의 생각을 전체 그룹에서 공유하게 하면 그에 따라 어떻게 진행하면 좋을지에 대한 힌트를 얻을 수 있을 것이다(이 시간은 당신이 빠르게 의제를 다시 정리할 수 있는 시간으로, 참여자에게 휴식시간을 주어도 좋다!). 이것은 피터 블록(Peter Block)이 자주 사용하는 전략 중 하나이다. 그는 "이렇게 함으로써, 우리는 이 모임의 성공을 위해 커뮤니티가 책임감을 가지도록 하고, 현재 상황에 불만이 있더라도 참여자들의 선의에 믿음을 표현할 것을 요청한다…. 이것은 커뮤니티 안에 중요한 지혜가 있다는 것을 인정하는 행위이다."라고 말한다.[17]

### 의도적으로 창발적인 상태에 머물러라(Stay emergent with intention)

어떤 의제도 현실에 부딪치면 그대로 유지되기 어렵다. 네트워크 퍼실리테이터로서, 당신은 현장에서 에너지가 존재하는 곳이 어디인지 다음에 일어나야 할 일은 무엇인지를 즉각적으로 감지하고 적응할 준비가 되어 있어야 한다. 동시에 네트워크 퍼실리테이션은 너무 느슨해서 대화가 산만해지지 않도록 해야 한다. 열린 가능성을 수용하면서 대화를 마무리하고 앞으로 나아가도록 하는 데 있어 신중함을 유지해야 하는 섬세한 균형이 필요하다.

참여적 의사결정을 위한 퍼실리테이터 안내서(Facilitator's Guide to Participatory Decision-Making)에서 샘 캐너(Sam Kaner)는 그룹이 대화를 통해 결론에 도달하기 전에 일반적으로 다양하고 창의적인 아이디어를 생성하는 과정을 거쳐야 한다고 지적한다.[18] 퍼실리테이터로 우리는 그룹이 다양한 대화를 오고 가면서 대화와 자율성을 통해 자신들의 방식으로 상황을 알아가는 공간을 제공한다. 그러나 새로운 주제로 넘어가기 전에 첫 번째 대화를 명확하게 마무리할 수 있는지 확인하는 데 이 과정 자체가 대화의 다음 단계가 될 수 있다. 만약 대화를 마무리할 수 없다면 퍼실리테이터는 그룹이 이것을 인정하고 의도적으로 논의의 초점을 전환하고 있음을 인지하도록 해야 한다.

### 겸손하게 이끌어라(Lead with humility)

퍼실리테이터의 역할은 본질적으로 힘을 내포하고 있다. 퍼실리테이터는 대개 의제에 대한 최종 발언을 하며, 대화의 흐름을 조율하고 누가 언제 발언할지에 영향을 미칠 수 있다. 퍼실리테이션 자체가 힘을 행사하는 행위인 셈이다. 네트워크 퍼실리테이터는 그 힘을 신중하게 사용하여 모임을 환영받을 수 있고 형평성 있으며 리더십이 공유될 수 있는 자리로 만든다.

퍼실리테이터로서 먼저 자신의 특권과 거기에 내재된 편견을 점검하고 그 역할에 부여된 힘을 인정하라. 그런 다음 공간을 더 포용적으로 만들 수 있는 기회를 알고 있는 참여자들에게 솔직한 피드백을 요청하라. 만약 당신이 주류 문화 집단 출신이라면 기획단계뿐만 아니라 모임 진행 중에 다른 문화적 배경을 고려하는 것이 특히 중요하다. 그렇지 않으면 네트워크 일부 구성원을 소외시키거나 해를 끼칠 수 있는 지배적인 주류 집단 규범을 무의식적으로 강화할 위험이 있다.

퍼실리테이터가 지나치게 소극적일 경우, 그 역할의 중요한 책임 중 일부를 다하지 못하게 된다. 프리야 파커(Priya Parker)는 "힘을 제거하려는 시도는 모임에서 힘의 공백을 만들고, 이는 모임의 목적과 일치하지 않는 방식으로 채워질 수 있다."고 지적한다.[19] 대신, 우리는 파커가 말한 "관대한 권위"를 실천할 것을 권한다. 자신감 있게 회의를 이끌되 겸손함을 유지하고 맡겨진 힘을 인정하면서도 그것을 다른 사람들과 네트워크 전체를 위해 사용하라. 힘을 이용해 사람들을 억누르거나 대화를 통제하는 대신 그룹 내에 리더십을 늘려서 생명력 있는 성과를 향해 회의가 진행되도록 힘은 **함께 그리고 서로 나누는 네트워크 내의 것임**을 강조하라.

## 힘의 역학관계에 주의 기울이기

너무나도 자주, 힘이 건강하지 않은 방식으로 행사되곤 한다. 위계 구조에서처럼 권력이 소수에 집중되는 구조일 때, 사람들은 자율성을 회복하고 지시받지 않기 위해 다른 사람보다 우위에 있을 수 있는 권력을 추구하게 된다. 이러한 제로섬 구조는 사람들을 서로 대립하게 만들고, 에너지를 권력 다툼에 가두며 시너지를 낼 가능성을 차단한다.

임팩트 네트워크는 이러한 권력에 대한 인식을 전환하여 형평성과 협업을 촉진한다. 건강한 네트워크에서는 힘이 타인에게 강요되거나 우월한 지위를 얻기 위해 사용되지 않는다. 대신, 힘은 **함께** 사용되고, **서로** 나누어 사용되며, 공통된 목적을 추구하는 데 활용된다. 또한 힘은 네트워크 안에서 발휘되어 참여자들이 온전한 자신의 모습으로서 발언하고 행동하고 보여줄 수 있게 한다.

임팩트 네트워크에서는 누구도 다른 사람의 액션을 명령할 공식적 권한을 가지지 않으며 누구도 리더십을 발휘하기 위해 특별히 권한을 부여받을 필요가 없다. 하지만 그렇다고 해서 형평성이 저절로 보장된다는 뜻은 아니다. 힘의 역학관계는 어느 그룹에서든 본질적으로 존재한다. 예를 들어 어떤 조직은 다른 조직보다 수월하게 재정이 마련될 수 있고 어떤 사람은 다른 사람보다 더 많은 인맥을 가지고 있으며 또 다른 사람들은 더 많은 시간과 자원을 기여할 수 있는 여유가 있다. 게다가 네트워크의 사회적 규범은 전혀 다른 사회적 역학관계를 가진 커뮤니티보다 주류 문화권의 사람에게 이득이 될 수 있다. 참여자들은 네트워크에서 주로 사용하는 언어에 대한 익숙함의 차이를 겪을 수도 있고 신체적 장애가 참여에 영향을 미칠 수도 있으며 이 외에도 다양한 편차가 존재한다.

모든 네트워크 리더와 퍼실리테이터에게 요구되는 것은 네트워크 안에 사회적 억압과 불평등이 존재한다는 것을 이해하고 의도적으로 소수의 약한 그룹 내에 힘이 성장하도록 하는 것이다. "지배적인 권력 관계하에서 벗어난 힘의 역학관계를 익히는 것은 아마도 세상에서 긍정적인 변화를 촉발하고자 하는 모든 부문의 사회혁신가(조직)에 가장 필수적인 기술일 것이다."라고 **힘 사용설명서**(The Power Manual)을 쓴 신디 수아레즈(Cyndi Suarez)는 주장한다.[20]

네트워크 리더는 자신의 힘을 활용하여 네트워크 내 의사결정에서 더 큰 형평성을 촉진하고 대표성이 부족하거나 소외된 커뮤니티 출신의 사람들이 참여하고 리더십을 발휘할 수 있는 공간을 만들어야 한다. 비록 형평성이 계속 개선되어야 하는 진행형 목표로 남아 완벽하게 실현되기 어려울 수 있지만, 네트워크는 참가자들 간에 혜택과 부담을 공정하게 분배하기에 우선순위를 두고 노력할 수 있다. "힘은 정해진 크기가 없는 파이이다."라고 사회변화를 위한 상호작용 연구소(Interaction Institute for Social Change)의 신시아 실바 파커(Cynthia Silva Parker), 켈리 베이츠(Kelly Bates), 커티스 오그덴(Curtis Ogden)은 말한다. 즉, "힘은 무한할 수도, 더 확장될 수도, 사람들과 리더 사이에 공유될 수도 있다."[21]

파커, 베이츠, 오그덴의 연구를 바탕으로 네트워크에서 힘의 역학관계를 살피는 요령은 다음과 같다.[22]

————

**네트워크를 시작할 때 그룹의 협약을 함께 만들라.** 협약을 살펴보고 주기적으로 개선하는 일에 대한 책임을 사람들과 나눠라(그룹의 협약에 대한 더 자세한 사항은 다음 장에 있다).

————

**시각적, 청각적, 언어적, 신체적, 기술적 측면에서 모든 형태로의 접근성을 확보하라.** 모든 사람들이 자신이 기여에 필요한 정보, 자원, 공간이 있는지 확인하라.

————

**재원 조달자가 주최자, 기획자가 아닌 참여자가 되도록 하라.** 조직적 역학관계가 중요한 모임에서, 당신은 이름표의 직업적 소속을 떼는 것을 시도해 볼 수도 있다. 사람들은 이후에 당신이 어디에서 일하는지 알아낼 수 있으니 먼저 개인으로서 연결되도록 하라.

————

**토론을 일상화하고, 힘을 인정하라.** 그것을 인정하든 하지 않든, 힘은 모든 그룹에 존재한다. 그리고 신뢰에 방해가 되는 요소를 피하라. 네트워크 안에서의 힘의 역학관계를 공개적으로 인정하고, 힘의 어떤 부분이 작용할 수 있는지, 네트워크가 그것을 해결하기 위해서 어떻게 활동할지 함께 생각하라.

————

**특정한 사람이 항상 가장 먼저 말하는지 살펴봐라.** 다른 사람이 말하고 싶어 한다면, 말할 수 있도록 초대하라. 휴식시간 동안, 누가 가장 많이 이야기했는지를 점검해보고, 그 참여자들에게 다른 참여자들을 위해 여유를 만들어 줄 것을 독려하는 한편, 모임에서 가장 조용했던 참여자에게 공유하고 싶으나 아직까지 하지 못한 것이 있는지, 퍼실리테이터로서 당신이 도와줄 수 있는 것이 있는지 살펴보아라.

**네트워크 소집에 여러 퍼실리테이터와 함께 활동하여, 공간을 더 잘 살펴볼 수 있도록 하고, 그룹의 패턴과 에너지를 더 잘 살필 수 있도록 하라.** 또한, 기록할 사람을 정하여 대표 퍼실리테이터가 회의장 안에 있는 사람들에게 온전히 집중할 수 있도록 하라.

**자신의 실수를 인정하라.** 퍼실리테이터로서 실수를 했다면, 가능한 빠르게 수정하라. 다른 사람의 피드백에 열려있음을 보여주는 것은 모두를 위한 안전한 공간에 기여하게 된다.

사려 깊은 기획과 훌륭한 퍼실리테이션이 있는 소집은 공동의 목적에 부응하는 연대감을 만든다. 이러한 소집은 자기조직화를 촉발하여 새로운 에너지를 불어넣는다. 이는 소집을 넘어 전체 시스템에 대한 더 큰 인식, 다른 사람(조직)의 활동에 대한 새로운 평가와 감사함, 앞으로 수개월간의 활동 계획을 불러온다. 가장 중요한 것은 소집이 연결을 만들어내고 신뢰를 심화한다는 것이다. 네트워크는 서로 엮어주는 연결만큼 강하며 신뢰하는 관계는 네트워크의 다른 모든 장점을 가능하게 한다.

# 7장

# 신뢰 가꾸기

커뮤니티는 장소를 공유하고, 그 장소를 공유하는 사람들이 서로의
삶의 가능성을 정의하고 한정짓는 정신적, 영적 상태이다.
이는 사람들이 서로에 대해 아는 지식, 서로에 대한 관심,
서로에 대한 신뢰, 서로 자유롭게 오가는 것을 의미한다.
웬델 베리(Wendell Berry), 「미래 상실(The Loss of the Future)」

---

**신뢰**는 일종의 유행어가 되었다. 대부분의 사람들은 신뢰가 중요하다
는 것을 인정할 것이다. 그러나 많은 사람들은 신뢰를 의도적으로 길러
지는 것이라기보다 다른 활동들의 부산물 정도로 생각한다. 반면 참여
자 사이에서 발전되는 연결망은 임팩트 네트워크를 유지하는 눈에 보이
지 않는 구조인데, 신뢰 관계는 일부러 가꾸지 않으면 그것은 네트워크의
약한 부분이 된다. 신뢰는 네트워크의 다른 모든 미덕과 장점을 가능하
게 하는 요소이다. 구체적으로 신뢰는 다음과 같은 특징을 가지고 있다.

**신뢰는 네트워크가 보다 공식적인 구조와 과정을 형성하는 동안 응집력을 만들어낸다.**
임팩트 네트워크의 구조를 미리 정의하기보다는 발전 과정에서 정의하는 것이 더 이롭기 때문에(이전에 언급한 위계적 구조의 정의와 반대로), 네트워크는 초기에 공식적인 합의를 많이 갖지 않게 된다. 이 시기에 일부 참여자들은 모호함을 견디기 어려울 수 있다.

서로 간의 그리고 네트워크 내에서의 신뢰는 사람들로 하여금 창발을 더 편안하게 받아들이도록 돕고, 실시간으로 탐구하고 실험하며, 반성하고 스스로 교정하는 데 도움을 준다. 또한 사람들은 정보를 더 기꺼이 공유하고 위험을 감수하려는 의지가 커진다. 신뢰는 참여자들이 추가적인 조직화 구조를 발전시키는 동안 네트워크를 결속시키는 접착제 역할을 한다.

**신뢰는 네트워크의 집단 지성을 증가시키고, 체제 순응주의와 집단 사고의 함정을 피하도록 한다.** 적절한 조건에 놓여 있는 경우, 네트워크는 어떤 개인보다 사려 깊은 안목과 집단 지성의 발휘가 가능하다. 다른 관점에 대한 개방성의 부족이야말로 지능적으로 생각하고 행동하는 네트워크 능력에 있어 가장 큰 장애물이 된다. 신뢰가 없으면 우리는 자신의 가정과 추정이 옳다고 믿고, 다른 사람들이 무엇을 생각하고 느끼는지 묻지 않고도 안다고 생각하며 어쩌면 회의장 안에서 자신만이 유일하게 이성적인 사람이라고 느낄지도 모른다. 신뢰는 참가자들이 더 신중하게 경청하고 새로운 관점을 시도하며, 자신과 매우 다르다고 여겨지는 사람들과도 소통할 가능성을 높여준다.

**신뢰는 가능한 대화의 범위를 확장시킨다.** 신뢰하는 관계의 사람들은 서로에게 더 솔직하고, 정보를 기꺼이 공유하고자 하며, 협력하는 방식에서도 더 많은 창의력을 보여준다.[1] 신뢰가 충분히 두터운 경우, 사람들은 불편한 대화도 더 잘 처리하며 해를 끼칠까 두려움 없이 서로의 가정을 시험할 수 있게 된다. 결과적으로 새로운 관점이 고려되고, 갈등이 파괴적이기보다는 창의적으로 쓰인다. 건설적인 대화에 참여하고 공동의 의사결정을 하는 네트워크의 능력은 사람들이 자신의 생각을 자유로이 표현하고, 어려운 현실이나 논쟁적 관점을 인정하면서 발전한다.

　이러한 전환은 컨버지와 코크리에이티브 컨설팅 그룹(CoCreative consulting group)의 컨설팅을 받은 친환경 전자기기 제조네트워크(CEPN)의 지속가능 솔루션을 위한 녹색 미국 센터(Green America's Center for Sustainability Solutions) 프로그램의 성공에도 중요한 역할을 했다. 전자기기 제조 공정에서 독성 화학물질의 노출을 0으로 만드는 문제는 어떤 단일 조직도 혼자 해결할 수 없기에, 이에 대처하고자 함께 활동하는 많은 주요 기술 브랜드와 환경 NGO가 CEPN에 함께 하고 있다. 네트워크가 처음 발족한 2016년, 전자 기기 브랜드와 NGO는 초기에 서로 긴장관계에 있었다. 그러나 지난 몇 년 동안 "구성원은 실제 제대로 작동하는 것이 무엇이고, 그렇지 않은 것이 무엇인지, 그리고 어디에 도움이 필요한지 서로 공유하고자 할 정도로 충분한 신뢰를 갖게 되었다." CEPN의 디렉터 파멜라 브로디 하인(Pamela Brody-Heine)의 말이다. "관계는 변했고, 참여자들 사이의 소통은 훨씬 더 생산적으로 변했다."[2]

　네트워크를 통해 일할 때, 당신이 신뢰의 관계를 형성하는 데 쓰는 시간은 당신이 하는 가장 큰 투자가 될 것이다 ― "관계의 보상"으로 생각하라. 그러나 사람들은 신뢰를 발전시킬 수 있기 전에 먼저 서로 연결될 필요가 있다. 엮는 것(weaving)을 실천함으로써 새로운 연결을 만들어 낼 수 있다.

## 연결을 엮기

　"가장 좋은 비료는 농부의 발자국이다."라는 속담이 있다. 다시 말해, 밭의 모든 차이를 만드는 것은 농부가 밭에 들르는 꾸준한 발걸음이라는 것이다. 네트워크에서도 마찬가지이다. 리더는 참여자를 직접적으로 만나고, 참여자와 다른 사람을 연결함으로써 네트워크를 돌본다. 이것이 **네트워크 엮기**(network weaving)의 실천이다. 거미줄의 실이나 태피스트리*의 실처럼, 네트워크는 변화하는 계절을 견딜 수 있는 강력한 연결 조직(tissue)을 구성하기 위해 함께 짜여질 필요가 있다. 네트워크 엮기의 개념은 토착민에 뿌리를 둔다. 안데스 원주민은 "우리 모두가 서로 실과 바늘땀으로 함께 짜인" 세상에 살고 있다는 것, 그리고 "우리가 힘을 행사하고, 제어하거나 군림하지 않고, 다만 허용하고, 존경을 표하며, … 우리가 함께 엮어져갈 때 개별적인 자신이기를 멈추고 이제 **자쿠이**(jaqui), 즉 파트너, 커뮤니티가 된다."는 것을 이해하고 있었다.[3]

　네트워크 전체에 관계를 키우기 위한 활동을 하는 사람들을 **네트워크 조직가(network weavers)**라고 부른다. **네트워크 조직가 핸드북(Network Weaver Handbook)**의 작가 준 홀리(June Holley)는 "사람들이 자신의 관심사와 도전과제를 찾을 수 있도록 돕고, 상호 이익이 예상되는 사람들을 전략적으로 연결하고, 자기주도적으로 참여하는 촉매자로 역할함으로써" 자신 주변의 네트워크를 더욱 건강하고 포용적으로 만들기 위해 명확하게 일하는 사람을 네트워크 조직가로 정의한다.[4]

　커뮤니티를 함께 엮는 행위―개별 부분을 더 큰 전체로 붙이는―는 네트워크에 있는 모든 사람들의 일이다. **모든** 네트워크 참여자는 새로운 연결을 조직하는 기회와 책임이 있다. 이는 사람들을 알아가고, 서로 소개시키고, 경청하며, 다양한 방면으로 협력하기 위한 사람들을 초대하는 데에 시간을 들임으로써 완수될 수 있다.

　여전히 네트워크 리더들, 특히 조직가 역할을 하는 사람들은 네트워크 전체를 아우르는 연결을 만드는 데 세심한 집중을 유지하는 것이 매우 중요하다. 조직가는 먼저 참여자를 알고, 참여자들 서로를 연결시킴으로써 참여자의 자기주도성을 더 상승시키면서 그룹의 에너지를 감지하고 예상한다.

---

\* 　역자주: 여러 가지 색실로 그림을 짜 넣은 직물. 또는 그런 직물을 제작하는 기술

## 참여자들과 연결되기

네트워크 조직가는 가능한 많은 참여자들과 필요한 때마다 연결되어 있고자 한다. 이러한 상호작용의 목적은 참여자들이 관심을 두는 것은 무엇인지, 참여자들이 활동하고 있는 것은 무엇이며 어떻게 소통하고자 하는지, 그리고 네트워크에 자신이 어떤 방식으로 기여하고자 하는지를 포함하여 모든 참여자들에 대해 더 많이 알기 위함이다. 함께하는 학습이나 액션을 진전시키기 위해 참여자들이 함께 연결될 수 있는 기회가 생기게 되면서, 이러한 대화는 신뢰를 쌓는다. 대화는 또한 리더와 참여자들이 함께 네트워크에서 무슨 일이 일어나고 있는지에 대한 더 전체적인 인지를 발전시키는 것, 특별한 주의를 요하는 사안을 강조하는 것을 돕는다. 조직가들이 참여자와의 대화에서 사용할 수 있는 컨버지 네트워크 툴킷에 ✂ 네트워크 엮기 질문(Network Weaving Questions) 목록을 방문하라.

정기적인 연결의 주기를 정하는 것은 네트워크를 지속적으로 엮어나가는 실천을 유지하는 데 큰 도움이 될 것이다. 캘리포니아 경관 보호관리 네트워크의 리더 쉐론 퍼렐(Sharon Farrell)은 한동안 소통이 없었던 네트워크 참여자에게 전화하는 시간으로 매주 이틀을 달력에 표시하는 습관을 들였다. "당신이 만약 대화하는 시간을 만들 수 있다면, 그리고 이 대화가 상호교환이 되며 대화가 한 방향으로만 흐르지 않는다면 신뢰가 쌓이기 시작한다."라고 퍼렐은 말한다.[5]

규모가 작은 네트워크에서는 조직가가 모든 참여자들과 정기적으로 연락하는 것이 가능할 수 있다. 하지만 규모가 큰 네트워크에서 이는 현실적이지 않을 수 있다. 그럼에도 불구하고 네트워크의 다양한 부분과 정기적으로 대화하는 것은 중요하다. 이때 우리는 조직가가 누구와 대화할지에 대하여 전략적이면서도 무작위적인 접근방식을 추천하며 또한 참여자들에게도 서로 직접 연락을 취할 수 있는 방안을 제공하는 것을 추천한다.

대규모 네크워크에서 참고할 만한 전략은 여러 조직가들이 참여자를 나눠서 관리하는 것이다. 이는 개별 참여자가 질문이나 우려사항이 있을 때 언제라도 연락할 수 있는 담당자를 구축하는 것을 의미한다. 화재 적응 공동체 학습 네트워크(Fire Adapted Communities Learning Network)의 각 구성원은 언제라도 연락을 취할 수 있으며, 적어도 몇 개월에 한 번씩은 개별 구성원을 점검하는 담당자가 있다("네트워크 연락 담당자"라고 불린다). 네트워크에서 리더이자 연락 담당인 미쉘 메들리-다니엘(Michelle Medley-Daniel)은 "우리는 복잡한 영역을 제대로 살펴보고자 할 때 중요한 피드백 체계로서 위와 같은 소통의 중요성을 믿는다. 우리는 구성원의 피드백을 기반으로 네트워크의 가치와 제공사항을 개선하고, 이러한 신뢰 관계를 통해 얻은 정보를 기반으로 복잡한 화재 시스템에 대한 이해를 맞춰가며, 시스템을 변화시키는 방법을 강구한다."고 말한다.[6]

## 참여자들 서로를 연결하기

네트워크를 엮는 데 두 번째 필수적인 활동은 참여자들을 다른 참여자들과 연결하는 것이다. 조직가는 "네트워크 내에 있는 사람들의 욕구와 필요를 파악하는 데에 숙련된 사람들"이라고 홀리는 이야기한다. "그리고 네트워크에서는 그 욕구와 필요에 부합하는 사람들과 다른 사람들을 연결한다."[7] 조직가는 비슷한 주제로 일하거나 서로의 일을 지지해 줄 수 있는 자원이나 전문성을 가진 사람들처럼, 관계로부터 서로 이익을 얻을 가능성이 있는 사람들을 연결한다. 조직가의 핵심은 왜 그들이 서로 만나야 하는지 설명하면서 대화의 배경을 설정하는 것을 돕는 것이다. 10장에 나와 있는 것처럼 사회네트워크분석(SNA)으로 네트워크를 맵핑하는 것은 조직가가 네트워크 전체에 가장 빠르게 연결성을 쌓는 기회를 발견하도록 하며, 연결은 되어 있으나 아직 관계가 형성되지 않은 사람들을 식별하는 데에 도움을 줄 것이다.

위에 설명한 대로 엮기가 네트워크 리더십의 중심적 역할이긴 하지만, 그것은 또한 서로를 소개하고, 깊은 관계를 만들고, 나뉘어진 지점에 가교를 형성하는 기회에 주목하는 누구나 할 수 있는 일이다. 예를 들어 지역사회 개발 네트워크인 로렌스 커뮤니티 웍스(Lawrence CommunityWorks)는 엮기를 "네트워크의 핵심적이고 가장 높은 리더십"으로 바라본다. 이러한 공로를 기리기 위해, 이들은 매년 리바이비엔도 위버 어워드(Reviviendo Weaver Award, 네트워크를 되살리는 조직가라는 의미 – 역자)를 네트워크 구성원에게 수여하고 있다.[8] 이 상은 모든 사람들이 조직가가 될 수 있다는 핵심적인 점을 강조한다.


## 신뢰 심화하기

신뢰는 단지 명사가 아니다. 신뢰는 당신이 행하는 무언가, 즉 **동사**이기도 하다. 신뢰는 사람들이 만들어낼 수 있는 선택이다. 우리는 누군가를 신뢰하기로, 또는 신뢰하지 않기로 선택할 수 있다(아니면 우리는 우리 내면의 편견이 선택하게 놔둘 수도 있다). 컨버지는 신뢰가 깊어지기까지는 시간이 걸리지만, 신뢰의 기본 수준까지 발전시키는 것은 상대적으로 짧은 시간에 가능하다는 것을 발견했다.

결과가 어떻게 나올지 정확히 알 수 없기에 다른 사람을 신뢰하는 것은 믿음의 첫 도약을 필요로 한다. 신뢰하기를 선택함으로써 불행히도 당신은 손해를 입을 수도 있다. 거의 모든 사람이 삶의 어떤 시점에 배신을 당해 본 적이 있으며 그것이 그 사람에게 많은 상처를 입혔을 수도 있다. 너무 상처를 입어 다른 사람과 자신 사이에 장벽을 쳐서 그런 일이 다신 일어나지 않도록 할지도 모른다. 세대 간 갈등을 포함해 억압당하거나 트라우마를 겪은 사람의 경우, 신뢰를 쉽게 하기 어렵기에 이 경우 신뢰를 공들여 구해야 한다.

그럼에도 신뢰가 없는 사람과는 일하기 어렵다. 사람들은 관계에 기반하여 협력하지, 아이디어만 가지고 협력하지 않는다. 네트워크는 신뢰를 기반으로 운영된다.

### 신뢰의 재료

관계가 가져오는 모든 불확실성에도 불구하고 사람들이 서로 신뢰할 가능성을 높이는 4가지 주요 재료가 있다.[9]

---

- 신뢰성
- 개방성
- 관심
- 감사

### 신뢰성

사람을 신뢰한다는 것은 어떤 면에서는 그 사람이 자신의 말에 충실하고, 약속을 지킬 것이라는 판단을 내리는 것이다. 신뢰는 행동을 통해 성장한다. 사람들이 프로젝트에 지원을 하거나 기여함으로써 서로 도울 때, 선의의 기반이 형성된다. 또한 사람들이 계속해서 나타나고 꾸준히 참여하고 약속을 지킴으로써 신뢰를 증명할 때, 신뢰는 상당한 혼란적 상황도 견딜 수 있는 수준으로 강해진다.

신뢰성은 사람들이 지원요청에 항상 긍정적으로 대답하는 것만을 의미하지 않는다. 사람들이 자신이 도울 능력이나 역량이 안되는 경우, 자유롭게 거절할 수 있도록 하는 것이 중요하다. "아니오"라고 말할 수 있는 여유 없이는, "예"라는 말에 무게가 실리지 않는다. 신뢰할만하다는 것은 당신이 "예"라고 말한 경우, 당신이 끝까지 최선을 다할 것이며, 무언가 잘못되었을 때 다른 사람에게 그 사실을 제대로 알릴 것이라는 것을 의미한다. 신뢰성은 또한 당신이 거절할 경우, 다른 사람은 당신의 결정을 존중할 것이라는 것과, 당신이 "아니오"라고 이야기한 것에 당신 또한 책임이 있을 것이라는 것을 의미한다.

### 개방성

어떤 관계에서도 잘못된 소통이나 긴장의 순간은 있게 마련이다. 사람들은 미래에 무엇을 할 것인가에 대해 서로 합의하기 어려울 수 있다. 충분한 신뢰 없이는 이러한 어려움이 관계를 망가뜨리고 행동을 멈추게 할 수 있다. 이러한 험난한 시기를 극복하기 위해서는 개방성이 필요하다. 솔직하고자 하며 마음속에 있는 것을 공유하고자 하는 것뿐만 아니라 새로운 관점을 경청하고 고려해 보는 것이 개방성이다.

개방성이 없는 경우, 우리의 진짜 감정과 의견은 직업적인 가면 뒤에 가려지거나 숨겨지게 된다. 그에 더해 새로운 정보에 닫혀 있게 되고, 과거의 신념에 완고히 사로잡히게 되어 새로운 가능성을 막게 된다. 개방적이라는것은 불편하다 하더라도 진실한 생각과 감정을 공유하고자 하는 것이다. 개방되어 있음으로 우리는 상호의존성을 인정하고, 호혜성을 환영하게 된다. 때때로 서로에게 개방성은 신뢰가 생긴 뒤에 온다고 이야기하나, 개방성 자체가 신뢰의 큰 촉매제이기도 하다.

어떤 경우에는 개방되어 있는 것 자체가 너무 위험한 것일지도 모른다. 특히 억압되어 왔거나, 큰 트라우마를 겪은 사람들에게 그러하다. 그들은 사람들이 공동의 이익보다 개인의 이득을 위해 다른 사람을 착취하는 힘을 사용할 수 있고, 사용한다는 것을 경험으로 안다. 이러한 이유로 사람들이 참여하거나 **참여하지 않을 수** 있는 공간을 확보하고 필요한 경우 거리를 유지해야 한다. 열려 있음이 아직 가능하지 않을 때에는, 서로 배려하겠다는 약속이 첫 번째 단계가 될 수 있다.

## 관심

많은 사람들에게 신뢰는 쉽게 생기지 않는다. 사람들이 신뢰를 깨뜨리는 경우가 계속 나타나면서, 사람은 신뢰하는 게 아니라고 생각하게 되기 때문이다. 신뢰를 형성하는 첫 걸음은 사람들이 서로가 공통된 관심사에 대해 관심을 가진다는 것을 인식할 때 이루어진다. 직접적으로 다른 사람을 신뢰하기 어려운 상황에서도, 자신의 커뮤니티나 지역, 혹은 네트워크에 대한 누군가의 애정을 신뢰하는 것은 더 쉬울 수 있다.

관심을 보여주는 것의 핵심은 과거의 피해를 인정하고 치유하는 것을 포함한다. 이는 피해를 입은 사람들에게 자신들의 경험을 공유할 기회를 제공하고, 역사적으로 자원, 정의롭지 못한 법, 그리고 다른 이의 강제 이주로부터 이득을 취한 사람들이 피해자를 경청하고, 피해를 입은 사람들의 현실을 인정하며, 그 피해를 복구하기 위한 행동을 취하고, 피해가 재발하지 않도록 하기 위해 필요한 것을 하는 데 책임이 있도록 하는 기회를 만든다.[10]

나는 아마멋선 부족 공동체의 의장이자 산타크루즈 산맥 보호관리 네트워크(SCMSN)의 발기인인 발렌틴 로페즈(Valentin Lopez)와 일할 당시 이러한 활동 과정을 목격했다. 스페인 정복자가 1700년대 말 산후

안 계곡(San Juan Valley)에 도착해 아마멋선 부족을 강제 이주시키기 전까지, 아마멋선 부족은 그 계곡에서 수천 년을 지냈다. 아마멋선 부족은 1800년대에 미국 정부와 캘리포니아 주의 합법적인 폭력에 추가적으로 박해를 받았다. 그리고 1900년대 초기, 캘리포니아 주정부 미국 원주민 관리국의 보고서에 진술된 "이 미국 원주민들은 가톨릭 성직자들이 잘 돌보아 왔으며, 토지가 필요치 않다."라는 보고에 기반하여 연방정부는 아마멋선 부족 공동체를 인정하지 않았다.[11]

수 세대에 걸친 억압에도 불구하고 아마멋선 부족은 약 600명의 구성원이 함께 거주하는 공동체로 삶을 이어 나갔으며 자신의 조상들로부터 전해 내려온 방법으로 자신의 고향 땅을 보호하고 관리하고 있다. 2013년에 부족은 공식적으로 아마멋선 토지 신탁(Amah Mutsun Land Trust)을 설립하고 부족 공동체 중 최초로 땅을 보존하고 조상의 영토에 대한 접근권을 회복하여 그곳에서 의식과 배움을 이어가고자 했다.[12]

아마멋선 부족이 현재 그 지역에 자리 잡은 크고 부유한 조직들을 신뢰하지 않는 것은 당연한 일이다. 그러나 로페즈가 네트워크 내 다른 조직의 리더들과 교류했을 때, 그들도 땅에 대해 깊은 애정을 가지고 있다는 것을 깨달았다. 그러한 상호 관심이 이 지역의 보호관리와 관련된 신뢰 관계를 구축하는 첫 걸음이었다. 로페즈는 다음과 같이 말했다. "우리는 살아오면서 항상 기관들을 신뢰하기 어려웠다. 하지만 이 네트워크의 일원이 되고 우리가 함께한 협력적인 노력들을 통해 이제 여기 있는 모든 그룹들과 관계를 맺고 있다. 그리고 여전히 조심스럽긴 하지만 나는 사람들과의 대화를 통해 사람들이 땅에 대한 미국 원주민의 사랑을 공유하고 있으며, 땅을 돌보기를 원한다는 것을 알았다. 우리는 신뢰하기를 학습하고 있다. 이것이 나에게는 변화이다."[13]

네트워크가 형성되면서 지역에 있는 다른 리더들이 아마멋선 부족의 경험에 대한 로페즈의 설명을 듣고, 과거와 현재에 그들에게 끼친 피해를 인정하고 미래에 그러한 피해가 부족에게 반복되지 않도록 하는 것이 필수적이었다. 실제 사례로 로페즈와 아마멋선 토지 신탁은 캘리포니아 주립공원과 산마테오 자원 보전 구역과 긴밀히 협력하여 퀴로스테 계곡의 생태적 활력을 회복하기 위한 제안을 개발하기 시작했다. 중요한 점은 부족 조상의 자연 보호관리 방식을 적용하는 아마멋선 부족 출신의 훈련된 보호관리자가 프로젝트를 이끌도록 되어 있었다는 것이다. 공원 부서와 자원 보전 구역은 필요한 지원을 하고 아마멋선 부족이 그러한 노력을 관리하는 최종 의사결정 권한을 갖기로 했다.[14]

프로젝트 초반에 이 작업은 잘 진행되지 않는 것처럼 보였다. 제안서는 캘리포니아주 연안 위원회(Coastal Commission)의 승인 과정에서 멈춰 있었다. 처음에는 프로젝트 진행 허가가 확실하지 않았으나, 며칠이 지나자 네트워크에 소속된 여러 영향력 있는 기관이 연안 위원회에 해당 프로젝트에 지원을 요청했다. 많은 옹호 활동가와 조직이 위 제안을 지지하면서 2018년 최종 허가가 승인되었다. 아마멋선 부족의 결과는 "본디로의 회귀 이상의 의미였다."라고 베이 네이처(Bay Nature) 잡지의 렉시 판델(Lexi Pandell)은 썼다. "땅을 돌보는 영적 소명을 되찾는 것이었으며, 식민지화가 일으킨 피해를 얼마간 복구하고, 사람의 정체성을 되찾는 수단이기도 했다."[15]

## 감사

서로 감사하는 것은 사람을 있는 그대로 받아들이고, 서로 다른 존재하는 방식, 지식을 취하는 방식, 행동하는 방식을 인정하는 것이다. 사람들은 주로 다양한 배경, 정체성, 경험과 믿음을 가지고 네트워크에 참여한다. 다양한 그룹 사이에서 신뢰를 만들기 전, 우선 해결해야 되는 과제는 바로 다양성이야말로 네트워크 활성화에 매우 중요한 것임을 아는 것이다. 결국 네트워크 구축의 잠재력은 분절을 넘어 연결을 만드는 데에서 비롯되기 때문이다.

실제로 감사의 문화는 다양한 스타일과 능력이 존중되고 통합되는 데에서 형성된다. 깊은 신뢰는 사람들이 자신의 온전한 모습을 네트워크에 드러내고, 자신이 원하는 방식으로 재능을 기여할 수 있을 때 가능해진다. 모든 참가자가 온전히 기여할 수 있는 공간을 만들기 위해서는 지배적인 문화의 규범이 다른 규범을 소외시키지 않도록 하는 것이 필요하다. 미국의 경우, 백인 중심의 규범에서 벗어나 다른 존재 방식, 인식, 행동 방식이 번영할 수 있는 여건을 마련하는 것이 필요하다.

개인적인 차원으로 볼 때, 감사를 나누는 것은 사람들을 머릿속 생각에서 벗어나, 마음을 챙기고, 더 깊은 연결을 형성하는 데 도움을 준다. 이는 우리가 전체 소집이 끝날 때, 사람들에게 감사의 마음을 표현하게 하고, "바로 지금, 당신이 감사하는 사람이나 일은 무엇인가?"라고 질문을 던지는 이유이다. 이러한 방식으로 감사를 나누는 것은 네트워크가 촉진하고자 하는 친사회적 행동을 강화하는 역할을 한다.

## 이야기 공유하기

신뢰를 쌓고 용기 있는 대화를 위한 기회를 마련하는 가장 확실한 방법은 서로의 **내적 배경**을 이해하는 시간을 가지는 것이다. 우리는 보통 서로의 **외적 배경**만을 보게 된다. 어떻게 생겼는지, 무슨 말을 하고, 어떤 행동을 하는지, 소속과 직책은 무엇이며 온라인상에서는 어떤 인격을 지녔는지 등을 말이다. 그러나 다른 사람과 더 깊은 연결을 형성하기 위해서는 그 사람의 내적 배경을 알아가는 시간을 가지는 것이 필요하다. 그 사람이 한 행동의 이유, 그 사람 기저에 있는 가치관과 동기, 그리고 그 사람을 형성하는 경험이 여기에 포함된다. 사람의 내적 배경을 이해하는 시간을 갖지 않고는 사람의 의도에 대한 편협한 가정을 하기가 너무 쉽다.[16]

참가자들이 자신의 내적 배경을 드러내기 위해 할 수 있는 가장 친밀한 활동 중 하나는 개인적인 이야기를 공유하는 것이다. 이야기는 말하는 사람을 업무의 맥락에서만 보는 것이 아니라 한 사람으로서, 한 영혼으로서 어떤 사람인지 더 깊이 이해하고 감사할 수 있도록 한다. 우리는 다른 사람의 이야기를 들어보지 않고는 그 사람에 대해 알지 못한다. 우리는 우리가 만난 얕은 단서들을 가지고 그 사람을 판단하고 추측한다. 말콤 글래드웰(Malcolm Gladwell)은 **타인의 해석**(Talking to Strangers)에서 "우리는 아주 얄팍한 증거를 가지고, 우리가 쉽게 다른 사람의 마음을 들여다볼 수 있다고 생각한다."라고 썼다.[17] 이야기는 사람들의 마음을 열고 서로를 연결시켜 주는 강력한 도구이다.

우리가 특별히 효과적이라고 생각하는 한 가지 스토리텔링*도구는 유스빌드(Youth Build)의 창립자 도로시 스톤맨(Dorothy Stoneman)이 사용한 방법을 적용한 트루 스토리즈(True Strories, 진실된 이야기) 활동이다. 우리는 이 도구를 앨라배마주 몽고메리에서 케냐의 나이로비, 중국 상해까지 다양한 환경에서 수백 번 진행했으며 매번 이 도구가 공간에서의 역동을 극적으로 전환시키는 것을 경험했다.

이 활동은 참여자들을 3명에서 5명으로 동일하게 나누면서 시작한다. 참여자들이 서로를 바라보며 앉아서 지금의 자신을 만든 삶의 경험에 대해 이야기하도록 한다. 특정 구조화 질문은 맥락에 맞게 다듬어질 수 있다. 예를 들어 사람들은 삶의 특정 순간의 이야기를 공유해달라 요

---

* 역자주: 이야기를 전달하는 행위

청받을 수도 있고 자신에게 큰 영향을 주었던 멘토의 이야기나 현재 자신이 하고 있는 일을 어떻게 하게 되었는지 질문을 받을 수 있다. 각자에게는 자신의 이야기를 할 시간이 주어지며 그 시간 동안 이야기하는 사람은 그 사람 한 사람뿐이다(활동 시간이 얼마나 있는지에 따라 다르지만, 보통 이야기별로 4-7분가량 진행한다). 우리는 참여자들이 너무 많은 이야기를 한다는 느낌이 들지 않도록 하면서도 가능한 깊게 자신의 이야기를 꺼내도록 유도한다. 이야기가 끝나면 2분 동안 나머지 청자들이 그 이야기에 대한 생각을 나눈다. 무엇이 공감되었는지, 놀라웠는지, 또는 인상 깊었던 부분이 무엇인지 이야기한다. 첫 번째 사람이 이야기를 끝마치고 그룹에서 피드백을 받은 후 다음 사람이 차례로 이야기를 시작하는 방식으로 순서를 이어나간다. 전체적으로 활동은 약 45분이 소요된다. 트루 스토리즈의 전체 진행방법은 ✄ 컨버지 네트워크 툴킷에서 살펴볼 수 있다.

스토리텔링 활동을 선택할 때 고려해야 할 중요한 점은 일부 참여자들은 삶에서 크나큰 트라우마나 억압을 경험했을 수 있다는 점이다. 체인지메이커이자 퍼실리테이터로서, 우리는 참여자들 사이의 개방성(openness)을 장려하려는 욕구와 트라우마를 유발할 가능성 사이에서 균형을 잡아야 한다. 우리가 만든 공간에서 참여자들은 매번 자신 개인의 이야기를 공유하는 것을 얼마나 깊게 할지 선택하거나 외면할 수 있는 선택권을 가지고 있다.

## 경청하기

이야기를 공유하는 것은 스토리텔링에 관한 것이며 이는 결국 이야기를 듣는 것과 유사하다. 신뢰는 참여자들이 서로의 이야기를 진심으로 듣고 공감하며 그 이야기를 존중하는 태도로 대할 때 형성된다.

단순히 주의 깊게 듣는 것만으로는 충분하지 않다. 그렇게 들으면 자신의 관점에서 상대방의 말을 듣게 되어 자신의 필터와 추론에 의해 해석되기 때문이다. 대신에 (가능한 한) 자신의 편견을 버리고 다른 사람이 감각하는 세계를 완전히 이해하는 **공감적** 경청이 필요하다.[18] 당신이 공감하며 들을 때 뇌의 거울 뉴런이 빛을 내는데 이는 말하는 사람이 설명하고 있는 것을 심리적으로 경험하고 있는 것과 같은 작용을 한다.[19]

경청은 또한 안전함을 만들고, 자체를 변화시키는 힘을 가지고 있다. 경청은 경청자만이 아니라 말하는 사람이 공유하는 것에도 영향을 미친다. 자신의 이야기를 듣고 존중하는 사람이 있다는 것을 느낄 때, 사람들은 더욱 더 자신의 취약함을 드러내기에 편안함을 느끼고 이는 더 깊은 연결의 문을 열 수 있다. 공감적 경청을 통해 다른 사람의 내면을 깊이 이해하는 동시에 나의 이야기가 완전히 경청되는 경험은 다른 무엇과도 비교할 수 없이 사람들에게 유대감을 느끼도록 한다.

## '용감한 대화' 하기

신뢰는 상호존중의 기반을 형성하여 참여자들이 일을 함께하기 위해 필요한 모든 대화를 나눌 수 있게 해준다. 네트워크를 형성할 때, 우리는 사람들이 서로를 좋아하거나 동의할 것 같기 때문에 신뢰를 쌓는 것이 아니다. 대신에 우리는 사람들이 서로 동의하지 않더라도 갈등을 효과적으로 해결할 수 있도록 하는 신뢰를 쌓는다.

파괴적인 것이 아닌 건설적이고 생산적인 갈등은 발전의 핵심이다. 훌륭한 팀, 관계, 조직, 그리고 네트워크는 사람들이 안전하게 서로 다른 의견을 표현할 수 있도록 하는 존중의 문화를 만든다. 우리 스스로 문제를 해결할 때도 아마 서로 다른 아이디어를 비교하고 저울질하여 최적의 해결책을 찾는 과정이 있을 것이다. 그룹이 서로 다른 관점을 존중하면서 명확하게 고려하는 능력을 갖출 때, 더 빠른 학습과 더 나은 결정을 이끌어낼 수 있다.

캔서 프리 이코노미 네트워크(Cancer Free Economy Network, 암 없는 경제 네트워크, 이하 CFEN)은 이러한 마인드셋을 갖추었다. CFEN은 환경, 사회정의, 보건, 과학, 정책, 법, 노동, 경영, 커뮤니케이션 분야에서 활동하는 40개 회원조직과 12명의 개인 회원으로 구성되어 있다. 회원들은 함께 유해 화학물질로부터 사람을 보호하기 위한 운동을 확대하며, 여러 주요 암 및 보건 관련 기관에서 암 예방을 최우선 과제로 삼고 있다. 네트워크를 작동시키는 것은 "높은 수준의 신뢰와 상호존중, 그리고 이 그룹이 세월을 함께 하며 쌓아온 이해"라고 네트워크의 전략 디렉터인 데브라 에렌버그(Debra Erenberg)은 말한다. "자신의 살아있는 경험, 배경, 일, 세상을 보는 방식으로 인해 참여한 사람들 사이에는 아주 현실적인 차이가 존재한다. 하지만 사람들은 함께 모였고 공동의 목표에 동의했다. 사람들은 진심으로 서로의 관점을 듣고 서로에게서 배우기를 원하지만 항상 의견이 같지는 않다. 하지만 사람들은 서로를 존중하면서도 동의하지 않을 수 있으며 정말 특별한 방식으로 상황을 진전시킬 수 있다."[20]

네트워크가 발전하면서 참여자들은 네트워크의 전략, 우선순위, 활동에 관한 중요하고도 잠재적으로 논쟁의 여지가 있는 여러 가지 대화에 직면할 수 있다. 이 때가 참여자들이 서로에 대해 얼마나 신뢰를 가지고 있는지를 알아볼 수 있는 진실의 순간이다. 즉, 분노나 좌절뿐만 아니라 만족감과 기쁨도 조롱이나 집단의 보복을 두려워하지 않고 자유롭게 표현할 수 있는지가 관건이다.[21]

갈등을 진정시키며 피하지 않고 받아들일 수 있도록 하는 많은 도움되는 말들이 있다. 스튜어드십 네트워크의 창립자이자 대표인 리사 브러쉬는 "갈등 지혜(conflict wisdom)"란 표현을 사용한다.[22] 닛산 디자인 인터내셔널(Nissan Design International)의 창립자이자 대표인 제리 허쉬버그(Jerry Hirshberg)는 "창의적 마찰(creative abrasion)[23]"이란 말을 만들었고, 프리야 파커는 "좋은 논란(good controversy)"이란 용어를 사용한다. 이러한 말은 우리에게 "조화가 꼭 가장 좋은 것만은 아니며 이와 마찬가지로 모임에서 유일하다고 해서 모임에서 가장 가치있는 것도 아니다." 좋은 논란은 모임이 현재 놓인 상황을 넘어 앞으로 나가도록 이끌며, 창의적인 생각을 진전시키며, 네트워크가 자라게 한다. 좋은 논란을 포용하는 것은 쉽지 않다. 그것은 용기가 필요하다. "그러나 좋은 논란이 제대로 작동할 때, 상황은 명확해지고, 깔끔해진다. 그리고 헛소리에 대한 강력한 해독제가 된다."라고 파커는 말한다.[24]

존중과 정직함을 가지고 용기 있는 대화에 임하는 것은 네트워크에서 일하는 데 필수적인 요소다. 대화는 어렵다고 피하면 안 된다. 참여자가 도전적인 사안을 논의하기가 불가능하거나 안전함을 느끼지 못한다면 신뢰는 저해될 것이며, 의사결정은 지연되고, 네트워크는 어려움에 허우적댈 것이다. 작가이자, 시인이자, 활동가인 제임스 발드윈(James Baldwin)이 이해한 대로, "우리가 만나는 모든 것을 바꿀 수는 없다, 하지만 대면하지 않는 다면 아무것도 변화시킬 수 없다."[25]

## 집단 협약 정하기

용기 있는 대화에 참여하기 전, 기초 단계는 먼저 집단의 협약을 정하는 것이다. 신중하게만 만들어진다면 집단 협약은 모든 참여자들이 참여할 수 있는 환대의 공간을 만드는 밑거름이 된다.

협약을 구성하기에 앞서 참여자들에게 다음의 질문에 대한 의견을 묻는 것이 좋다. "이 그룹에 당신이 온전히 참여할 수 있기 위해서 당신이 이 집단에 소속된 사람들에게 요청할 것이 있다면 무엇인가?"[26] 먼저 개인 성찰 시간을 제공한 후, 참여자들에게 자신의 생각을 먼저 소그룹에서 공유하도록 하고 다음에는 전체 그룹에서 공유할 수 있도록 하라. 누군가는 "나누는 내용이 비밀로 유지될 것이라는 확신이 필요하다."라고 말할 수 있다. 이에 대응하는 집단의 협약는 "교훈은 가져가되, 세부사항은 남겨둔다."가 될 수 있다. 다른 사람은 장시간 앉아 있기 힘들고 휴식이 필요하다고 말할 수 있다. 이에 대응하는 그룹 합의는 "자기 돌봄(self-care)을 실천하자"가 될 수 있다.

민주적으로 조직하기를 위한 제메즈 원칙(Jemez Principles for Democratic Organizing),[27] 용감한 공간을 위한 대화 지침(conversation guidelines for brave spaces),[28] 거실 대화 규칙(Living Room Conversation agreements),[29] 서로 다른 문화 간 효과적인 대화를 위한 비전 주식회사의 지침(VISIONS, Inc.'s guidelines for effective cross-cultural dialogue)[30]과 같은 다양한 문화적 환경에서 잘 작동했던 집단을 위한 기존의 안내서들을 기반으로 집단 협약을 구성하는 것을 고려하라. 집단 협약사항이 있으면, 참여자들은 대개 새로운 관점을 제시하고, 서로의 의견에 반대하고, 좋은 의사결정을 위해 필요한 생산적 갈등에 참여하는 것을 더 편안하게 느낀다. 컨버지에서 좋아하는 ✖ 네트워크를 위한 집단 협약사항 목록은 컨버지 네트워크 툴킷에 있다.

집단의 협약이 잘 지켜지고 있는지 정기적으로 점검하고, 참여자들이 추가하고자 하는 집단 협약사항이 있는지 회고할 기회를 주는 것이 좋다. 예를 들어 모임이 시작되면 참여자들에게 집단 협약을 읽어보도록 하고, 그날 모임에서 자신이 적극적으로 수용해보고자 하는 하나를 고르도록 할 수도 있다. 이후 하루를 마무리하는 자리에 그 사람들을 초대해 집단 협약 사항을 따라보니 어떤지와 그 경험으로부터 앞으로 무엇을 지켜 나 갈지 사람들에게 공유하도록 할 수 있다. 유사한 방식으로 어떤 협약사 항이 특히 수용하기 좋을지 또 어떤 협약사항이 더 많은 주의를 기울여 야 할지에 대하여 전체적으로 회고하도록 네트워크를 유도할 수 있다.

### 사랑이 무슨 관련이 있나?

사랑은 사람이 사는 세상을 활기차고 건강하며 정의롭게 만드는 모든 것의 뿌리이다. 여기에서의 사랑은 낭만적 사랑이 아니라, 사람이 지구 와 자신, 친구, 지역사회에 대해 가질 수 있는 플라토닉하고 보편적인 사 랑을 말한다.

개인적인 차원에서, 사랑은 크고 넓은 이점을 가져올 수 있다. 임상심 리학자 바바라 프레드릭슨(Babara Fredrickosn)에 따르면, 사랑을 향하 는 것은 사람을 "더 유연하고, 다른 사람과 조화하며, 창의적이고, 현명 하게" 할 뿐만 아니라, 더 풍요롭게 한다.[31] 집단 차원에서, 사랑은 시스템 안에 내재되어 있는 동력을 재설계하는 힘을 가진다.[32] 사랑을 중심으로 한 집단적 태도는 서로 돌보는 재생적인 시스템을 만든다. 사랑은 모임 이 서로의 경험과 관점을 알아볼 수 있도록 모임이 열린 마음을 갖게 한 다. 사랑은 사람들이 자신의 결점을 포함하여 모임에 온전한 자신으로 참여하도록 한다. 사랑은 연결하고 변화시키는 능력을 가지고 있다.

반면에 두려움은 분리시키고 파괴시키는 힘을 가졌다. 두려움을 중심 으로 한 태도는 착취적이고 퇴행적 시스템을 만든다. 잘 모르는 것에 대 한 두려움은 가능한 한 많은 확실성과 통제를 확보하려는 경직된 규칙 과 절차를 만들도록 한다. 취약함에 대한 두려움은 사람들이 열린 마음 으로 소통하는 것을 막고, 자신을 벽 안에 가두어 새로운 가능성을 여는 친밀하고 때로는 어려운 대화에 참여하지 못하게 한다.

몇 년 전, 내가 캘리포니아주 프레즈노시에서 일할 때, 나는 사랑으로 인한 변화를 직접 경험하였다. 서로 잘 모르거나, 심지어 적으로 간주되었던 참여자들은 그들 간의 차이에도 불구하고 서로가 지역 사회에 가지는 깊은 사랑을 공유하고 있다는 것을 발견했다. 그들이 공유한 사랑은 서로를 대하는 방식의 기초가 되었다. 그들은 함께 웃고, 함께 울며, 서로를 돌보고, 공식적인 네트워크가 끝난 후에도 지속되는 강한 유대를 형성했다.

그렇다면 사랑이라는 단어를 사용하는 것조차 부끄러워하는 사람들 사이에서 우리는 어떻게 협력하는 공간에 사랑의 개념을 어떻게 스며들게 할까? 그 첫걸음은 힘과 특권을 인정하면서도 역사적으로 과소 평가되고 소외된 커뮤니티의 목소리를 중심에 두는 정의롭고, 형평성있으며, 다양하고, 포용적인 공간을 만드는 것이다. 스타스키 윌슨(Starsky Wilson) 목사는 정의는 사랑과 분리될 수 없다고 말한다. "우리가 정의롭게 산다는 것 자체가, 사랑을 말하고 있는 것이다…. 정의는 사랑을 공적으로 말한 것과 같다…. 정의는 우리가 만나고 봉사하는 사람을 사랑하는 구조적이며 체계적인 접근이다."[33]

사랑으로의 변화를 만드는 것은 공동의 목적의식을 명확히 하고, 의미 있는 신뢰 관계를 가꾸고, 이야기를 나누며, 차이를 존중하고, 서로 다른 재능을 경청하고, 배우고, 진실되게 감사하는 열린 마음을 기르는 것을 포함한다.[34] 이러한 실천 하나하나가 더 연결되고, 더 목적의식 있으며, 더 헌신하는 공간을 만들어 낸다. 시스템을 두려움의 방향에서 사랑의 방향으로 전환하면 전에는 상상하지 못했던 방식으로 결과적 역동을 변화시킬 것이다. 그 어디에 사랑이 관련이 있을까?[35] 지금까지 이야기한 대로다. 사랑은 그 모든 것이다.

8장

# 액션 조율하기

한 사람에게 일어나는 일은 우리 모두에게 일어날 수 있다.
우리는 함께 굶주릴 수도, 함께 풍요를 누릴 수도 있다.
모든 번영은 서로에게서 비롯된다.

로빈 월 키머러(Robin Wall Kimmerer),
「향모를 땋으며(Braiding Sweetgrass)」

———————

    사람들은 종종 자신이 시도해보지 못한 대담한 새로운 아이디어에서 영감을 받는다. 모든 변화를 가져올 달탐사 계획[*]에 대한 투자처럼 말이다. 결국 임팩트 네트워크가 처음 생겨나는 이유는 거대한 변화를 위해서이다. 하지만 대규모 변화를 만드는 과정은 빠르거나 쉬운 일이 아니다. 이는 보통 현 상황과 우리가 원하는 것을 이해하고, 우리가 어떻게 함께 다른 것을 만들어 나갈지를 이해하는 느린 활동과정에 참여하는

---

[*]   역자주: 대단히 야심차고, 혁신적인 계획

것을 의미한다. 의견 불일치와 장애물을 무릅쓰고서라도 계속해 나가며, 변하지 않는 마음가짐과, 구조, 그리고 관습을 바꾸는 노력에 대한 막대한 시간과 에너지, 신뢰하는 관계가 필요할 수 있다.

사람들은 자주 시스템을 변화시키고자 하는 야심찬 계획에 즉시 뛰어들고 싶어 한다. "행동하고자" 하는 열망으로, 사람들은 이미 추진 중에 있는 일에 기반하지 않고 새로운 프로젝트에 착수한다. 그러다가 필연적인 도전과제나 실패에 맞닥뜨렸을 때, 의기소침해지고 네트워크에 대한 열정은 옅어진다. 이러한 일이 일어나면, 사람들은 자신이 네트워크에 쏟았던 시간이 가치가 있는지 의구심을 품게 될 수 있으며, 그 중 많은 사람들은 더 이상 네트워크에 참여하지 않는 것을 선택할 것이다. 결과적으로 네트워크의 전체 잠재력은 무르익기도 전에 사라진다.

우리는 다른 접근을 추천한다. 실행에 옮기기에 막대한 자원을 필요로 하는 거대하고 새로운 협력을 시작하기 전에, 먼저 사람들이 이미 하고 있는 일에 대한 서로의 이해를 같이 하도록 하고 이미 추진 중에 있는 일을 기반으로 시작하는 것이다. 즉 액션 네트워크를 형성하고자 하는 야망을 갖고 있다고 하더라도, 강력한 학습 네트워크를 가꾸는 것부터 시작하라. 결국 학습 네트워크의 질은 액션 네트워크의 기반이기도 하다.

학습 네트워크 및 다른 모든 액션 네트워크를 발전시키는 핵심은 참여자들 사이의 정보의 흐름을 가속화시키고, 상호호혜의 문화를 가꾸는 것이다. 그렇게 함으로써 사람들은 자신의 액션을 다른 사람과 조율하기 시작한다. 좋은 방법을 공유하고, 불필요한 중복을 줄이고, 네트워크의 즉각적인 가치를 보여주는 빠른 성공을 구하는 것이다.

# 흐름 가속화하기

네트워크의 힘은 그들을 연결하는 연결의 강도에 달려 있으며, 연결은 그 연결 안에서 흐르는 것에 따라 그 가치가 결정된다.[1] 예를 들어, 전기 시설망은 그것을 통해 전류가 의도했던 목적지로 흐를 때에만 유용하다. 인터넷은 라우터와 라우터 사이에 데이터가 전송될 때에만 제대로 기능한다고 이야기한다. 임팩트 네트워크에서도 마찬가지이다. 가장 효과적인 네트워크는 사람과 사람 사이에 정보와 자원이 꾸준하게 흐르는 네트워크이다.

특히 강력한 정보의 흐름은 네트워크의 다른 여러 필수적인 능력을 발휘하게 한다. "시스템상에서 발생하는 문제 대부분은 정보가 편향되거나, 늦거나, 누락되기 때문이다."라고 **ESG와 세상을 읽는 시스템 법칙**(Thinking in Systems)을 쓴 도넬라 메도즈(Donella Meadows)는 이야기한다. "정보는 시스템을 유지한다."[2] 정보 교류의 활성화는 더 큰 자원과 전문 지식이 시스템상에서 공유될 수 있음을 의미한다. 좋은 방법이 널리 공유되면서 배움이 늘어나고, 사람들이 다른 사람들이 하는 일을 따라 배우면서 불필요한 중복이 줄어든다. 소통 내용은 더 큰 일관성 을 가지게 되고, 액션은 상호보완적으로 강화되기 시작하며, 결과적으로 전체 시스템이 더 조율되고 응집된다.

일단 사람들이 공동의 목적을 식별하고 신뢰를 쌓으면, 사람들은 서로의 활동을 적극적으로 돕고자 한다. 그러나 이는 서로 무슨 일을 하는지, 어떻게 그 일을 도울 수 있을지 알 경우에만 해당된다. 네트워크 리더에게 가장 중요한 역량 중 하나는 참여자 간의 정보의 흐름을 가능하게 하고 가속화하는 것이다. 이는 특히 코디네이터에게 중요하며 이장 후반부에 더 상세히 그 역할을 기술하겠다.

### 정보가 흘러 들어오고, 나가며, 널리 퍼지도록 하기

임팩트 네트워크는 3가지 주요한 방법으로 정보의 흐름을 가속화할 수 있다. 이는 네트워크 내부로부터뿐만 아니라, 외부에서 정보를 가져옴으로써, 정보에 관심있는 참여자와 다른 사람들을 위해 정보를 조직하고 전달하며, 참여자들이 네트워크에서 서로에게 정보를 쉽게 공유함으로써 가능하다.

화재 적응 공동체 학습 네트워크(FAC Net)는 미국 전역에서 화재 적응과 관련한 적절한 방법을 강화하기 위해 지역사회와 조직사이의 정보 교환을 가속화하는 다양한 전략을 발전시켜 왔다. 네트워크는 학습 모임을 조직하고, 자원을 조직하고 생성하며, 150명 회원당 한 명의 담당자를 두어 참여하도록 하는 소통 체계를 운영한다.

2020년 화재 지역을 황폐화시켰던 자연발화 기간 동안 이러한 노력은 결실을 맺었다. "자연발화의 위기상황을 극복하는 것은 즉각적으로 정보를 공유하는 관계 및 능력과 닿아 있었다."고 네트워크 코디네이터 중 한 사람인 에밀리 트로이시(Emily Troisi)는 회고한다. "사람들은 필요사항과 기부 기회, 외부 자원과의 연결을 공유하기 위해 FAC Net의 소통시스템을 활용했습니다. 모든 사람이 서로에게 '저, 여기 있습니다. 제가 당신을 어떻게 도울 수 있을지 알려주세요.'라고 문자메시지, 전화, 이메일을 보냈습니다."[3] FAC Net이 2013년 발족하고 활동한 덕분에, 이전에는 분절되었던 현장이 이제는 활동적인 학습 생태계가 되었다.

정보가 풍부한 생태계를 가지고 있는 네트워크의 또 하나의 사례는 1장에 소개했던 여성을 위한 다목적 예방 기술(MPT)을 발전시키는 데 집중하는 IMPT(다목적 예방 기술 이니셔티브)이다. IMPT는 코디네이터들이 네트워크 안팎과 네트워크에서의 정보 흐름을 가속화시키는 데 사용할 수 있는 특별한 방법을 개발해왔다. 이는 아래에 더 자세히 기술되어 있다.

## 정보 들여오기

정보를 네트워크 안으로 수집하는 과정은 참여자들뿐만 아니라 외부로부터 관련된 자원과 데이터를 수집하는 명확하고 꾸준한 실천에서 시작한다. 그렇게 모인 정보는 이제 자산 지도(asset map), 검색 가능한 목록 및 온라인 데이터베이스와 같은 도구를 통해 참여자들이 직접 정리하고 사용할 수 있도록 한다. 예를 들어 상호 반응형 자산 지도는 구성원들에게 네트워크에서 가능한 자원, 전문 영역, 지리적 위치를 파악하도록 하는 손쉬운 방법을 제시한다. 또한 참여자가 즉시 서로 연결되도록 하여 자신이 알게 된 것을 기반으로 끝까지 해볼 수 있도록 도움을 준다. 네트워크 목록으로도 기능하는 ✂ 자산 지도를 구성하는 것(Building an Asset Map)에 대한 구체적인 방법은 컨버지 네트워크 툴킷에 있다.

특히 IMPT는 온라인 자료 센터를 통해 구성원으로부터 정보를 모은다. 자료 센터는 네트워크를 넘어서 네트워크의 목적과 관련된 논문, 발표자료, 행사, 및 재정지원 기회를 포함한 광범위한 자료를 수집한다. 네트워크 코디네이터들은 참여자들로부터 모은 자료를 정리하는 것을 지원하여 자료가 최신상태를 유지하도록 하고, 자료검색이 용이하도록 한다. 코디네이터들은 또한 구성원뿐만 아니라 더 광범위한 현장에서 정보를 수집하기 위하여 컨퍼런스에 참여하고 단체 메시지와 알림을 구독하며, 개발 중에 있는 모든 여성을 위한 다목적 예방 기술(MPT) 제품을 추적한다.

## 정보 내보내기

정보가 수집되면, 정보는 웨비나(webinars), 전화, 이메일 또는 기타 배포수단을 통해서 참여자들에게 재전송된다. 엄선된 온라인 뉴스레터는 참여자들에게 지금 네트워크에서 일어나고 있는 일의 폭넓은 개요를 몇 분만에 효과적으로 제공할 수 있다.

해당 분야와 관련한 전체 정보를 포함한 월간 뉴스레터에 더하여, IMPT는 정기 웨비나를 열고 컨퍼런스를 통해 발제하며, 참여자들이 자신의 활동을 공유하고 질문에 응답할 기회를 제공한다. 네트워크(IMPT)는 또한 웹사이트 theimpt.org를 운영하여 대중에게 다목적 예방 기술에 대한 정보를 제공한다.

## 정보 널리 퍼지도록 하기

임팩트 네트워크는 또한 참여자들이 서로 직접적으로 연결되어 자신들 사이에 정보가 자유롭게 흐르도록 하고, 중앙 허브의 병목현상을 막기 위해 참여자들에게 다양한 소통채널을 제공한다. 대부분의 네트워크는 구성원들이 자원, 기회 및 요청사항을 공유할 수 있는 온라인 소통 시스템을 만든다. 학습에 대한 피드백(환류) 체계를 만들기 위하여 사람들이 하고 있는 일과 관련하여 실시간 학습내용 공유가 가능한 네트워크 차원의 간단한 방식을 만드는 것 또한 좋은 방법이다.

IMPT는 서로 알고 있어야 하지만 아직 서로 모르는 사람 및 조직 사이에 연결을 만듦으로써 여성을 위한 다목적 예방 기술(MPT) 분야 전체에 정보의 흐름을 가능하게 한다. 누가 상호보완적 연구를 수행하고 있는지 찾아 서로에게 서로를 공식적으로 소개하고 난 뒤, 첫 번째 전화 일정을 잡는 것까지 돕는 방식이다. 코디네이터들은 또한 작은 워크샵부터 큰 컨퍼런스에 이르는 다양한 규모의 회의를 조직하고, 정기적으로 재원 조달자들로 구성된 협력적 그룹을 전체 소집하여 재원 조달 수요의 우선순위를 정하고 재원 조달의 간극을 줄이도록 한다.

## 네트워크 조율하기

정보를 공유하고, 학습한 내용을 담고, 액션을 조율하는 네트워크의 능력을 발전시키는 데 특화된 사람을 네트워크 코디네이터라고 부른다. 코디네이터는 임팩트 네트워크가 활동을 오랜 시간 지속할 수 있도록 하는 데 필요한 운영상의 지원을 제공한다. 코디네이터에게는 특히 4가지 주요 책임이 있다.

---

- 네트워크가 궤도 위에 있도록 하기
- 네트워크 운영을 수립하고 유지하기
- 지식 관리하기
- 네트워크 팀 지원하기

각각의 책임은 아래 간단히 요약되어 있다.

### 네트워크가 궤도 위에 있도록 하기

코디네이터는 네트워크의 중심에서 모든 것을 연결하는 중요한 역할을 한다. 예를 들어 설명하면, 코디네이터를 항공 교통 관제사로 비유할 수 있다. 항공 교통 관제사는 특정 공역 내에서 모든 비행기의 흐름을 파악하고 이해한다. 관제사는 직접 비행기를 조종하지는 않지만 각 항공기가 목적지에 도착할 수 있도록 도움을 준다. 그들은 파일럿과 정기적으로 소통하여 그들의 계획과 필요를 이해하고, 그렇게 얻은 정보를 바탕으로 전체 시스템을 안내한다.

이와 유사하게, 코디네이터는 네트워크에서 일어나는 거의 모든 일의 움직임을 주시한다. 이들은 여러 부분을 하나로 통합하는 역할을 한다. 코디네이터는 그들의 독특한 위치 덕분에 새롭게 떠오르는 사안을 식별하며 구성하고, 회의 안건을 수집하며, 모임 소집과 연락의 기획을 돕는 데 최적화되어 있다. 10장에 나와있는 것과 같이 평가 과정을 내재화하는 것은 코디네이터가 네트워크의 발전을 추적하고 새로 나타나는 필요와 기회를 파악하도록 한다.

## 네트워크 운영을 수립하고 유지하기

코디네이터는 네트워크의 온라인 시스템을 설정하고 유지하는 데 중요한 역할을 한다(더 자세한 사항은 후에 설명하겠다). 또한 구성원을 전체 소집하고 기타 행사를 하는 데에 필요한 실무를 안내하고 네트워크의 재정을 점검하며, 평가 활동을 운영하는 데 중요한 역할을 한다. 코디네이터가 직접 회계장부를 정리하거나 평가를 이끌지 않을 지라도 코디네이터는 이러한 과제가 이 일을 제대로 아는 사람에 의해 수행될 수 있도록 하며, 중요한 정보가 참여자들에게 반드시 전달되도록 한다.

## 지식 관리하기

코디네이터는 네트워크 사업으로부터 자료와 학습내용을 수집하고 이를 정리하여 나중에 쉽게 정보에 접근할 수 있도록 하는 지식운영자 역할을 한다. 코디네이터는 또한 뉴스레터 및 기타 수단을 통해 이러한 정보를 엄선하여 참여자들과 공유한다. 코디네이터는 사람들이 네트워크 활동을 발전시키기 위해 이전에 있었던 활동에 기반하여 일하면서 필요한 정보를 확보할 수 있게끔 한다.

## 네트워크 팀 지원하기

네트워크가 발전함에 따라 코디네이터는 코어팀, 프로젝트팀, 학습모임 등 다양한 네트워크 팀을 지원할 수 있다(이러한 팀의 구분은 3장에 소개되어 있으며, 10장에 더 자세하게 나와 있다). 예를 들어 코디네이터는 팀에게 지적 동반자 역할을 하거나 일정 조율을 돕고, 회의 장소를 확보하는 등의 지원을 제공할 수 있다.

하지만 코디네이터가 네트워크 팀의 귀중한 자산이 될 수 있다는 점이, 이들이 네트워크의 프로젝트 작업을 반드시 수행해야 한다는 의미는 아니다. 연구에 따르면 코디네이터가 자신을 네트워크의 액션을 수행할 핵심 책임자로 인지하는 경우 그 네트워크는 가장 낮은 수준의 실행 결과를 나타냈다.[4]

코디네이터는 네트워크의 작업을 직접 수행하기보다, 네트워크의 목적과 원칙에 맞춰 네트워크 구성원들 각자가 **자신이 하기 원하는 것**을 하는 것이 가능하도록 하는 조건을 만드는데 중점을 두어야 한다.

## 임팩트 네트워크를 위한 기술도구

대부분의 임팩트 네트워크는 일을 추진하는 데 있어 서면을 통한 소통, 음성이나 비디오 컨퍼런스, 투표, 집단 의사결정, 기획과 화이트보드에 쓰기, 협력적 문서와 스프레드시트 작성, 파일공유, 일정 관리뿐만 아니라 자산 맵핑(mapping, 지도화), 사회네트워크분석(SNA)과 같은 간단하고 효과적인 소프트웨어 도구 모음에 도움을 받을 것이다. 적절한 도구의 사용은 네트워크 내부가 서로 연결되어 있도록 하고, 구성원이 자기 주도적으로 참여하도록 하는 네트워크의 능력을 극적으로 강화시킬 수 있다. 잘못된 도구를 고른다면, 가파른 학습곡선이 멈추고 기술문제에 가로막힐 것이다. 기술은 항상 변화하기에 이 책에서 특정 도구를 공유하기보다, 우리가 좋아하는 온라인 도구는 지속적으로 관리하는 웹사이트에 모아 두었다. 컨버지 네트워크 툴킷의 임팩트 네트워크를 위한 기술도구(Tech Tooles for Impact Networks)를 참고하라.

당신이 선택한 특정 도구가 무엇이든, 사용하기가 쉬운지 확인하라. 네트워크는 각 도구마다의 특정 사용법을 명확히 이해해야 한다. 도구는 사람들이 그것을 사용할 때에만 가치가 있으며 사람들은 이유 없이 다른 도구로 바꾸고자 하지 않을 것이다.

새로운 도구의 사용에 대해 참여자가 동시에 적응할 수 있도록 하는 시간을 갖는 것이 중요하다. 우리는 네트워크에 새로운 기술도구를 소개할 때마다 회의 소집이나 네트워크 연락시간에 몇 분을 할애하여 그 도구의 사용법과 어떤 용도로 도구를 사용하면 좋을 지를 설명하고 도구의 기본 기능을 보여준다. 또한 가능한 경우 우리는 참여자들이 직접 도구를 사용해 보는 약간의 시간을 갖도록 한다.

네트워크 코디네이터가 상대적으로 최신 기술에 능하다면 특정 도구에 익숙하지 않은 사람들에게는 세부사항을 짚어가며 사람들이 편안함을 느낄 때까지 돕는 것이 좋다. 우리는 또한 주어진 도구에 편안함을 느끼는 사람들과 이를 배울 필요가 있는 사람들을 연결하여 네트워크 구성원들이 기술 파트너를 이루도록 권장한다. 이러한 방식으로 한 사람이 전체 네트워크에 기술지원을 제공하도록 책임지우기보다 참여자들이 서로 도우며 연결될 수 있다.

# 호혜적 관계 실천하기

　사람들이 네트워크에 참여하는 이유는 자신이 네트워크에 기여할 수 있을 것이라 느끼고, 자신이 혼자서는 할 수 없는 일을 네트워크가 도울 것이라고 생각하기 때문이다. 하지만 참가자들이 해당 사안에 아무리 관심이 많더라도, 참여자 혼자의 이타적인 헌신만으로는 네트워크를 지속적으로 유지하기 어렵다. 네트워크는 구성원의 참여를 지속할 수 있도록 개인적, 조직적 우선순위에 부응해야 할 필요가 있다. 이는 개인의 관심사와 공동의 관심사 사이의 역동적 긴장을 반영한다.

　의도적으로 액션을 조율하는 시간을 갖는 것은 참여자 자신의 관심사와 관련된 활동을 하는 좋은 방법이다. 연락이나, 전체 소집에서 여유를 마련해 사람들이 긴급한 필요를 공유하도록 하고, 그 일을 도와줄 수 있을지도 모르는 다른 사람을 연결하도록 함으로써 개인의 관심사에 기여할 수 있다. 우리는 이러한 활동을 신속한 조율(Rapid Coordination)이라고 부르며, 이러한 조율은 우리가 이끄는 거의 모든 네트워크 전체 소집에 포함시키고 있다. 이 활동은 한 명씩 자신이 요청하고자 하는 도움이나 자신이 다른 사람들과 함께 시도해 보고 싶은 가능성 있는 협력을 짧게 공유하도록 요청하면서 시작한다. 첫 번째 사람이 참여자들에게 필요한 것을 공유하고 나면, (정보를 공유하거나, 후속 대화를 갖거나, 자원을 제공하는 방식으로) 그 일을 도울 수 있을 것이라고 생각하는 참여자가 손을 들도록 하는 것이다. 모든 참여자들이 제안을 해 볼 기회가 주어질 때까지 이 과정은 계속된다.

　우리가 이 활동을 진행하면서, 우리는 집단에게 이 시간은 대화를 여는 시간이 아니라 연결을 만드는 시간이니, 빠르게 움직이면서 한 사람당 많아야 30초 이상 쓰지 않도록 하라고 이야기한다. 네트워크 형성 초기에 진행될 경우, 이 활동은 참여자들에게 참여를 통해 얻을 수 있는 첫 번째 눈에 보이는 직접적인 혜택을 제공할 수 있으며, 나아가 자신이 현재 하고 있는 일을 진전시키기 위해 네트워크가 제공할 수 있는 큰 가치를 보여준다. 신속한 조율(Rapid Coordination)을 이끄는 전체 안내서는 ✿ 컨버지 네트워크 툴킷을 방문하라.

충분히 일관성을 가지고 진행한다면, 이 활동은 네트워크 내 호혜성을 형성하는 데 도움이 된다. 호혜성이 다른 사람과 가치를 교환하는 실천이라면, 일상화된 호혜성은 네트워크에서 가치를 교환하는 실제이다. 일상화된 호혜성을 실천하는 사람은 자신의 재능을 즉각적인 보상에 대한 기대 없이 나눈다. 참여자들은 언제, 어떻게인지는 확실하지 않을지라도, 자신의 행동이 결국 네트워크 내에 다른 사람으로부터 어떠한 방식으로든 화답을 받을 것이라는 신뢰감을 가지고 자신의 것을 나눈다.

일상화된 호혜성이 네트워크 전체에 지속적인 관행이 된다면 참여자들은 서로 가진 것을 좋은 의도로 주고받을 수 있다. 이는 차례로 선순환을 만들어 낸다. 가진 것을 주는 것은 신뢰를 쌓고, 신뢰는 가진 것을 주는 것을 가능하게 한다. 이러한 실천은 또한 참여자들 사이에 깊은 소속감을 낳는다. 우리는 우리 자신 보다 더 큰 무언가에 기여하고 싶다면 우리가 가진 것을 나눌 필요가 있다. 서로 가진 것을 공유하고 받는 꾸준한 기회를 갖는 것은 사람들이 지속적으로 참여하도록 하는 큰 이유가 된다.

# 위기에 응답하기

 강력한 소통 기반구조와 함께 호혜성의 문화를 가지면, 네트워크는 효과적으로 혼돈의 상황에 대응할 수 있게 된다. 서론에서 설명하였듯, 혼돈의 상황은 빠르게 진화하고 격변하며, 정확히 예측될 수도 제어될 수도 없다. 위기의 순간에 직면했을 때, 가장 필요한 것은 즉각적으로 응대하는 것이다. 즉, 빠르게 액션을 조율하고, 가장 필요한 곳에 자원을 배분하는 것이다. 네트워크는 그 일을 하도록 고유한 위치를 점하고 있다.

 코로나19 펜데믹이 강타했을 때, 캔서 프리 이코노미 네트워크(Cancer Free Economy Network, 암 없는 경제 네트워크, CFEN)는 네트워크 회원을 지원하고자 즉각적인 행동을 취했다. 회원 조직은 소기업 급여보장 프로그램*대출과 다른 형태의 정부 지원금 신청 과정을 돕기 위해 서로의 직원 노동 시간을 할애했다. 코디네이터들은 어떻게 하면 회원 조직이 함께 일하는 많은 공공보건 전문가와 노동자 안전 훈련 전문가를 보호하는 데 도움이 될 수 있는지에 대한 필수 정보를 공유하는 토론과 웨비나를 주도했다. 네트워크 소속인 공공보건 전문가는 가능한 한 과학에 기반한 정보를 공유하여, 회원들이 그 정보를 자신들이 지원하는 위기에 처한 지역사회나 일선의 노동자들에게 공유할 수 있도록 했다. 또한 CFEN이 조직한 긴급 대응 기금은 신속하게 25만 달러를 회원 조직들에게 배분하여 후원금 모금 행사 취소로 인한 손실을 보충하고 가상 운영과 서비스로 전환을 지원하며, 코로나19로 인해 재정적 어려움에 처한 최전선 근로자와 지역사회를 직접 지원할 수 있도록 도왔

---

\* 역자주: SBA Paycheck Protection Program, 미국의 소규모 기업을 지원하기 위해 제공되는 정부 프로그램으로, 코로나19 팬네믹으로 인한 경제적 어려움을 겪는 기업들에게 급여와 관련된 비용을 지원함.

다.[5] 네트워크에 대한 신뢰와 조정 창구가 이미 잘 구축된 덕에 CFEN 은 회원과 회원이 활동 대상으로 하는 사람들에게 빠르고 효과적인 지 원을 제공할 수 있었다.[6]

빠른 액션 조율의 중요함은 2020년 자연화재가 일어났을 때 산타크 루즈 산맥 지역의 사례에서 극명하게 드러난다. CZU 번개 복합 자연화 재(CZU Lightning Complex wildfire)는 진압에 한 달 이상이 걸렸으며, 그 기간 동안 산 마테오와 산타크루즈 지역에서 86,000에이커를 태웠 다.[7] 불길이 맹위를 떨치면서, 산타크루즈 지역의 숲이 산 마테오 지역 보다 더 큰 화재 피해를 입었다. 이러한 차이로, 산마테오 자원보전 구 역(RCD)은 약간의 작업 여유가 있었다. RCD는 보통 관할구역 내에서만 역할하지만 그 즉시 지역 경계를 넘어 직원을 파견하여 산타크루즈의 화재 후 회복 작업을 지원하도록 했다. 그 경험을 회상하면서 산 마테오 RCD의 대표이사이자 산타크루즈 산맥 보호관리 네트워크(SCMSN)의 창립 멤버인 켈릭스 넬슨(Kellyx Nelson)은 말했다. "카운티 관할지역 경계문제는 나중에 해결할 것이고, 일단 방법을 찾아보자고 생각했다."

한편, SCMSN의 또 다른 조직 회원인 산타크루즈 RCD는 화재에 대 응하기에 너무 바쁜 나머지 자신의 활동을 위한 자원을 모을 여력이 없 었다. 이를 돕기 위해 산마테오는 USDA 자연자원 보전 서비스로부터 받는 기금의 80%을 산타크루즈에 넘겼다. 그 기금이 상환될 것이라는 보장은 없었다. "네트워크가 제공한 관계와 환경이 없었더라면 일어나 지 않았을 일이다."라고 넬슨이 이야기한다. "네트워크는 우리 모두가 왜 전체 지형을 조망하면서 작업해야 하고, 경계와 섹터를 넘어서 협력해 야 하는지를 생각하게 만들었다. 또한 투자에 대한 즉각적인 보상이 없 더라도 그것이 모두에게 이로운 이유를 깨닫게 했다."라고 회상했다. 그 는 이어 "우리는 왜 그 일이 안 될지를 고민하는 대신, 어떻게 하면 일이

되도록 할지를 계속해서 모색했다."라고 덧붙였다.[8]

임팩트 네트워크의 가장 가치 있는 특성 중 하나는 네트워크의 공식적인 운명이 다하더라도 네트워크의 장점 중 많은 부분이 지속되는 경향이 있다는 점이다. 네트워크에 참여함으로써 참여자들은 자신이 일부분으로 존재하는 전체 시스템의 상호 연결성에 대한 더 큰 이해를 발전시키고, 다른 사람의 필요에 대한 더 깊은 이해와 감사를 갖게 된다. 지속적인 참여가 없더라도 그러한 변화는 유지될 가능성이 높다. 이처럼 관계는 희미해질 수는 있으나, 사람들을 함께 모았던 신뢰의 기반은 절대로 완전히 사라지지 않는다. 결과적으로 네트워크에 참여했던 사람들은 정보나, 조언, 미래의 지원을 위해 계속 서로에게 연락하고 지내며, 자원은 네트워크가 있기 전보다 지속적으로 더 자유롭게 흐를 것이다. 우리 사회 시스템의 구조를 강화함으로써 우리는 더욱 변화에 유연하고 긴급한 필요가 있는 시기에 더 능숙하게 대응 할 수 있게 된다.

# 9장

# 시스템 변화를 위해 협력하기

보건에서든, 교육에서든,

기후변화에서든, 빈곤에서 빠져나오는 길을 만드는 것이든,

시스템을 작동하도록 만드는 것이 우리 세대의 가장 큰 과제이다.

아툴 가완디(Atul Gawande), "우리가 어떻게 의학을 치료할 수 있을까?

(How Do We Heal Medicine?)", TED 2012 강연

---

우리가 직면하고 있는 시스템적 문제들은 여러 각도에서 동시에 문제를 해결하는 체계적인 접근을 필요로 한다. 이는 개별 리더, 프로그램, 또는 조직의 일을 단지 규모화 하는 것만으로는 충분하지 않다. 우리가 필요로 하는 속도로 변화를 만드는 것은 전 지구적으로 새로운 차원의 협력이 필요하다.

**시스템 변화**는 긍정적인 사회적, 환경적 결과를 위하여 우리에게 주어진 시스템에서의 구조, 관계, 정책, 힘의 역학관계, 서사, 그리고 규범

을 개선하고 변화시키는 과정이다. 시스템은 상호 작용하거나, 상호의존적인 요소의 집합으로, 이 요소들이 모여 하나된 전체를 형성한다.[1] 시스템은 중첩될 수 있다. 예를 들어, 보건과 주거 사이의 상관성처럼 말이다. 그리고 시스템은 다른 시스템 안에 존재할 수 있다. 교실은 학교 안에 있고, 학교는 학군 안에 있으며, 이는 주(州) 전체의 교육 시스템 안에 존재한다.

**우리는 누가 되기로 선택하는가?**(Who Do We Choose to Be?)에서 마가렛 위틀리(Margaret Wheatley)는 기본적으로 대규모의 전세계적 시스템 변화는 포기했다고 말한다. 우리가 마주한 사안의 규모와 복잡성은 압도적이며, 체인지메이커들은 소진되고 있다. 때문에 위틀리는 그녀의 희망을 재구성 했다. 우리도 마찬가지다. 위틀리는 "온전한 정신의 섬(islands of sanity)\*이라 부를 수 있는 공간을 만들어 내고자 했다. 새로운 것을 창조해 내고, 관계를 만들고, 지속하는 인간 최고의 자질을 불러일으키고, 이러한 자질을 믿는 공간"으로서 말이다.[2] 온전한 정신의 섬이라는 말 대신에 나는 그러한 공간을 가능성의 주머니(pockets of possibility)라고 생각하고 싶다. 이 가능성의 주머니는 사람들이 희망찬 미래를 위한 씨앗을 심으러 모이는 전세계 모든 곳을 의미한다.

우리는 전체 시스템을 한 번에 바꿀 수는 없을지 몰라도 지역적으로 긍정적인 변화를 만들어낼 수 있다. 그리고 그러한 지역적 변화들이 네트워크를 통해 연결되고, 조율되고, 서로 배워가며, 강화될 때, 변화는 점점 더 큰 규모에서 일어날 수 있다.

---

\* 역자주: 은유적인 표현. 어려운 상황에서 안정된 공간, 온전한 정신을 유지할 수 있는 독립된 공간, 경계가 명확한 공간, 다른 다양성을 가진 다른 섬들과 연결될 수 있음을 시사하는 표현으로서 온전한 정신의 섬이라는 표현을 씀. 여기서 섬은 위의 활동이 가능하게 하는 물리적 공간일 수도, 정신적 공간일 수도 있음. (참조: ① Islands of Sanity Amidst a Sea of Chaos, 2020, Rev. Daniel A. Smith, ② Islands of Sanity, 2019, Christine Heming)

# 시스템 이해하기

어떤 복잡한 시스템이라도, 그 안에는 우리가 매일 마주하는 현상(뉴스를 장식하고 우리의 주의를 빼앗는 사건과 위기)을 만들어내는 구조, 규범, 믿음이 있다. 대부분 이러한 현상의 근본적 문제는 구조적 인종차별, 성차별과 여타 억압적인 힘의 관계와 밀접하게 얽혀 있다. 그러므로 시스템 변화를 만들어 내기 위한 노력은 "이러한 구조를 만들고 그것을 번성하게 한 기저에 있는 힘의 역학관계, 서사, 역사를 변화시키기 위함"을 목적으로 하는 것이 중요하다고 사회 변화 모임인 체인지 엘리멘탈(Change Elemental)은 말한다.[3] 그렇지 않으면, 그저 현재 존재하는 불평등을 강화하거나, 또 다른 형태의 불평등으로 모양만 바꾸게 된다.

바꾸고자 하는 시스템에 대해 이해하려는 의도적 과정이 없다면, 네트워크는 의도치 않게 가장 눈에 띄는 증상에만 집중하게 되어 그 증상을 일으키는 원인의 중요한 세부사항을 놓칠 수 있다. 그러기에 시스템 전체에 걸친 변화를 만드는 필수 단계는 시스템의 행동 양상을 추동하는 근본 원인뿐만 아니라, 과거, 현재, 그리고 가능성 있는 미래의 시스템 상태에 대해 깊고 세밀하며 의미 있는 이해를 발전시켜 나가는 것이다.[4]

이는 다양한 관점을 드러내는 것, 관련된 활동가와 조직에 대한 더 넓은 이해를 발전시키는 것, 외부의 트렌드와 작용하는 힘을 조사하는 것을 포함한다. 또한 지역의 맥락을 고려하고 장소나 시스템의 역사를 학습하며 정치와 힘의 역학관계를 분별해 내고, 기정사실화된 가정의 진상을 밝혀보는 것을 포함한다. 그 과정에서 많은 질문과 대답이 나오며 패턴이 드러난다. 그와 관련해서 활동하는 사람들과 그에 작용하는 힘 그리고 흐름을 알게 된다. 참여자들은 각자 자신의 퍼즐 한 조각씩 공유하면서 전체 큰 그림이 눈에 들어오게 되며, 변화를 만들기 위한 새로운 연결과 기회를 조망하게 된다.

수많은 다양한 기술은 집단이 과거, 현재, 그리고 가능성 있는 미래의 시스템 상태에 대한 공동의 이해를 발전시키는 데 도움이 될 수 있다.[5] 예를 들어, 역사적 연대표를 만드는 것은 거대한 영향을 끼쳤던 요인과 사건을 수면 위로 드러내는 데 도움이 된다. 시스템 맵핑도 목표한 액션을 통해 대형 임팩트를 만들어 낼 수 있는 중요한 레버리지 지점(지레점)을 드러내줄 수 있다. 또한 시나리오 계획은 특정 트렌드와 불확실성이 어떻게 작용할지 탐구해 봄으로써 가능한 미래를 상상하게 한다. 역사적 연대표 구성, 시스템 맵핑, 미래 시나리오 탐구(Constructing a Historical Timeline, Mapping the System, and Exploring Future Scenarios)를 위한 퍼실리테이션 지침은 ✂ 컨버지 네트워크 툴킷에서 찾아볼 수 있다.

당신이 어떤 기술을 사용하든지, 훌륭한 프로세스(과정)는 그 사안에 직접적으로 관련 있는 사람들을 함께 모으며, 다양한 의견을 듣도록 만든다. 미국 내 6개 주에서 지역 먹거리 시스템을 변혁하고자 하는 액션 네트워크인 푸드 솔루션 뉴잉글랜드(Food Solutions New England)의 사례를 생각해 보자. 네트워크의 초기 형성 과정에서 구성원들은 먹거리와 인종 문제가 얼마나 긴밀히 엮여 있는지 알게 되었고, 네트워크의 활동에 인종적 평등을 중심에 둘 필요성을 인식했다.[6] 이러한 이해를 통해 구성원들은 시스템에 대해 이해하는 과정은 회의 테이블에서 목소리를 내는 다양성(또는 다양성의 부족)에 크게 영향을 받는다는 사실을 깨닫게 되었다.

한동안 뉴잉글랜드 지역의 먹거리 시스템에 영향을 주는 요인을 드러내고, 그에 대해 활동하는 사람과 조직 사이의 관계를 식별하는 시스템 지도를 만들고자 하는 욕구가 네트워크 내에 있었다. 그러나 네트워크는 시스템을 맵핑하기 전에 유색인종, 청년, 먹거리 사슬내에서 일하는 노동자를 포함한 소외된 집단의 사람들이 더 참여하기까지 기다리자는 결정을 했다. 그렇지 않은 경우, 중요한 관점을 놓칠 것이며, 결과로 나온 지도는 위험천만하게 불완전할 것이었다.

결과적으로 네트워크에서 다양성을 강화하여 생성한 시스템 지도는 지역 식품 시스템이 실제로 어떻게 작동하는지에 대한 미묘한 역학관계를 포착하여 지도에 더욱 포괄적으로 담아낼 수 있었다. 그 결과 최종 완성된 지도는 참여자가 자신의 개별 조직의 미션만을 고집하기보다 시스템 전체 차원에서 바라볼 수 있도록 하는 데 가치가 있다는 것이 입증되었다. 또한 이 과정에서 네트워크는 공동 작업을 위한 몇 가지 핵심 우선순위, 예를 들어 조율된 커뮤니케이션 전략과 공유된 정책 목표 등을 도출했으며 이는 오늘날까지도 네트워크의 활동을 지속적으로 이끌어가는 기준이 되고 있다.

## 레버리지 지점 식별하기

100Kin10 네트워크의 리더이자 촉매자인 탈리아 밀그롬-엘콧(Talia Milgrom-Elcott)은 네트워크를 운영한 지 5년쯤 되었을 때 중요한 깨달음을 얻었다. 그들은 10년 안에 미국의 교실에 10만 명의 우수한 STEM 교사를 배치하는 목표를 달성할 것으로 보였으나, 이러한 노력만으로는 시스템을 근본적으로 변화시키지 못할 것이라는 점을 깨달은 것이다. 네트워크에 참여한 300개 이상의 조직들이 각기 다른 문제의 측면에서 활동하고 있었지만, 이러한 노력은 STEM 교육 시스템의 장기적인 변화를 가져오는 데는 충분하지 않았다. 밀그롬-엘콧은 "모든 놀라운 작업들이 진행되고 있었지만, 우리가 목표를 달성한다고 해도 결국 다시 처음부터 시작해야 할 것 같았다. 우리가 하고 있던 모든 일은 부서진 시스

템의 표면에 난 균열에서 위에서 진행되고 있었기 때문이었다."라고 당시를 회상했다.

이에 밀그롬-엘콧과 그녀의 동료들은 시스템을 제대로 변화시킬 수 있는 레버리지 지점을 파악하기 시작했다. "우리는 왜 STEM 분야에서 교사 부족 문제가 지속적으로 발생하는지 모든 이유를 이해할 필요가 있었다. 문제를 제대로 이해하지 못하면 해결할 수 없기 때문이다. 나는 내가 맡은 문제의 일부분만 이해하고 있고, 다른 사람들도 마찬가지였다. 서로 다른 관점들을 모아야 비로소 전체를 이해할 가능성이 생긴다."고 그녀는 말했다.

이를 위해 그들은 훌륭한 교사를 확보하고 유지하는 것이 왜 그렇게 어려운지, 특히 STEM 분야와 가장 필요한 학교들에서의 이유를 이해하기 위해 가능한 한 많은 사람들의 이야기를 듣는 확대 과정을 시작했다.[7] "우리는 실제로 100가지가 넘는 이유가 있다는 것을 알게 되었고, 사람들이 그 중 일부에 대해서만 활동하지 모든 이유마다 활동하는 것은 아니라는 것을 알았다."고 밀그롬-엘콧은 말했다. "교사들만이 이야기해줄 수 있는 이야기들이 있었다. 정책을 결정하고, 규정을 만들고, 구조적 결정을 하는 사람들은 교사들이 보고 있는 문제의식을 전혀 살피지 않고 있었던 것이다."

핵심을 명확히 하기 위해, 100Kin10은 어떻게 서로의 문제의식이 연결되어 있는지에 대한 관점을 공유하는 자리로 교사와 교육전문가를 초대했다. 750명 이상이 자신의 생각을 공유하고 난 뒤, 100Kin10은 [그림 9.1]에 보이는 시스템 지도를 생성할 수 있었다. 그 지도는 서로 다른 문제가 긴밀히 상호 연결되어 있는 7개 분야를 드러냈다. 또한 특별히 영향력 있는 각 중점 분야 내에 특정 "촉매가 되는 문제(catalyst challenges)"가 드러났다. 촉매가 되는 문제는 시스템 상에서 레버리지

가능 지점 – 광범위한 변화를 만들어 낼 수 있다는 측면에서 특히 임팩트있을 것으로 예상되는 부분 – 을 가리켰다. 이 과정을 통해 100Kin10은 다음과 같은 7가지 중점 분야와 그와 관련된 레버리지 지점을 명확하게 정의하고 설명할 수 있었다.

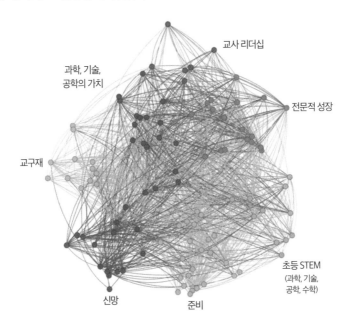

[그림 9.1] STEM교육이 오늘날 처한 "거대 문제"를 도식화한 100Kin10의 시스템 지도. 개별 노드는 각각의 도전과제를 의미하며, 연결선은 두가지 문제가 서로 관련되어 있음을 나타낸다. 이 데이터를 통해, 사회네트워크분석을 통해 7개의 높은 상호관련성있는 문제 분야가 드러났으며, 이를 통해 네트워크의 7개 중점 분야를 도출했다. 지도의 상호반응형 버전과 지도의 개발하는데 활용된 과정의 상세 설명을 알고 싶다면, https://grandchallenges.100kin10.org/를 방문하라

- **교사 리더십**: 긍정적인 노동 환경을 만드는 학교 대표 모집하기
- **직업적 성장**: 수업 중 교사 간 협력 증진과 전문적 성장 촉진하기
- **초등 STEM**(과학, 기술, 공학, 수학): 초등 수학, 과학에 전문성이 있는 교사를 양성할 교수단 늘리기

- 준비: 주(州) 전역에서 STEM 교사의 공급과 수요를 추적하기
- 신망: STEM 전공생이 STEM 교사가 되면 장학금 또는 대출 탕감 제공
- 교구재: 높은 수준의 공학 교육과정에 대한 지역의 식별력 향상시키기
- 과학, 기술, 공학의 가치: 고등학교 필수 STEM 교과의 수와 범위 확대하기

명확한 우선순위가 설정되자, 모든 참가자들이 각자의 노력과 조직 자원을 동일한 방향으로 집중시킬 수 있었다. 그 결과 각기 다른 활동들이 상호 보완적으로 작용하게 되었다. 참여자들은 스스로 프로젝트팀을 구성하여 행동 전략을 정의하고 실행하기 시작했다. 한 사례로 프로젝트팀은 주의 중점과제를 일반적인 모집 전략이 아닌 유지 전략으로 전환하도록 하고 학교 관리자에게 조직 문화를 향상시키기 위한 방안을 제공하는 과업을 맡았다.

프로젝트팀은 네트워크의 지원을 받았으며 열정적인 참여자가 이끌었다. 팀은 범위가 협소하고 시간이 제한이 있는 문제에 협력하기 위해 시스템 전반의 활동가들을 모으는 구조를 제공했다. 한 팀리더가 표현했듯이 "프로젝트팀이 있기 전에, 저는 교사 직군에 임팩트를 끼칠 수 있는 전국의 사람들을 함께 불러 모은 방법을 몰랐습니다. 저는 제 생각을 팀에 꺼내 놓았고, 결국 여러 훌륭한 파트너를 만날 수 있었습니다."[8] 프로젝트팀을 형성하고 이끄는 구체적인 방법은 10장에 제시되어 있다.

레버리지 지점을 식별하려는 노력은 또한 예상하지 못한 결과를 만들었다. 참여자의 참여가 현격히 증가한 것이다. 밀그롬-엘콧은 말한다. "네트워크로서 몇 가지 중요한 기회에 집중할 수 있을 때, 그 선택이 나나 당신의 생각이나 전문가 패널의 의견이 아니라, 전체 커뮤니티가 함께 모여 결정한 것이라면, 그것만큼 사람들을 움직이게 하는 힘은 없습니다." 오늘날 100Kin10은 10년 동안 10만명의 훌륭한 교사를 만드는 목표를 향해 순조롭게 나아가고 있으며, 네트워크는 시스템을 변혁시키

기 위해 활동하는 참여자를 지원할 수 있는 1억 3천만 달러 이상의 기
금을 조성했다.


## 변화 만들기

**담대함을 위한 변화**(Change for the Audacious)에서 스티브 와델
(Steve Waddell)은 변화를 만드는 3가지 전략을 소개했다. 점진적으로,
개혁을 통해, 전환을 통해가 바로 그 전략이다.[9] 점진적 변화는 시스템
에 현재 존재하는 규정 내에서 성과를 향상시키는 방법을 찾는다. 여기
에는 이미 만들어진 것 위에서 활동하며, 학습·경험·역량과 전문성을
공유하는 것을 포함한다. 이는 앞선 장에서 소개했듯이 네트워크에서
액션을 조율함으로써 달성될 수 있다.

그러나 시스템을 근본적으로 변화시키는 것은 개혁과 전환을 요한다.
개혁은 법, 구조, 믿음과 행동을 바꾸어 시스템이 작동하는 방식을 변화
시키는 것을 목표로 한다. 전환은 완전히 새로운 시스템을 만드는 작업
이다. 중요한 레버리지 지점을 식별하고, 그에 대해 대응하는 것이 개혁
이나 전환으로 향하는 길을 계획하는 것인 반면, 네트워크가 추구할 수
있는 다른 2가지의 특히 강력한 전략이 있다. 사회적 규범을 바꾸고, 사
회운동을 성장시키는 것이다. 두 가지 경우 모두, 임팩트 네트워크가 강
력한 촉매가 된다.

## 사회적 규범 바꾸기

사회적 규범은 현재의 시스템을 유지하는 암묵적인 행동 규칙이다. 대부분의 규범은 그 자체로 선하거나 악하지 않다. 그러나 이러한 규범이 명확하게 인식되지 않거나 적극적으로 선택되지 않는다면, 해로울 수 있다.

케네스 존스(Kenneth Jones)와 테마 오쿤(Tema Okun)이 자신들의 책 **인종차별 해체하기(Dismantling Racism)** 워크북에 썼듯이 "우리의 조직 중 많은 수는 다문화를 원한다고 하면서, 실제로는 다른 사람과 문화가 들어오려고 하는 경우 그들이 이미 존재하는 조직의 문화 규범을 따르고, 순응할 때에만 그들을 허용한다. 당신이 원하는 문화적 규범과 기준을 파악하고 명확하게 정의하는 것이 진정으로 다문화적인 조직을 만들기 위한 첫 번째 단계이다."[10] 규범이 인식되지 않은 채로 남아 있을 때, 지배적인 문화의 측면을 강화해 다양한 지식을 억압하고 표현을 제한하며, 소수그룹의 존엄성을 침해할 수 있다.

예를 들어 미국에서뿐만 아니라 세계의 많은 나라에서는 백인 우월주의와 자본주의 문화로부터 탄생한 개인주의, 경쟁, 기존의 구조와 같은 지배적인 가치관이 한 사람의 리더에 의존하고, 개인적 성취를 강조하며, 예측가능한 법(명문화된 법 및 불문법)에 의존하는 것과 같은 사회적 규범을 만든다. 이러한 규범이 조직이나 네트워크에 검토되지 않은 기본값으로 존재할 경우, '둘 중 하나-또는'의 편가르기 사고방식을 넘어선 집단적 노력을 고양시키는 포용적인 '둘다-그리고'의 사고방식과 창발성을 받아들이는 규범은 최소화되거나 배제될 것이다.

그러기에 임팩트 네트워크에 대한 중요한 실천은 네트워크 마인드셋을 기반으로 하여 자신의 가치와 원칙을 장려하는 규범을 의식적으로 선택하고 그 규범 속에서 삶을 사는 것이다. 이러한 일이 나타날 때, 시스템 운영 방식을 완전히 변화시킬 수 있다. "우리의 존재 방식을 변화시키는 것이 우리의 눈에 보이는 성과입니다."라고 무브먼트 전략 센터(Movement Strategy Center)의 타즈 제임스(Taj James)는 이야기한다. "시스템 변화는 대규모 집단이 큰 전환을 이루는 데서 옵니다."[11]

레조넌스 네트워크의 리더는 네트워크 발전 초기에, 위계적 방식을 답습하지 않기로 결정했다. 지배적인 위계적 규범은 지구와의 깊은 관계, 역동적 커뮤니티, 그리고 연결에 근간을 둔 세계관과 직접적으로 부딪쳤다. 네트워크 방식으로 일하는 것은 때로 사람들에게 시간이 걸리는 일이지만, 궁극에는 제 값을 한다. "처음에는 사람들이 누가 책임자인지 찾았습니다. 하향식 의사결정을 기대했던 거죠."라고 네트워크 리더인 알렉시스 플라내간은 회상한다. "우리가 많은 다른 이해관계자들이 좋아했을 법한 속도와 방식보다 보다 더 천천히, 더 의도적으로 쌓아가는 것을 선택했을 때에는 그에 상응하는 어려움이 있었습니다. 그러나 우리는 문화와 행동방식을 수립하는 게 꼭 필요했습니다. 그것은 우리에게 이득을 주어 왔으며 우리를 현재 있는 자리에 존재하게 했습니다."

새로운 사회규범으로 완전히 전환하는 것은 지속적인 주의가 필요하다. "우리는 끊임없이 우리의 관습과, 우리가 다르게 행동할 수 있는지에 대하여 깊고 깊은 회고를 합니다."라고 플라내간은 이야기한다. "우리는 의도적 실천이 관습을 흐트리고 바꾸는 방법이라고 믿습니다."[12]

네트워크가 자신의 사회적 규범을 명확히 하여 실제로 전환하면 네트워크가 속해 있는 더 큰 시스템 전체에 새로운 규범을 확산시키는 데에 도움을 주는 방향으로 주의를 모을 수 있다. 네트워크는 이러한 일을 하기에 완벽한 위치(포지션)에 있다. 네트워크는 "새로운 사회적 규범을 확산시키기 위한 주요 경로"라고 사회학자이자 **행동양식이 퍼져나가는 방법(How Behavior Spreads)**의 작가인 데이먼 센톨라(Damon Centola)는

이야기한다.[13]

네트워크가 자신이 원하는 방향의 변화를 실행해 나갈 때, 호숫가에 나타나는 파문처럼 바깥으로 번져나가는 새로운 행동 패턴을 생성할 수 있다. 새로운 참여자가 생기면서 네트워크는 메시지를 정렬하고 점점 더 커지는 네트워크의 영향력을 심층 강화한다. 결과적으로 초기 그룹을 훨씬 뛰어넘어 변화는 계속 복제된다. 연구는 시스템 안에서 25%의 활동 참여자가 주어진 규범을 받아들이면, 나머지 전체 인구에 변화를 촉발하는 티핑 포인트*에 도달한다는 것이 연구가 보여주는 결과이다.[14]

미국의 대부분의 병원시스템에서 중증질환 환자들을 어떻게 치료할지 요구하는 규범을 생각해보자. 임종에 가까워지고 있는 중증질환자는 호스피스를 요하는 것으로 흔히 분류되고 그들은 입원환자로 병원에 수용되어 사망할 때까지 약물로 신체적 고통을 관리한다. 이는 UCSF 헬스(UCSF Health) 시스템에서도 당연한 규범이었다. 의학박사인 스티브 판틸랏과 그의 동료들이 옹호했던 완화치료에 대한 새로운 규범이 생기기 전까지 말이다.

UCSF 완화치료 프로그램의 창립이사이자 전국 완화치료 품질 협력체(Palliative Care Quality Collaborative)의 수장인 판틸랏은 완화치료가 환자가 경험하는 신체적 고통뿐만 아니라, 중증질환이 가져오는 사회적·감정적·심리적·정신적 고충을 다루는 치료임을 알았다. UCSF 헬스를 통해 이러한 새로운 돌봄의 규범을 확산시키는 데 도움이 되기 위하여, 나의 동료인 데이비드 소여와 나는 돌봄 조율 네트워크(Coordination of Care Network)를 견인해내고자 판틸랏과 함께 일했다. 이 네트워크는 완화치료에 관심이 있는 시스템의 12개 현장과 10개 보

---

* 역자주: 작은 변화들이 어느 정도 기간을 두고 쌓여, 이제 작은 변화가 하나만 더 일어나도 갑자기 큰 영향을 초래할 수 있는 상태가 된 단계

건의료 전문분야를 연결하는 액션 네트워크이다.

네트워크는 처음부터 시스템 전체에서 수십 명의 리더를 전체 소집했다. 그 리더들은 중증질환 환자를 치료하는 데에 있어서 이러한 새로운 규범이 환자와 병원시스템 모두에게 극적으로 더 나은 결과를 가져온다는 것을 보여주는 완화치료의 사례를 모으기 위해 함께 일했다. 네트워크는 또한 보건의료 제공자들에게 완화치료 교육을 제공하고, 완화치료 서비스의 인지도를 높일 수 있도록 하였다. 네트워크 자체는 완화치료를 확산시키기 위하여 판틸랏과 동료들이 힘써온 포괄적인 다년간의 노력의 단지 한 부분이지만, 네트워크는 의견을 조율하고, 더 광범위한 이해관계자 그룹의 참여를 이끌고 활동의 가속도가 붙도록 돕는 데에 중요한 역할을 했다.

돌봄 조율 네트워크가 형성되고 몇 해 지나, UCSF는 보건 시스템 전체에 완화치료를 장려하고 조율하기를 계속할 상설 허브의 역할을 하는 완화 의료과(Division of Palliative Medicine)를 발족했다. 완화치료 서비스에 추가해, 완화 의료과는 학생과 임상의사 모두에게 교육 프로그램을 제공하고 중증 질환자에게 제공하는 간병의 질을 향상시키고자 연구를 수행하며 자체적으로 완화치료 서비스를 만들고 확장하고자 하는 팀들에게 핵심 자원이 되어왔다. 아직 해야 할 일이 남았으나 "전인격체로서의 인간을 위한 완화치료"는 빠르게 UCSF 헬스에서 규범이 되어 가고 있으며 중증질환자과 그 가족의 보건의료 경험을 변화시키고 있다.[15]

## 무브먼트(사회운동) 키우기

여러 세대 동안 무브먼트는 응집성을 유지하고, 임팩트를 확대하는 네드워크 접근방식을 사용해 왔다. **변화는 어떻게 일어나는가?**(How

Change Happen?)의 저자 레슬리 크러치필드(Leslie Crutchfield)의 연구는 가장 성공적인 사회운동은 각 지부별로 액션을 지시하는 위계적 하향식 구조가 아닌, 무브먼트 전체의 연결과 조율을 육성하는 분권화된 구조를 포함한다는 것을 발견했다. 이러한 무브먼트의 성장에 가장 중심에 있는 조직과 리더들은 자신을 "군대의 지휘권을 가진 사령관이 아닌, 네트워크의 중앙에 있는 코디네이터"로 자신을 생각한다고 크러치필드는 썼다.[16] 그들은 위에서 통제하기보다 지회에 권위를 부여하며 의도적으로 권력을 풀뿌리에 보냅니다."[17]

이것이 무브먼트 네트워크의 기능이다. 다수의 학습과 액션 네트워크는(때때로 지회로 불림) 지역에서 변화를 만들어 내기 위해 자체적으로 일하며, 연결을 촉진하고, 활동을 조율하며, 더 광범위한 규모의 변화를 촉진하기 위해 서로 연결되어 있다. 네트워크들의 네트워크로서, 무브먼트 네트워크는 대부분의 임팩트 네트워크가 성취할 수 있는 더 폭넓고, 더 큰 영향력을 유지한다.

예를 들어 캘리포니아 경관 보호관리 네트워크(CLSN)는 주(州) 차원의 정책변화를 위한 집단적 힘을 모으고 옹호하기 위하여, 30개의 환경 네트워크를 서로 연결한다. 무브먼트 네트워크로서 다른 네트워크와 마찬가지로, CLSN은 산타크루즈 산맥 보호관리 네트워크, 원 탐 이니셔티브(One Tam initiative), 그리고 오렌지 코스트 콜라보레이티브(Orange Coast Collaborative)와 같은 지역 네트워크에 지역 상황에 맞는 의사결정과 행동결정을 맡긴다. 동시에 CLSN은 캘리포니아 지역 전체의 자연 자원을 복원하고, 강화하고, 보존하는 데 방해가 되는 장애요소를 없애는 그린테이프 커팅 이니셔티브(Cutting Green Tape initiative)와 같은 주 차원의 정책적 노력을 진전시키는 네트워크 구성원들의 힘을 규합한다.

세르비아에서의 오트포르(Otpor) 무브먼트 성공은 어떻게 사회운동이 자신의 노력을 극대화하기 위해서 네트워크 접근방식을 활용할 수 있는지 보여주는 좋은 연구 사례이다. 오트포르는 2000년 세르비아의 무력통치자인 슬로보단 밀로셰비치(Slobodan Milosevic)의 축출에 필수적인 역할을 했다(오트포르는 세르비아어로 "저항"을 의미한다).

  오트포르가 생기기 전, 1990년대에는 밀로셰비치를 타도하기 위한 시위가 빈번하게 있었다. 10만 명 이상의 사람들을 거리로 나오게 만든 이러한 시위들은 계속되는 변화를 만들 것처럼 보이는 선풍적인 에너지를 생성했다. 그러나 그 때, 그 운동에는 지속된 기간 동안 점점 더 크게 힘을 모아나갈 수 있도록 하는 조직 구조가 없었다. 밀로셰비치가 그의 권력을 총화해서 자신에게 반대하는 사람을 처벌하자 운동은 서서히 사그라들었다.

  이러한 실패를 교훈 삼아, 초기 시위에 참여했던 활동가 한 그룹이 오트포르를 만들었다. 무브먼트 네트워크로서, 오트포르는 응집력과 자발적 참여 사이에 균형을 갖췄다. 지역 지회는 밀로셰비치를 패배시키고 공정하고 자유가 있는 선거를 지켜내자는 분명한 목적으로 모였으며, 각 지회는 전체가 하나의 일관성 있는 무브먼트로 자신들의 활동이 총화되도록 제대로 정의된 원칙에 합의했다.

  개별 지회는 무브먼트의 공동 합의 사항에 위배되지 않는 한 주도적으로 지역상황에 가장 잘 맞는 시위를 추진했다. 결과적으로 세르비아 정부가 예상하거나 멈출 수 없는 창의적인 방식의 시위와 저항 행동이 나라 전역에서 벌어졌다. 지회들이 네트워크를 통해 서로 연결되어 있었기 때문에 2000년 선거의 뼈아픈 패배에도 밀로셰비치가 물러나려 하지 않자, 네트워크가 총력을 모아 전국적인 시위를 추동할 수 있었다.

  오드포르 무브먼트는 위계적인 구조로는 가질 수 없는 수준의 유연성을 네트워크 구조를 통해 얻은 것이다. 오트포르 리더 한 명을 제거한다거나, 어떤 오트포르 지회 하나를 문닫게 한다고 해서 점점 강해지는 무브먼트의 힘을 멈출 수 없었기에, 밀로셰비치가 자행한 통상적 억압은 몇 년 전과 같은 효과를 거두지 못했다. 비록 몇 명의 핵심 인사들이 더 높은 수준의 책임을 감당해야 했지만 오트포르 무브먼트의 리더십은 네트워크의 여러 지회에 걸쳐 크게 분산되어 있었고, 결과적으로 오트포르는 표적이 되거나 투옥시킬 만한 뚜렷한 수장이 없었다. 또한 오트포르는 다른 네트워크와 커뮤니티 그룹과 관계를 맺고 정당, 시민사회 그룹, 노조와 조율해가면서 세르비아 사회의 제도화된 영역으로 활동을 더 뻗어 나갔다. 이러한 활동으로 다양한 사회 각계각층이 하나의 목소리로 변화를 옹호하기 시작하여 밀로셰비치가 권력을 유지하기 훨씬 더 어렵게 만들었다.

"오트포르는 내부에 어떤 관료주의나 중앙화된 권위 없이, 수만 명의 세르비아 사람들에게 응집력 있는 사회운동 정체성을 생성해내는 데 성공했다."고 마크 엥글러(Paul Engler)와 폴 엥글러는(Paul Engler)는 **이것이 혁명이다(This is and Uprising)**에 썼다.[18] 세르비아에서 오트포르의 결과는 탈중앙화되어 있었은 구조적이었고, 파괴적이나 전략적이었고, 자연스럽게 일어났으나 조율된 응집력 있는 사회운동이었다. 지속적인 액션으로 오트포르는 새로운 민주주의 시스템을 거버넌스로 안착시키고 세르비아를 완전히 변화시키면서 밀로셰비치와 그의 독재정권을 타도하는데 성공했다.

# 세쿼이어 나무 심기

미국 북동부에 위치한 북미지역 토착민 연합인 이로쿼이족[*] 연합은 호데노쇼니(Haudenosaunee)로도 알려져 있으며, 지구상 가장 오래된 참여 민주주의체 중 하나이다.[19] 그들은 모든 숙의의 과정에서 "오늘 우리의 결정에 대해 향후 일곱 세대에 걸쳐 미치게 될 영향력(임팩트)을 고려"하는 것이 필요하다는 철학을 오랫동안 고수해왔다.[20] 이는 7세대 원칙(Seventh Generation Principle)로 알려져 있다. 세계의 많은 토착민들이 오늘날까지도 이러한 철학을 기반으로 살아가고 있다.

7세대 원칙은 시스템이 하루 아침에 개선되거나 변화하지 않는다는 현실을 강조하고 있다. 그것은 시간이 든다. 철학자 찰스 아이젠스타인(Charles Eisenstein)도 이와 유사하게 500년을 시간 척도로 생각한다라며 다음의 이야기를 들려줬다. "근본 원인이 너무 깊고, 상처가 남은 사건은 진짜 오래전 일이기 때문에, 그냥 하루아침에 낫지 않을 것이다. 나는 그 사실을 받아들인다. 그러나 나는 그 사실에 기대지는 않는다."[21]

우리가 마주하는 쉽지 않은 규모의 도전과제에 대해, 우리 중 많은 사람들은 당장 변화해야 한다고 다급함을 느끼지만, 동시에 시스템 변화를 만드는 것은 단거리 경주가 아닌 마라톤임을 아는 인내가 필요하며, 우리는 이 둘 사이에 균형을 유지해야 한다. **결혼의 나라(A Country of Marriage)**를 쓴 웬델 베리(Wendell Berry)는 "밀레니엄(천년)에 투자하라"고 썼다. "세쿼이어 나무를 심어라. 당신의 주요 수확물은 당신이 심지 않은 것이며, 당신은 숲을 다 수확할 때까지 살지 못할 것이라고 말하라"[22]

네트워크에 의해 촉발될 변화는 처음에는 더디게 느껴지고 잘 보이지

---

[*] 역자주: 아메리칸 인디언의 한 부족

않을 수 있다. 왜냐하면 이는 사람들 사이에서 서로의 연결을 통해서 일어나는 일이기 때문이다. 발전의 새로운 신호는 새로운 관계, 새로운 대화, 누군가로부터의 작은 도움의 순간처럼 사소하게 느껴질 수 있다. 네트워크의 초기 실험은 때로 하찮아 보일 수 있고, 중대한 변화는 만들 수 없을 것처럼 보인다.

그러나 사람들이 종종 간과하는 것은 네트워크를 가꾸는 과정에서 시스템은 이미 **변화하고 있다**는 것이다. 네트워크가 육성되면 사람과 조직은 서로 새로운 방식으로 참여하기 시작한다. 정보와 자원은 전에 없던 새로운 방식으로 흐르기 시작한다. 같은 사안에 다른 의견을 가진 사람들은 협력할 창의적인 방법을 찾는다. 이전에 분절되었던 시스템이 상호 연결되면 위기에 빠르게 대응할 수 있게 된다. 새로운 리더가 떠오른다. 더 건강한 규범이 생겨나고 퍼지기 시작한다. 일부의 액션은 함께 새로운 시스템을 만들면서 사회문화 운동으로 성장할 수 있다.

자연의 프랙털 구조는 어떻게 작은 실험이 파동을 일으켜 훨씬 큰 개입으로 성장할 수 있는지에 대한 증거를 제시한다. 프랙털이라는 것은 훨씬 더 큰 구조를 형성함에 있어 반복되는 패턴을 말한다. 우리는 눈송이를 구성하는 반복적인 모양에서, 양치식물의 길게 갈라진 잎의 패턴에서, 앵무 조개의 나선형 무늬에서 프랙털을 발견할 수 있다. 프랙털은 우리에게 미시에서 거시로 이동하며, 성장하면서 점점 커지는 패턴을 만드는 것과 같이 작게 시작하는 것을 가르쳐 준다.

이와 같은 방식으로 네트워크는 더 큰 시스템으로 복제될 수 있는 실험적 프랙털로 당신이 생성하는 미래의 표본이 될 수 있다. "우리가 작은 규모로 해 본 것은 더 큰 규모로 반향을 일으킬 수 있다."고 아드리엔 마리 브라운은 이야기한다.[23] "우리는 상향으로 반복되는 순환고리를 만들어야 한다."[24]

임팩트 네트워크는 단지 변화를 촉매하는 것만이 아니다. 임팩트 네트워크 자체가 변화이다. 우리가 분절된 것을 서로 잇고, 공동의 목적으로 연결을 만들려고 노력하는 모든 순간, 우리는 여러 세대에 걸쳐 자랄 씨앗을 심는 것이다. 우리는 우리가 보기를 원하는 변화 안에서 살 수 있으며 네트워크가 그 열쇠를 쥐고 있다.

# 10장
# 인프라 구축하기

미래에 관한 당신의 과업은 미래를 예상하는 것이 아니라,
그 미래가 가능하도록 하는 것이다.

앙투안 드 생텍쥐페리(ANTOINE DE SAINT-EXUPÉRY),
「성채(The Wisdom of the Sands)」

———————

참여자들이 계속해서 효과적으로 함께 일할 수 있도록 하기 위해, 임
팩트 네트워크는 네트워크와 함께 커지는 맞춤형 인프라를 필요로 한
다. 너무 많은 조직 구조는 참여자가 능동적으로 주도하는 활동을 억제
할 위험이 있지만, 잘 정돈된 조직 구조는 네트워크가 참여자들의 창조
적인 자극을 효과적으로 전달할 수 있게 해준다. 우리는 네트워크가 최
소한의 실행가능한 구조, 즉 네트워크의 요구사항을 효과적으로 충족할
수 있는 가장 단순한 구조, 그리고 네트워크의 발전에 따라 진화할 수
있는 구조를 채택할 것을 추천한다.

도시 계획가 제인 제이콥스(Jane Jacobs)는 미국의 도시들과 같은 다른 여러 종류의 생활 시스템에서 과도한 구조화가 얼마나 어리석은지를 강조한다. 1950년대 미국의 도시는 도시의 구역별로 사람이 사는 구역과, 일하는 구역, 쇼핑하는 구역이 각각 다르게 설계되었다. 대부분의 도시는 여전히 같은 상황이며, 이는 광범위한 사회 분절화와 일상적인 장거리 통근을 야기시켰다. 제이콥스가 관찰한 이러한 상황은 도시 계획자들이 사람들이 자신의 일상생활에 맞춰 자연스럽게 일상을 만드는 방식을 무시하고, 그들이 일어나야 **된다고** 생각한 것을 계획했기 때문이었다. "도시를 끊임없이 변이하는 살아있는 유기체, 수많은 변수를 포함한 매우 복잡한 네트워크로…, 창의성, 여가, 협력을 위한 자연스러운 조건이 활발해질 수 있는 곳, 중첩과 자발성이 넘치는 열린 공간으로 인식하는 것이 더 나은 접근방식이었을 것이다."라고 제이콥스의 이야기를 인용하여 매뉴엘 리마(Manual Lima)는 **가시적 복잡성(Visual Complexity)**에 썼다.[1]

우리는 이러한 통찰을 임팩트 네트워크에도 적용할 수 있다. 임팩트 네트워크는 살아있는 시스템이지 기계가 아니다. 우리는 네트워크가 어떻게 진화할지 정확히 예측할 수 없다. 그러므로 네트워크를 형성할 때 구조를 너무 경직되게 정의하지 않는 것이 좋다. 경직된 구조는 네트워크의 궁극적인 잠재력을 제한하기만 할 것이다.

예를 들어 캔서 프리 이코노미 네트워크(CFEN)는 네트워크 발족 이후 4년이 지나고 난 뒤에야 네트워크의 거버넌스 협약을 정했다. 협약이 그때까지 실제로 필요하지 않았기 때문이다. 협약 사항을 네트워크 설립 과정 중 더 일찍 정하는 것은 단지 불필요한 경직성을 늘리는 것일 뿐이었다. 네트워크가 크게 성장을 시작하고 나서야 잘 문서화된 협약의 필요성이 분명해졌다. 그때가 오기까지 참여자들 또한 네트워크가 어떻게 기능하는지, 어떤 거버넌스 협약이 네트워크의 협력적 활동에 가장 도움이 될지 훨씬 더 잘 이해하게 되었다.[2]

네트워크의 구조를 발전시킬 때, 형태가 기능을 따라가도록 하자. 참여자의 에너지와 흥미가 길을 이끌어 가도록 하자. 주어진 상황에서 가장 필요한 것에 따라 네트워크의 자연스러운 진화가 그 구조를 정의하도록 하자. "협력 네트워크는 꼭 필요할 때가 되었을 때에만 비로소 어떤 구조적 요소나 운영 합의를 만든다."라고 리-앰프 네트워크의 촉매자 루스 로밍거(Ruth Rominger)는 이야기한다. "필요한 만큼만 배치하면 네트워크가 연결 상태를 유지하면서도 유연하게 적응할 수 있을 것이다."[3]

임팩트 네트워크를 가능하게 하는 인프라는 학습, 행동, 거버넌스를 지지하기 위해 구성된 여러 팀, 공동의 참여 협약사항 일체와 명확한 의사결정 과정, 내재된 평가 방식, 유연한 자원 등이다. 이번 장은 이러한 구성요소를 하나씩 차례로 살펴볼 것이다.


## 팀으로 조직하기

임팩트 네트워크는 대개 4가지 형태의 팀으로 조직되며, 각 팀은 필요한 경우에만 생겨난다. **기획팀(design Teams)**은 새로운 네트워크가 견인되도록 돕고, 네트워크 모임을 소집하는 것을 돕기 위해 생겨난다. **코어팀(core teams, 핵심팀)**은 거버넌스와 자문 지원을 제공하기 위해 형성된다. **프로젝트팀(project teams)**은 협력적인 활동을 증진시키기 위해 만들어진다. **학습 모임(learning circles)**은 관심 주제에 대화를 열고, 정보를 모으기 위해 조직된다. 기획팀은 앞서 5장에 설명되어 있으며, 코어팀, 프로젝트팀, 학습 모임은 아래에 요약되어 있다.

## 코어팀

코어팀은 전체 네트워크를 위한 리더십 기능을 수행한다. (때때로 **리더십팀, 네트워크 위원회, 거버넌스 모임, 운영 위원회**로 불린다) 코어팀은 다른 네트워크 리더들과 함께 협력하여 네트워크의 사업과 활동, 지원을 조정한다. 코어팀은 항상 필요한 것이 아니다. 네트워크가 더 많은 기여와 참여자 간 정렬된 행동을 지원하기 위한 추가적인 거버넌스 층위가 필요할 정도로 복잡한 경우에만 생성될 필요가 있다.

코어팀의 첫인상은 임팩트 네트워크에는 어울리지 않는 위계적 특징 있는 것으로 보일 수 있으며, 실제로도 네트워크의 의사결정에 어느 정도 영향을 끼치는 경향이 있다. 그러나 전통적인 권력 기반의 위계구조와 주요 차이점은 코어팀이 다른 네트워크 구성원에 대한 공식적 권위를 갖지 않는다는 점이다. 코어팀이 권고안을 만들 수 있으나, 최종 의사결정은 궁극적으로 네트워크 전체에 남겨진다. 전통적 위계 구조와 또 하나의 차이는 코어팀은 그 구성원을 정기적으로 순환시킨다. 코어팀은 보통 4명에서 7명으로 구성되어 있으며, 팀 구성원은 각기 다른 참여 조직 또는 네트워크의 부분을 대표하며, 정해진 기간동안 코어팀을 위해 자원 활동하는 사람으로 이루어 진다. (보통 전체 소집을 기점으로 역할을 순환시킨다)

코어팀은 주어진 시간에 네트워크가 가장 필요로 하는 것에 따라 아래 내용을 포함한 광범위한 역할을 한다.

---

- 프로젝트팀이나 학습 모임을 이끄는 방법 등의 자문을 다른 네트워크 리더에게 제공한다.
- 네트워크가 천명한 원칙이 네트워크의 활동에 스며들도록 한다.
- 네트워크가 고려해야 할 중요 사항에 대한 권고안을 만든다.

- 참여자가 제기한 아이디어와 우려를 듣고, 네트워크에서 고려해볼 수 있도록 하는 것을 포함하여, 리더·프로젝트팀·그리고 전체 네트워크 사이에 연락책으로 역할하며 네트워크를 조직한다.
- 공식적인 자리에서 네트워크를 대표한다.
- 새로운 참여자의 선정과 네트워크 합류과정(onboarding)을 지원한다.
- 네트워크에 자원을 지원하기 위한 노력을 다한다.


## 프로젝트팀

프로젝트팀(가끔 **워킹그룹, 태스크포스, 실행 위원회**-action circle-로 불림)은 네트워크의 목적과 관련한 사업을 실제로 추진시키기 위한 구성원에 의해 조직된다. 프로젝트팀을 만들 때는 참여자들이 해내야 하는 일보다, 그들이 하고자 하는 일이 더 중요하다. 마빈 웨이스보드와 산드라 잔호프는 다음과 같이 조언한다. "좋은 아이디어보다, 활동에 참여하고자 하는 사람을 기반으로" 일의 우선순위를 정하라.[4]

네트워크 형성 초기에 프로젝트팀은 내부적으로 네트워크 자체를 만들어가는 데에 집중하는 경우가 대부분이다. 프로젝트팀은 내부에 집중하여 의사결정 과정을 정하거나, 기금을 확보하거나, 의사소통 전략을 명확히 하거나, 또는 자산 지도(asset map)를 만드는 일을 하게 될 것이다. 프로젝트팀은 네트워크가 진화하면서 점점 더 외부에 초점을 맞추고 지역사회 또는 더 넓은 시스템에서 일을 추진한다.

프로젝트팀은 사안의 복잡함을 해체시켜서, 네트워크가 단편적이고 단기적인 과업을 세부적으로 잘 계획하고 향상시켜 나갈 수 있도록 애써야 한다. 따라서 프로젝트팀은 프로젝트 운영을 위한 근육을 사용해보는 완벽한 공간이다. 의도적 전략과 창발적 전략 사이에 균형을 이루기 위해, 프로섹트팀은 네트워크 전체 소집 사이의 몇 달 또는 더 짧은 기간에만 활동 계획을 발전시킬 수 있다. 프로젝트팀의 과업이 완수되었을 때, 프로젝트팀은 배운 것을 평가하고, 진행상황을 네트워크에 다시 보고하며, 필요한 경우 다음 과업의 단계를 계획할 수 있다. 이러한 주기적인 과정을 통해 프로젝트팀은 책임을 분담하고 꾸준한 진전을 이루는 동시에 네트워크로부터 유입되는 의견과 지원을 받을 수 있는 창발적이고 열린 상태를 유지할 수 있다.

학습 모임

학습 모임은 특정 관심 주제에 관한 지식을 통합하고, 정보를 모으며, 배움을 생성하기 위해 구성된다. 학습 모임은 네트워크가 중요한 레버리지 지점을 찾거나, 정해놓은 목적 없이 단순히 대화를 해보도록 하는 데에 도움을 줄 수 있는 연구를 수행하는 것을 목표로 할 수 있다. 예를 들어, 스털링 네트워크 NYC는 참여자의 직업적 전환을 지원하고, 조직화된 노동을 다시 상상하고 강화하는 방법에 대해 창의적으로 생각할 수 있게 학습 모임을 조직했다. 이를 위해 사람들의 저녁(People's Supper)[5]에서 고안한 질문을 사용해 인종과 정체성에 대한 친밀한 대화에 참여할 수 있도록 지원했다.

학습 모임은 모임을 통해 배운 것들을 네트워크 전체에 공유하고 난 뒤 사라지기에, 대개 단기간에만 존재한다. 때로는 학습 모임의 활동이 정보 수집에서 실행으로 전환되면서 프로젝트팀으로 진화하기도 한다.

## 네트워크 팀 이끌기

전체 네트워크와 마찬가지로, 팀도 좋은 리더십을 통해 큰 혜택을 받는다. 코어팀은 네트워크의 주요 코디네이터의 일반적 책임과 역할이 닿아 있기에, 일반적으로 네트워크의 주요 코디네이터 중 한 사람이 코어팀을 이끈다. 반면에 프로젝트팀과 학습 모임은 일반적으로 팀 내에서 리더십 역할을 하기로 나선 참여자가 이끈다.

이상적인 팀 리더는 팀의 성과에 큰 관심이나 이해관계를 지는 사람이다. 자신의 관심사와 공동의 관심사가 같은 방향일 때, 리더는 일의 진전을 돕는 데 필요한 시간을 더 잘 할애할 수 있다. 집단의 일을 팀 리더가 단독으로 처리하는 것으로 여겨선 안 된다. 팀 리더는 팀의 목적이 진전될 수 있도록 팀을 지원하는 촉진적인 역할을 하는 사람이다. 다음은 팀 리더의 주요 책임과 함께 새로운 팀을 형성할 때 고려해야 할 질문 목록이다.

---

**새로운 팀을 형성하기 위한 질문**: 프로젝트팀 또는 학습 모임을 형성하고자 하는 경우, 다음의 질문에 답하면서 시작할 수 있다.

- 이 팀의 목적은 무엇입니까?
- 누가 관여합니까?
- 적어도 다음 네트워크 전체 소집까지, 누가 이 팀을 이끕니까?
- 각 과업은 언제까지, 누가 책임을 집니까?
- 우리가 네트워크로부터 필요한 것은 무엇입니까? (만약 필요한 것이 있다면)

---

**팀 리더십의 책임**: 프로젝트팀이나 학습 모임을 이끌기 위해 나선 사람들은 다음과 같은 지원을 제공한다.

- 필요한 경우 컨퍼런스 콜이나 대면 회의 일정을 잡고 진행한다.

- 각 과업이 마감일과 함께 특정 사람에게 할당되어 있는지를 확실히 하는 것을 포함해 프로젝트를 운영한다.
- 네트워크 리더와 코어팀이 각 팀의 최신 사업 상황을 인지하고 있도록 한다.
- 팀의 필요와 학습사항을 공유하고, 다른 참여자가 기여할 수 있는 기회를 제공하며 팀의 진전상황을 네트워크에 보고한다.


## 참여 만들어내기

실제 참여자들은 네트워크의 생명줄과 같다. 구성원이 실제로 참여하는 경우, 그들은 네트워크에 나타나고 긍정적, 적극적으로 말하며 네트워크와 그 목적에 기여한다.

참여자의 참여 가능한 시간, 에너지, 관심도가 변화하는 상황에 따라 네트워크의 발전이 오르락내리락하는 것은 정상적이며 충분히 예측되는 것이다. 그 사이 어떤 사람은 네트워크에 가입할 수도 있고, 어떤 사람은 네트워크를 완전히 떠나겠다고 결정하기도 할 것이다. 네트워크에 연결될 수 있는 다양한 기회를 제공함으로써 네트워크는 사람들에게 어떻게, 어느 부분에서 자신들이 참여하고 싶은지 결정할 수 있는 유연함을 제공한다.

우리는 참여자가 다음 네 가지 기본 참여 수준 중에서 하나를 선택할 수 있도록 하는 것이 유용하다는 것을 알게 되었다. 이끌기, 협력하기, 따르기, 존중하기가 그것이다.

---

- 이끌기(Lead): "나는 이 네트워크/팀이 성공할 수 있도록 책임을 지겠다."
- 협력하기(Partner): "나는 이 네트워크/팀이 성공할 수 있도록 리더들과 적극적으로 협력하겠다."

- **따르기(Follow):** "나는 이 네트워크/팀이 어떻게 진행되는지 계속 알고 싶다."
- **존중하기(Honor):** "제안 내용은 감사하지만, 이 네트워크/팀은 현재 나의 관심사가 아니다."

　네트워크가 이제 막 시작한 경우, 누가 다음 전체 소집에 참여하고자 하는지, 누가 네트워크 소통 구조 안에 있고 싶은지에 대해 더 감을 잡기 위해, 우리는 참여자들에게 네트워크 전체에서 자신이 선호하는 참여수준을 공유하기를 요청한다. **리더**는 특히 네트워크를 가꾸는 일에 참여하고자 하는 사람들이다. 예를 들어, 네트워크의 조율을 도움으로써, 코어팀에 참여함으로써, 프로젝트팀을 이끌면서 리더가 될 수 있다. 네트워크 **파트너**는 네트워크의 일에 능동적으로 참여하는 사람으로 정기 소집에 참석하고, 네트워크 활동에 헌신한다. **팔로워(followers, 따르는 사람)**는 해당 네트워크/팀 구조 안에는 있고 싶으나, 현재는 적극적으로 참여하기 어려운 사람들이다. **"존중하기"**를 선택한 사람들은 참여하기를 정중히 거절한 것으로, 네트워크 소통 구조 안에서는 삭제된다. 네트워크가 진화하면서, 우리는 리더가 계획하고, 조율하고, 예산을 짤 수 있도록 연례적으로 각자가 원하는 참여 수준을 명확히 하도록 한다.

　팔로워들을 간과하지 않도록 주의하라. 데렉 시버스(Derek Sivers)의 유튜브 비디오 "첫 번째 팔로워: 춤추는 사람으로부터의 리더십 교훈(First Follower: Leadership Lessons from Dancing Guy)"을 본 사람이라면 누구나 다른 사람의 활동에 영감을 주고 진전시키는 데에 팔로워가 가진 힘을 안다. 그는 "리더가 부싯돌이라면, 팔로워는 불을 진짜로 내는 불꽃이다."라고 이야기한다.[6] 팔로워들은 향후 네트워크 활동에 참여하고 지원할 수 있는 기회에 대한 최신 정보를 지속적으로 제공받아야 한다. 시간이 흘러 팔로워는 자신의 관심사나 역량이 변화하여 파트너 또는 리더가 될 수 있다. 네트워크의 생애주기상 다양한 참여 수준

사이를 오가는 것은 사람들에게 흔한 일이다. 네트워크 리더의 책임 중 하나는 리더십, 파트너십, 팔로워십이 나타나도록 하는 많은 다양한 기회를 제공하고, 사람들이 네트워크를 떠나는 것을 허용하는 것이다. 참여자가 자신이 가장 기여하고자 하는 곳, 그리고 자신을 가장 필요로 하는 곳에 자신의 에너지를 사용할 수 있게끔 스스로 직접 움직일 것이라는 점을 믿어라.

## 참여 협약 정하기

네트워크 참여에서 모두에게 맞는 하나의 제안은 없다. 네트워크 참여는 열려있을 수도(누구나 참여), 조건부일 수도(특정 가입, 회원 조건에 맞는 사람만 참여), 등급이 나뉘어져 있을 수도(네트워크에서 참여자에게 다양한 참여 방식을 제공하고, 각각의 참여 등급은 명확한 기준과 책임이 있다) 있다. 네트워크가 진화하면서 그 연속성을 유지하기 위해 필요한 참여 협약사항이 무엇인지 결정할 필요가 있을 것이다.

기준을 정해놓거나 참여자를 제외시키는 것의 부작용을 피하기 위하여 참여를 열린 상태로 두고 싶을 수 있으나, 참여가 자유로운 것은 그 나름의 어려움을 수반한다. **커뮤니티의 기술**(The Art of Community)에서 찰스 보글(Charles Vogle)은 소속감의 주요 원칙으로 "명확한 경계"를 말한다. 보글은 강력한 커뮤니티가 발전하기 위해서는, 사람들이 커뮤니티의 구성원이 되는 것은 **의미하는 바가 있으며**, 그저 아무나 즉흥적으로 가입할 수 있는 게 아님을 알아야 한다고 이야기한다. 즉, 경계는 배제보다는 네트워크 내의 더 큰 포용을 만들어 내기 위한 것이다.[7]

엔스파이럴(Enspiral) 네트워크는 이러한 교훈을 어렵게 배웠다. 엔스파이럴은 주로 유럽과 뉴질랜드에 위치한 150명 이상의 프리랜서와 활동가로 구성된 커뮤니티로, 이들은 자신의 사업을 통해 긍정적인 사회적 임팩트를 만들어내기 위해 협력하고 있다. 처음에 엔스파이럴은 참여에 제한이 거의 없는 열린 네트워크였다. 초기에는 이러한 방식이 제대로 작동하였으나, 시간이 지남에 따라 경계가 없어지면서 일부 사람들이 높은 신뢰가 있는 분위기를 악용하여 네트워크에 건강하지 않은 활동 상황을 조성했다. 결과적으로 엔스파이럴은 참여에 대한 더 명확한 협약을 만들었어야 했고, 이것이 엔스파이럴 네트워크의 오픈소스 "핸드북"(공개용 안내서)으로 나오게 되었다.[8] 경험을 통해 얻은 핵심 인사이트 중 하나는 "경계가 없는 커뮤니티는 커뮤니티가 아니다."라는 것이었다.[9]

화재 적응 공동체 학습 네트워크(FAC Net)는 참여할 수 있는 전체 사람들의 숫자를 증가시키고자 "핵심회원"과 "일반회원"로 이루어져 있는 등급제 참여 시스템을 만든 네트워크의 사례이다. FAC 네트워크의 핵심회원은 네트워크의 활동에 정기적으로 참여하고, 네트워크의 소통시스템에서 지속적으로 활동하며, 네트워크 블로그에 글을 쓴다. 핵심회원은 그 기여를 인정받아 소규모의 친밀한 연락과 모임에 초대되며, 네트워크 리더로부터 더 개인적인 관심을 받기도 한다. 일반회원은 핵심회원과 같은 수준으로 네트워크에 참여하지는 않지만, 여전히 네트워크와 관련된 정보와 자료에 접근 권한이 있으며, FAC 네트워크 웨비나와 워크샵에 초대된다. 시간이 흐르면서 네트워크 활동에 더 참여하게 되는 일반회원은 핵심회원이 된다.

참여 협약사항은 기대를 명확하게 하는 것에 더해 네트워크가 성장함에 따라 일정 수준의 안정성을 제공한다. 참여자들에게 네트워크를 탈퇴하기 전에 충분한 시간을 두도록 하여 자신이 떠나기 전에 자신이 속한 조직의 새로운 회원을 소개하고 합류하도록 하는 충분한 시간을 보낼 수 있게 한다. 네트워크는 또한 한 명의 회원이 부재할 경우에 연속성을 유지하기 위해 정기 소집에 조직당 2명 이상이 참석하도록 할 수 있다.

당신의 네트워크가 어떤 참여 협약사항을 정하든지 간에, 네트워크를 지탱할 수 있을만큼의 구조만을 제공한다고 생각하고, 그 이상 조건을 만들지 말라. 네트워크가 참여자에게 가치를 제공하거나 세상에 어떤 수준의 임팩트를 만들 기회를 갖기도 전에, 세세한 협약사항에 교착되어 있는 것보다는 관계 형성이 가장 우선순위이며, 가장 중요하다는 것을 명심하라. 필요가 생기면 참여자들은 자신이 직접 경험한 것에 따라 협약사항을 진전시키고 추가하는 가장 좋은 방법을 숙고할 수 있을 것이다. 이는 포용적이고 투명하며, 선명한 의사결정 과정을 통해 달성될 수 있다.


## 집단 의사결정하기

의사결정은 이해가 행동으로 바뀌는 지점이자, 네트워크의 진가가 시험받는 지점이다. 집합적 의사결정을 하는 올바른 과정을 수립하는 것은 시간을 아낄 것이며, 사기를 진작시키고, 무엇보다도 탁월한 선택을 하게 한다.

위계적 시스템에서의 의사결정은 전형적으로 꼭대기에 있는 사람에 의해 이루어지며 결정사항의 이행을 위한 지침이 내려온다. 이러한 구조는 해당 사안에 대한 투입을 최소화할 뿐만 아니라 사람들이 직접적으로 자신의 삶에 영향을 끼치는 것에 대해 결정할 수 있는 가능성을 제거하여 힘의 불균형을 폭넓게 퍼뜨린다. 단순히 말해서 "힘은 의사결정에 참여하는 것이다."라고 신디 수아레즈는 **힘 사용설명서(The Power Manual)**에 썼다.[10]

임팩트 네트워크에서는 리더십과 마찬가지로 의사결정이 분산된다. 이는 모두가 모든 의사결정에 동의할 것이라는 뜻은 아니다. 이런 경우는 현실적으로 드물다. 대신에 우리는 각자 처한 상황과 혜택, 부담에 대한 진짜 생각을 드러내고, 모든 참여자들이 제안을 구체화하고 관점을 공유하도록 한다. 의사결정이 포용적이고, 투명하게, 모두의 웰빙(well-being)에 부응하도록 이루어지는 한, 사람들은 자신이 그 결정에 동의하지 않더라도 그 결정에 따르며 앞으로 나아가는 과정에 감사함을 느낀다. 네트워크가 참여자 협약을 정의하는 것과 같은 집단적 의사결정을 해야 하는 상황에서 전체 합의를 달성하는 일은 시스템 내에서의 응집성을 보여준다. 그러나 합의를 이루는 의사결정 과정은 몇 가지 주요한 한계가 있을 수 있다. 과정이 오래 걸리고, 행동이 답보상태에 있을 때 네트워크의 에너지를 저하시키고, 새로운 시도를 제한할 수 있다.

우리는 대안적 방식을 선호한다. 이는 동의 기반(consent-based)의 의사결정으로, 만장일치의 동의가 아닌 전체 중 가장 관심있는 사람들의 행동을 허용하는 것이다. 이러한 접근방식은 생태계 과학분야에서 빌려온 개념으로 "허용 범위(range of tolerance)" 원칙을 근간으로 한다. 자연에서 유기체가 자신이 처한 환경이 너무 뜨겁거나 차가우면, 유기체 내 시스템의 특정 부분은 허용 범위를 넘어선 온도 때문에 죽게 된다. 동의 기반 의사결정 방식을 통해 우리는 모두에게 최고로 선호되는 결정은 아니더라도, 모두가 허용할 수 있는 결정을 찾는다. 질문이나 반대가 있는 경우, 참여자는 서로의 솔직한 우려를 듣는 데 시간을 들이며, 최종 결정이 네트워크 안 모든 사람들의 허용 범위 안에 있도록 최종 제안을 가다듬는 데 함께 일한다.

## 동의 기반의 의사결정 과정

동의 기반의 의사결정 과정은 3단계가 있다. 배경, 명확화, 동의 요청이 그것이다.

---

**배경(맥락)**은 이루어져야 하는 의사결정의 틀을 구성한다. 관련된 요인은 무엇인가? 고려되어 왔던 찬성과 반대는 무엇인가? 마지막으로, 앞으로 나아가는 데 권장사항은 무엇인가? 배경은 그 제안을 만들어 냈던 논의에 참여했던 사람이 발표한다.

---

**명확화**는 투표 전에 네트워크 구성원이 필요로 하는 명확성이나 추가 질문을 가능하게 한다. 퍼실리테이터들은 대화가 아이디어에 대한 평가로 틀어지지 않도록 하고, 제안된 안에 대한 명확화를 위한 과정으로 유지되도록 유의할 필요가 있다. 참여자들은 제안이 네트워크의 목적과 원칙에 부합하는지 살펴보고, 개인이나 조직 또는 특별한 이해관계의 대표자로서 '나'에게 가장 이익이 되는 것이 아니라, 네트워크 전체에 가장 이익이 되는 것이 무엇인지 생각하도록 권장된다.

---

**동의 요청**은 모든 그룹이 의사결정 할 준비가 되었거나, 지지 수준 및 추가 논의의 필요성을 평가할 준비가 되었을 때, 0에서 5의 투표 체계를 사용한다. 먼저, 퍼실리테이터는 해당 제안을 다시 한 번 말하고, 참여자들에게 투표를 요청한다. 그리고 나서, (손가락, 종이와 펜 또는 다른 도구를 사용해) 참여자들은 자신의 지지 수준에 상응하는 0에서 5점 사이의 점수로 응답한다. 만약 익명투표가 요구된다거나, 손가락이나 종이사용이 실용적이지 않거나, 세부적인 기록이 필요하다면, 투표 도구를 사용하여 디지털 투표로 진행할 수 있다.

투표를 할 때, 참여자들은 다음의 선택지 중 하나를 고르도록 한다.

- **5 - 주도(Lead):** 그 제안은 우리 네트워크에 잘 부합하며, 나는 그것을 실행하는 데 리더 중 한사람이 되고 싶다.
- **4 - 협력(Partner):** 그 제안은 우리 네트워크에 잘 부합하며, 나는 리더가 그것을 잘 실행하도록 협력할 것이다.
- **3 - 수용(Follow):** 그 제안이 우리 네트워크에 맞을 수 있으나, 나는 그것을 실행하는 데 나의 역량을 제공할 수 없다.
- **2 - 우려(Concern):** 나는 그 제안에 우려가 있고, 제안이 실행되면서 그 진전 상황을 추적해볼 것이다.
- **1 - 주의(Caution):** 나는 그 제안이 해를 끼칠 것이라는 큰 우려가 있으며, 더 논의하고 싶다.
- **0 - 반대(Oppose):** 제안된 액션의 계획은 허용범위 밖에 있으며, 어떤 액션이 취해지기 전에 변경해야 한다.

투표 결과 2 이상만 존재하는 경우, 그 제안은 계획된 대로 진행한다. 만약 0 또는 1이 있으면, 현장에서 바로 반대를 다루기 위한 논의를 진행하거나, 0과 1을 택한 사람들이 4와 5를 택한 사람들을 만나 이야기할 일정을 잡아 사안을 해결하고 앞으로 나아가는 방법을 찾도록 할 수 있다.

컨버지는 동의 기반의 의사결정을 사용할 때, 제안이 네트워크의 목적과 원칙에 부합하고, 해를 끼치치 않는다고 예상되는 한 진행되도록 장려한다. 결과적으로 위와 같은 과정은 자신이 흥미를 느끼는 아이디어의 실행을 이끄는 데 자원하는 사람들에게 자율성을 부여한다. 이는 전체의 임팩트를 고려하기 위한 책임감과 함께, 행동에 더 치우치게 한다. 그러기에 동의는 네트워크 내의 사람들이 리더십 역할에 들어와서 자신의 다양하고 창의적인 관심사를 추구하도록 장려한다. 이러한 종류의 행동의 다양성은 새로운 시도와 권한부여의 문화를 가꾸며, 네트워크를 훨씬 더 재미있고 혁신적인 공간으로 만든다.

# 평가 내재화하기

평가는 훌륭한 네트워크 리더십의 핵심이다. 임팩트 네트워크는 평가를 내재화함으로써 이점을 얻을 수 있으며, 수집된 데이터는 네트워크 발전을 이끄는 데 도움을 줄 수 있다. 그러므로 평가는 처음부터 구성되어야 하며, 네트워크가 특정 프로젝트를 추진하기 시작하고 난 뒤에 구성하는 것은 지양한다.[11]

좋은 평가 프로토콜(절차)에서는 참여자의 피드백을 받는 기회가 제공되고, 네트워크의 건강성과 기능에 대한 정기적 평가도 제공된다. 이러한 데이터를 통해 네트워크 리더는 네트워크의 강점이 어느 분야에 있는지, 개선할 부분은 어디인지 확인할 수 있다. 또한 데이터는 집단적 의사결정의 안내자가 되며 네트워크 활동과 전체 소집의 기획에 정보를 제공한다. 또한 데이터는 구체적인 프로젝트의 결과가 나오기 전에도 해당 네트워크가 진행되고 있다는 사실을 입증하는 데 도움이 될 가능성이 높다.

네트워크의 창발적 특성으로 볼 때, 장기적 임팩트를 초기부터 잘 정의할 수 없는 경우가 많다. 사실상 참여자가 함께 생각하고 일해 볼 기회를 갖기도 전에 장기 성과를 결정하면, 자신이 가장 중요하다고 생각하는 것을 중심으로 자기조직화를 하는 능력이 저해될 가능성이 있다. 그러므로 장기 임팩트를 평가하기 위해서는 시간이 지남에 따라 유연성을 허용하는 세심한 평가 접근방식이 필요하다. 즉 이미 결정된, 정적인 측정지표에 크게 의존하는 접근방식은 일반적으로 적합하지 않다.

동시에 건강한 임팩트 네트워크는 네트워크의 연결성과 참여자들의 실제 가치를 보여주는 마커(표지)를 포함하여 정의 가능한 단기, 중기 성과들을 공유한다. 이러한 성과는 네트워크 발전을 알리는 실행가능한 데이터라는 측면에서 문서화하는 것이 중요하며, 재원 조달자와 참여자 모두에게 향후 계획을 보여주기 위해서도 중요하다. 네트워크의 건강성 관련한 측면은 상대적으로 공통적이기 때문에, 이러한 요소들은 사전에 식별될 수 있고, 괜찮은 표준(맞춤제작도 가능하지만) 도구로 평가될 수 있다. 이것이 우리가 다음의 구조화된 평가 접근을 제공할 수 있었던 이유이며, 이는 거의 모든 임팩트 네트워크에 유용할 것이다.

## 네트워크 평가의 네 가지 기본요소

네트워크가 긍정적인 방향으로 지속적으로 학습하며 진화하고 있는지 확인하는 것을 돕기 위하여, 우리는 네트워크 평가의 4가지 기본 구성요소를 제안하며, 아래에 더 자세히 설명하였다.

---

- 협력 인프라
- 네트워크 연결성
- 참여자 경험
- 창발적 활동

### 협력 인프라

협력 인프라 평가에는 네트워크 참여와 활동에 대한 기본 정보를 추적이 포함된다. 참여를 평가하기 위해 네트워크 리더는 네트워크 규모(참여 등급별 참여자 수), 대표성(현재 구성원이 대표하는 집단과 관심사), 성장과 탈퇴율(지난해 네트워크 가입 자/조직 수와 탈퇴자/조직 수)를 추적할 수 있다.

네트워크 활동을 평가하기 위해 네트워크 리더는 전체 소집의 빈도와 참여뿐만 아니라, 전화 회의 참여와 네트워크 뉴스레터 구독률과 같은 적용 가능한 다른 중요한 네트워크의 기능을 추적해볼 수 있다. 또한 참여자마다의 참여가 다양하게 이루어지고 있는지, 모든 구성원이 참여로 혜택을 보도록 조정이 필요한지 확인하기 위해 분야, 지역, 인구학적 특성과 같은 특정 참여자 특성에 위와 같은 정보를 상호 대조해보는 것 또한 도움이 된다.

### 네트워크 연결성

네트워크 연결성은 얼마나 관계가 네트워크 전체에 골고루 잘 형성되어 있는지를 반영한다. 어떤 네트워크의 유효성이라는 것은 근본적으로 참여자 간의 연결 강도에 달려 있는데, 네트워크 연결성은 종종 네트워크의 초기 형성기에 진척 정도를 평가하는 주요 도구가 된다.

네트워크 맵핑(network mapping, 네트워크 도식화)이라고도 알려져 있는 **사회네트워크분석(SNA)**은 그러한 연결성을 시각화하고 평가하는 데 현재 사용가능한 가장 효과적인 도구이다. SNA는 주어진 시점에서 참여자들 사이의 연결과 단절의 패턴을 나타내는 실증적인 방식을 제공한다. 이는 어디에 클러스터(군집)가 형성되는지, 어떻게 정보가 흐르는지, 얼마나 관계를 가장 잘 조직하는지에 대한 중요한 단서를 제공한다.[12]

SNA는 참여자가 서로 관계를 형성한 정도뿐만 아니라 서로 소통하거나(정보, 아이디어, 또는 데이터를 공유하는 것), 조율하는지(참여자들의 노력은 서로 밀접하게 연관되어 있으나, 개별적인 자원과 책임을 가짐), 협력하는지(협력관계로 일하며, 자원을 공유하고, 공동의 의사결정을 함)를 포착하는 데 사용 된다. 우리는 첫 번째 네트워크 전체 소집 전 기초선 데이터를 확보하기 위해 이 정보를 모으고, 전체 소집 이후 또는 정기적 간격(예, 반기마다)으로 다시 그 정보를 모아 시간이 지남에 따른 변화를 평가한다.

SNA는 다음과 같은 다양한 방식으로 네트워크의 발전을 지원할 수 있다.

---

- [그림 10.1]과 같은 네트워크 성장에 대한 평가
- 핵심 인플루언서[*]와 가장 적게 참여하는 참여자 식별
- 개입과 조직하기(weaving)를 위한 기회 강조
- 연결과 단절의 패턴 구분

네트워크 진화에 따른 네트워크 연결성 도식화와 분석을 돕고 네트워크 지도를 구성하기 위해서, 컨버지는 필요한 데이터를 포착하는 데 쓸 수 있는 조사 템플릿과 함께, 우리가 어떻게 실제로 SNA를 적용했는지에 대한 사례를 개발했다. 이 과정을 학습하고자 한다면 컨버지 네트워크 툴킷의 사회네트워크분석(Conducting a Social Network Analysis)를 살펴볼 것을 추천한다.

### 참여자 경험

네트워크의 건강성 평가에는 네트워크가 공동의 목적을 향해 응집하고, 긍정적인 협력의 문화를 발전시키는 정도도 포함된다. 아래에 강조된 핵심 요인은 임팩트 네트워크의 장기적 성공과 참여자를 지속적으로 네트워크에 관여하도록 하는 데에 특히 중요하다.

건강한 네트워크는 참여자가 공동의 **목적**과 공동의 **원칙**이 명확하다고 느끼는 곳이다. 네트워크는 네트워크의 발전에 능동적으로 기여하는 데 적합하며, 네트워크의 목적에 동의하는 광범위한 **참여자** 계층을 포

---

[*]   역자주: 영향력을 끼치는 사람

함한다. 여기서 참여자들은 **신뢰의 관계**를 발전시켜 나가면서 서로 의견충돌이 있을 수도, 의견충돌을 해결할 수도 있다고 느낀다.

네트워크는 일을 제대로 정리하고 좋은 의사결정을 하기위해, **구조와 협약**, 어떤 용어로 불리든 그 내용을 만들어 왔다. 이러한 구조와 협약은 네트워크가 필요 이상으로 부담스럽지 않으면서도 환경의 변화에 대응하는 것이 가능할 만큼 유연해야 한다.

건강한 네트워크에서는 충분한 **조율**이 이루어지고 필요한 운영상의 책임을 잘 처리한다. 관련 **정보**는 쉽게 접근 가능하며, 자유롭게 공유된다. 참여자들은 네트워크가 해당 활동을 유지할 적절한 **자원**을 가지고 있으며, 재원 조달자들이 네트워크의 경로를 통제하려 하지 않고 네트워크를 지원하고 있음을 느낀다.

마지막으로 중요한 것은 건강한 네트워크에 있는 참여자들 자신이 네트워크에 투여한 시간으로부터 좋은 **가치**를 얻고 있다고 느끼는 것이다. 개인으로서 사적인, 직업적인 이익을 얻고 있으며, 자신의 조직 또한 네트워크에 속해 있기에 받은 이익이 있다고 느낀다.

정기적으로 참여자 설문조사를 실시하는 것은 네트워크의 건강성의 핵심지표를 잘 평가할 수 있게 해준다. 이러한 조사는 참여자들이 정기적으로 피드백을 제공할 수 있는 공간을 제공하며, 형평성을 고려하도록 하고, 네트워크 리더가 네트워크에 대한 참여자들의 인식을 잘 파악할 수 있게 해준다. 조사 결과는 강점 분야뿐만 아니라 추가적인 관심과 지원이 필요한 분야를 조망해보는 데 도움을 준다. 이러한 참가자 설문조사의 결과는 네트워크가 참여자 개인과 조직에 제공하는 가치들과 관련한 다양한 세부내용을 파악할 수 있게 해준다. 참여자 개인을 위한 가치로는 기술, 지식, 의미 있는 관계, 직무 효과성에서의 성장 등을 포함하며, 조직의 가치로는 조직의 영향력이나 그 범위의 확대와 같은 것들이 포함된다. 이러한 결과는 회원들은 자신이 속한 조직에 네트워크의 참여를 정당화하고, 네트워크의 재원 조달자에게 네트워크 활동을 정당화할 수 있게 해준다. 네트워크 건강성 지표 목록(Indicators of Network Health)과 네트워크 참여자 설문조사(Network Participant Survey)를 원할 경우, ※ 컨버지 네트워크 툴킷을 살펴볼 것을 추천한다.

### 창발적 활동

네트워크 참여로 인한 연결성의 증가나 참여자의 가치 향상과 같은 네트워크의 성과는 일부 예측 가능하나, 많은 경우는 그렇지 않다. 네트워크의 마법은 그것의 창발적 성과에 있다. 이는 사전에 정의될 수 없고, 네트워크마다 똑같지도 않을 것이기에 표준화된 도구로 측정될 수 없다. 물론 창발적 성과의 정확한 특성은 사전에 예측될 수 없으나, 이러한 성과가 나타나는 경우 그것을 추적해보는 것은 여전히 가치 있는 일이다. 특히 참여자들 사이에서 촉발과 협동 프로젝트와 조율된 과업을 추적하는 것은 네트워크가 어떻게 광범위한 시스템에 영향을 끼치는지 이해하는 데 필수적이다. 정보는 네트워크 리더와 참여자들로 하여금 유망한 기회와 잠재적 혁신을 진전시키도록 돕는다. 뿐만 아니라 더 넓은 영역의 시스템에 그 네트워크가 미친 영향을 말해주기도 한다. 보다 자세한 사례연구의 주제가 될 수 있는 특히 흥미로운 프로젝트가 있다면 그것이 강조될 수도 있다.

이러한 정보를 모으고 엮어내는 중요 목적은 네트워크의 활동과 성과를 참여자가 효과적인 방식으로 살펴볼 수 있도록 하기 위함이다. 그렇게 함으로써 네트워크는 참여자에게 네트워크에서 일어나고 있는 일에 대한 실시간의 지식을 제공하고, 어떤 프로젝트가 자신의 일과 관련되어 있을 경우 함께 참여할 수 있는 방식을 찾는 능력을 지원한다.

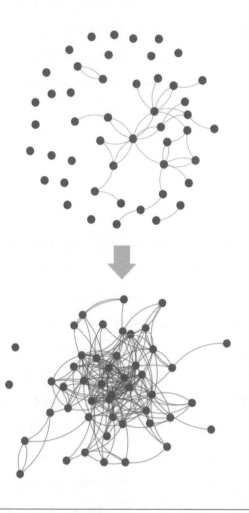

[그림 10.1] 뉴욕시 전역에서 경제적 이동성 향상을 위해 일하는 범분야 리더의 네트워크인 스털링 네트워크 NYC는 시간이 지나면서 네트워크에서 일어나는 변화를 측정하고, 지원을 제공할 기회를 식별하기 위해 정기적으로 SNA를 실시함. 스털링 네트워크의 두 가지의 분석은 처음 16개월에 걸쳐 참여자들 사이에 극적으로 증가된 협력적 활동을 보여줌. 초기 분석은 2018년 1월 네트워크의 첫 소집 직전에 수행되었고 기초선 평가(그림의 위쪽)를 하였으며, 두 번째 분석은 2019년 4월에 진행함(그림 아래쪽). 자가보고한 조사 내용을 기반으로 하였으며, 각 노드는 개별 참여자를 나타내며, 두 사람 간의 연결선은 서로 협력하고 있음을 나타냄(상호 연결선이 없는 경우는 조사 응답이 빠진 경우가 많고, 참여자의 설문 해석의 차이도 영향을 끼쳤음).

주어진 역할로 볼 때, 특히 네트워크 코디네이터는 참여자들 사이에 일어나는 프로젝트와 파트너십을 포함한 새로운 변화발전에 대해 인지하고 있어야 한다. 우리는 코디네이터가 이러한 정보를 기록하여 정기적으로 갱신되도록 한다. 코디네이터들은 정기적으로 참여자와 이야기를 나누면서, 전체 소집에서 상호작용 활동을 이끌고, 또는 정기 설문조사에서 이러한 활동에 대한 질문을 포함함으로써 비공식적으로 정보를 수집할 수 있다. 일단 정보가 모이면 코디네이터는 정보를 대쉬보드(현황판)나 문서로 편집하여 참여자들이 네트워크의 최신 활동과 참여가능 기회에 접근할 수 있도록 할 수 있다.

## 더 집중적인 평가

이러한 네 가지 기본 평가 요소에 더하여 역량과 자원이 있는 네트워크는 참여자 초점 그룹 인터뷰를 조직해 더 포괄적 평가를 위한 데이터 분석을 수행해 볼 수 있다. 또한 참여자에 의해 수행된 한 가지 이상의 협력 프로젝트의 임팩트를 평가하거나, 시간이 지남에 따른 변화를 설명하기 위해서 네트워크의 목적과 관련된 수집 가능한 지역적, 역학적 데이터를 분석할 수도 있다. 더 광범위한 평가는 많은 시간과 전문성을 요하며, 주로 전문성 있는 평가자를 통한 밀접한 협력관계에서 가장 효과적으로 수행된다.

개발평가(development evaluation)[13]는 특히 임팩트 네트워크의 창발적 활동에 잘 맞는 것으로 보인다. 이는 혁신을 위한 신속하고 전략적인 학습을 통해 이익을 얻는 환경에서 적용되는 접근법이다. 그러나 이러한 접근은 평가자가 기술적으로 네트워크의 발전을 면밀히 추적하기 위해 네트워크 리더십과 긴밀히 소통하고 지속적으로 네트워크의 필요에 가장 잘 부합하는 측정방법을 적용해야 하고, 평가자의 폭넓은 연구

능력과 집약적 시간 투입을 필요로 한다. 많은 네트워크가 그러한 집중적 과정을 수용할 만한 자원을 가지고 있지 못하지만, 이러한 다양한 형태의 평가의 이점을 이해하는 것은 네트워크 리더가 네트워크의 필요에 부합하는 자체 평가 프로토콜을 개발하는 것에 도움이 된다.

## 네트워크에 자원 연계하기

임팩트 네트워크의 발족과 성장을 지원하기 위한 자원은 여러 가지 형태를 띤다. 자원은 회의 공간과 음식을 제공하기 위해, 네트워크 리더에게 보상을 하기 위해, 네트워크에서 나타난 프로젝트를 지원하기 위해 필요하다. 임팩트 네트워크는 일반적으로 다음의 자원 중 한 가지 이상의 자원을 활용한다.

-----------

- 자선적 기금
- 조직 자원
- 현물 기여
- 참여자 회비
- 네트워크 프로젝트 수행을 통한 사업수입

각각의 자원은 아래에 짧게 요약되어 있다.

-----------

**자선적 기금**은 전 세계에서 임팩트 네트워크를 발전시키는 데 중요한 역할을 해왔다. 재단과 자선가들은 협력 활동에 관련된 운영비를 지원하는 자원을 가지고 있다. 복잡한 사안을 시스템 수준에서 살펴볼 때, 일부 재단과 자선가들은 새로운 네트워크를 견인해내는 기회를 포착하는 데에도 잘 포진하고 있다. 네트워크 재원 조달자의 고유한 역할은 이 장의 후반부에 더 자세히 기술되어 있다.

**조직 자원**은 각 네트워크 팀의 책임을 조율하거나, 사업을 진전시키는 데 자신이 속한 조직의 직원시간을 투입시켜 임팩트 네트워크를 지원할 수 있다. 예를 들어, 카미헬스는 조직 예산의 일부를 네트워크에 할당하고, 네트워크에 필요한 기능을 조직의 직원 역량으로 충당하여 IMPT 네트워크 조율에 도움을 주었다.

**현물 기여**는 거의 대부분의 임팩트 네트워크 초기에 필수적이다. 재정자원을 지원하기 보다, 참여자—개인 및 조직—는 시간, 역량, 모임장소, 이동수단, 음식, 재료 등을 기부함으로써 네트워크에 기여할 수 있다.

**참여자 회비**는 네트워크 참여자들에게 이미 네트워크의 가치를 보여준 임팩트 네트워크에 적합하다. 포틀랜드-밴쿠버 대도시 권역에 더 깊이 자연을 들여놓고자 일하는 150개 이상의 공공, 민간, 비영리 조직의 네트워크인 인터트와인 얼라이언스 (Intertwine Alliance)는 조직의 규모에 따라 회비를 책정하고, 비영리 조직에는 약간의 할인을 제공한다. 필수사항 이상으로 네트워크에 기여한 참여자는 특별 할인을 적용 받을 자격이 주어진다.[14]

**사업수입**은 때때로 네트워크 프로젝트팀에 의해 만들어진다. 예를 들어, 산타크루즈 산맥 보호관리 네트워크의 스포트라이트 스튜어드십(Spotlight Stewardship)팀은 커뮤니티 리더들을 한 지역에 모아 그 지역이 처한 중요한 보호관리 사안에 대해 배우도록 하는 교육 프로그램을 제공한다. 네트워크는 프로그램 참여에 비용을 받으며, 이는 프로그램 비용을 충당하는 데 쓰인다.


## 네트워크 재원 조달자의 핵심 역할

임팩트 네트워크는 상대적으로 새롭기도 하고, 종종 복잡한 이슈에 대해 약간 잘못된 접근을 하는 경우도 있다. 때문에 네트워크 육성이라는 독특한 도전적 과제를 인지하는 기금 파트너가 필요하다. 로버트 스털링 클락 재단(Robert Sterling Clark Foundation)의 대표 필립 리(Philip Li)가 주장한 대로, "인내심 있는 장기투자를 원한다는 것이 네트워크의 과제라 할 수 있다. 재원 조달자들은 자신의 통제권을 내려놓고, 네트워크가 자신이 달성하기 원하는 것을 정의하도록 해야 한다는 것을 이해해야 한다. 이는 재원 조달자와 네트워크 간에 다른 종류의 관계를 만든다." 이러한 관계는 쉽지 않지만, 가치가 있다고 리는 이야기한다. "네트워크가 구축되는 상승 잠재력은 실로 아주 엄청난 것이다."[15]

우리는 재원 조달자들이 임팩트 네트워크를 지원함에 있어, 다음의 세 가지 지침을 채택하는 것을 장려한다.

---

• 네트워크의 지휘를 따라라
• 동료로 참여하라
• 장기적 관점을 가져라

각 자침은 다음에 더 자세하게 소개되어 있다.

### 네트워크의 지휘를 따라라

재원 조달자들의 주요 과제는 네트워크 경로의 제한이나 제어 없이 네트워크를 지원하는 것이다. 의식적으로든 무의식적으로든 일부 재원 조달자들은 자신들이 돈을 제공하기 때문에, 네트워크의 방향 설정에 있어 참여자들보다 자신들이 더 영향력이 있어야 한다고 생각한다. 그러나 제어를 위해 너무 세게 쥐고 있다면 — 미리 정해놓은(변경할 수 없는) 성과에 돈을 내겠다고 주장함으로써 —, 재원 조달자들은 네트워크의 잠재력을 제한하는 위험을 각오해야 한다.

재원 조달자들에게 핵심은 네트워크가 직접 네트워크를 이끌도록 하여, 재원 조달자 **자신을** 위한 미래가 아닌, **참여자가** 원하는 미래를 직접 만들 자유를 누리도록 하는 것이다. "재단은 지원을 해야지, 리더가 되려고 해서는 안 된다."라고 스몰 재단(Small Foundation)의 고위급 인사인 리즈 윌슨(Liz Wilson)은 말한다.[16] 재원 조달자가 "네트워크가 발전하고 번영할 수 있도록 구조를 제공하는 것과 유기적 연결을 제공하는 것 사이의 줄타기 하는 방법을 이해하기를 요한다."고 빌 앤 멜린다 게이츠 재단(Bill & Melinda Gates Foundation)의 선임 프로그램 담당관인 제니퍼 허즈밴즈(Jennifer Husbands)는 이야기한다.[17] 네트워크 재원 조달자로서, 자신이 지원하고 있는 것이 무엇인지 제대로 알아야한다. 재원 조달자는 생산 주문량 충당이나, 정해진 수의 사람들에게 서비스를 제공하고자 재정지원을 하는 것이 아니다. 그 보다 폭넓은 관점에 눈을 뜨고, 서로 배우며, 지역적 도전과제에 대한 최적의 대응을 스스로 결정하는 생태계의 역량을 지원하고 있는 것이다.

## 동료로 참여하라

재원 조달자가 임팩트 네트워크의 형성에서 두드러지는 역할을 할 때, 재원 조달자들은 건강하지 않은 힘의 역학관계를 강화하는 위험을 초래할 수 있다. 그라우스타인 메모리얼 펀드(Graustein Memorial Fund)의 전 대표인 데이비드 니(David Nee)가 썼듯이, 네트워크 재원 조달자들을 위한 핵심 교훈은 "동등한 파트너로서 동료로 함께 일하며, 지역사회 및 다른 이해관계자들과 힘을 공유하는 것"이다."[18]

특히 네트워크 재원 조달자들은 자신의 의사결정 역할이 과도하게 큰 영향력을 갖지 않도록 신중하게 고민해야 한다. 예를 들어 리-앰프 네트워크를 견인해내고 난 직후, 가필드 재단은 다른 모든 네트워크 회원과 마찬가지로, 자신의 네트워크의 공식 의사결정 권한을 하나의 투표권으로 제한했다. "가필드는 자신의 중심적 역할을 거두어 들이는 것이 중요하다는 것을 깨달았다."라고 재단의 협력 네트워크 프로그램 디렉터인 루스 로밍거(Ruth Rominger)는 회상한다. "재원 조달자들은 자신의 것을 원하는 경향이 있지만, 가필드 재단은 네트워크를 계속 재정지원 하면서도 협력자의 역할을 취하고자 했다."[19]

## 장기적 관점을 가져라

많은 재원 조달자들은 자신의 피지원기관이 몇 년 내에 성과를 보여주기를 기대한다. "근본 원인이 수세기에 걸쳐 발생했을 많은 사안들의 복잡성을 볼 때, 이러한 기대는 그냥 미친거다."라고 에드가 빌라누에바(Edgar Villanueva)는 **부의 탈식민지화**(Decolonizing Welth)에 썼다.[20] 아쇼카(Ashoka)외 다수가 쓴 **복잡성을 껴안기**(Embracing Complexity) 보고서는 위와 같은 심정을 반영하고 있다. "시스템 변화를 달성하기 위해 걸리는 시간을 현실적으로 생각하여 장기적 참여를 준비하는 것과, 선도자의 경로가 뒤에 오는 사람의 길을 변화시킬 것이며, 그것이 현실적인 야망을 독려할 것이라는 것을 인정하는 것"의 중요성을 강조한다.[21]

스털링 네트워크 NYC의 경우, 네트워크의 성과는 물론 그 활동 기간조차 정해지지 않았다. 참여자들은 해마다 네트워크 참여 여부를 재결정한다. 그러나 로버트 스털링 클락 파운데이션은 최소 10년간 네트워크를 지원하기로 되어 있다. 재단의 대표로서 네트워크 견인을 도운 리(Li)에 따르면 "재단이 제공할 수 있는 훌륭한 선물 중 하나는 사람들이 사업을 지속하기 위해 재원을 구하는 데 모든 시간을 쓰지 않고, 연구조사 되고 있는 사안에 대해 머리를 맞대고 새로운 시도를 해보는 데 집중할 수 있도록 한다는 점이다."[22]

## 미래에 투자하기

많은 사람들이 조직 간 더 높은 조율의 필요성을 알고는 있지만, 협력에는 여전히 자원의 투입이 부족하다. 하버드 비즈니스 리뷰(Harvard Business Review)에 수잔 울프디코프(Susan WolfDitkoff)와 아베 그린들(Abe Grindle)이 썼듯이 "대부분의 자선가들이 분절화된 변화 노력이 비효율적 확산에 좌절스러워하면서도, 협력에 의미 있게 지원하거나 참여하는 자선가는 거의 없다."[23]

일부 재원 조달자들은 네트워크에 재정을 지원하는 것은 특히 어려우며, 돈이 많이 든다고 이야기한다. 하지만 올바른 것에 투자하고 있다면, 방해하지 않고 네트워크가 작동하도록 둔다면 그럴 필요가 없는 것이 사실이다. 먼저, "네트워크를 운영하는 것을 도울 수 있는 신뢰하는 파트너를 찾고, 네트워크의 발전에 당신이 방해가 되고 있지는 않은지 자기자신 비춰라"라고 제니퍼 허즈밴즈는 이야기한다.[24] 우리는 또한 재원 조달자가 네트워크 촉매하기, 촉진하기, 조직하기, 조율하기를 포함한 리더로서 해야 할 모든 역할에 헌신하는 네트워크 리더십에 투자를 집중하는 것을 권한다. 자원이 부족한 리더십은 임팩트 네트워크가 잠재력을 발휘하지 못하도록 하는 주요 원인 중 하나이다.

궁극적으로 네트워크에 투자하는 것은 일을 완수하기 위해 부서와 부문을 걸쳐 일하는 우리의 능력에 투자하는 것이다. 우리의 가장 긴급한 사안과 싸우기 위해서, 우리는 협력해야 한다. 그리고 임팩트 네트워크는 개인과 조직이 더 나은 미래를 위해서 연결하고, 배우고, 함께 일하는 것을 가능하게 하는 필수적 인프라를 제공한다. "행동하면서 배우는 방식을 받아들이고, 첫 발자국을 떼어라"라고 리즈 윌슨은 우리를 북돋는다.[25] 재원 조달자가 네트워크의 방식을 받아들일 때가 왔다.

# 결론

우리의 일은 온 세상을 한 번에 고쳐내는 것이 아니라,
우리에게 닿는 세상의 한 부분을 수선하기 위해 몸을 뻗는 것이다.
클라리사 핀콜라 에스테스(CLARISSA PINKOLA ESTÉS),
암담한 시절을 보내는 젊은 활동가에게 보내는 편지
(Letter to a Young Activist During Troubled Times)

---

복잡함을 다루고, 의미 있는 변화를 만드는 우리의 집단적 능력을 발전시키는 것은 우리 시대의 도전과제가 무엇인지를 정의하는 것과 같다. 대부분의 사람들은 우리가 우리의 최대 도전과제를 다루기 위해 함께 일해야 한다는 것에 동의한다. 그러나 우리는 어떻게 넓게 펼쳐진 협력을 그저 열망만이 아닌 현실로 만들 수 있을까?

나는 임팩트 네트워크가 그 열쇠라고 생각한다. 네트워크를 조심스럽게 발전시킨다면, 이러한 네트워크들은 삶의 확신을 더하는, 시스템 전체에 걸친 변화를 만드는 촉매제가 될 것이다. 다행히도 네트워크 리더십의 마음가짐과 능력은 학습될 수 있다.

네트워크 리더십의 여정은 당신이 복잡한 도전과제에 직면할 때, 그 사안을 다루기 위해 더 높은 수준의 연결, 조율, 협력이 필요로 한다는 것을 인지하게 될 때 시작된다. 여기에는 우리가 행해온 낡은 일하는 방식들-하향식 리더십, 선형적 작업 계획, 예측가능한 결과와 같은-이 적당하지 않다는 깨달음도 포함된다. 당신이 촉매자가 되는 순간, 새로운 네트워크를 가꾸기 위한 공동 창조 작업에 다양한 집단의 사람들을 초대하게 된다.

초기 소집 이후, 당신은 5C의 각 요소를 통해 집단의 생애주기를 돕는 퍼실리테이터의 역할에 들어서게 되어, 겸손하게 네트워크를 이끌면서 연결을 촉발시키는 깊은 경험을 만들게 된다. 이러한 과정을 통해, 참여자들은 자신의 기여에 영감을 주는 공동의 목적을 발견하고 자신의 활동을 안내해줄 핵심 원리를 인지하게 된다.

이제 당신과 다른 사람들은 네트워크 조직가가 되어 미래를 더 지속적으로 유지시킬 신뢰의 관계를 가꾼다. 사람들은 훨씬 더 정보를 공유하고자 하고, 실패를 논의하고자 하며, 지원이 필요할 때 도움을 확대한다. 호혜성의 문화가 탄생하는 것이다.

네트워크가 성장하면서 네트워크 리더십의 중요 과업은 네트워크의 많은 활동 요소들을 하나의 전체로 통합하는 조율을 하는 것이다. 제대로 일할 수 있도록 하는 토대가 자리 잡히면, 네트워크는 도움이 가장 필요한 곳에 자원을 배분하면서도 위기가 닥쳤을 때 빠르게 대응할 수 있다. 참여자들은 팀 내에서 자기 주도적으로 움직여 변화를 위한 전략을 이행하고 팀 리더로 일할 수 있는 리더십 기회를 더 많이 갖게 된다. 점차적으로 전체 네트워크는 유사한 사안에 대해 더 큰 규모의 변화를 촉진하는 다른 사람 및 조직과 연결된다.

이것이 변화가 일어나는 방법이다. 한 번에 하나씩이다. 처음에는 새로운 연결, 새로운 대화, 또는 필요한 시기에 도움을 제공하는 봉사의 순간처럼 그 변화가 작아 보일 수도 있다. 그러나 이러한 것들이 협력의 벽돌을 쌓는 것이다. 이것들이 없다면 우리는 시스템 전체에 걸친 변화를 만들어 내기 위해 필요로 하는 대규모의 전환을 효과적으로 진전시킬 수 없다.

이 책을 통해 당신이 가져갔으면 하고 바라는 것을 하나만 뽑자면, 신뢰 기반 관계가 네트워크의 목표를 달성하도록 하는 다른 모든 것을 가능하게 한다는 것이다. 사람들이 관계의 힘으로 함께 묶여 새로운 방식으로 연결하고 공동창조하기 시작할 때, 마법이 일어난다. 전에는 불가능했던 대화가 가능해진다. 서로를 경쟁자라고 생각했던 그룹들이 서로 동맹을 구성한다. 대담한 목표가 달성 가능해지고, 시스템 차원에서 임팩트가 일어난다. 어떤 시점에서라도 어떻게 앞으로 나아가야 할지 확실하지 않다고 느낀다면, 관계에 투자하라. 네트워크 리더가 되는 것은 우리를 함께 묶는 실을 엮어가기 위한 최우선이자 가장 중요한 것이다. 이것이 분절된 시스템을 창조적이며, 유연하게 적응 가능하며, 전체로 상호연결될 수 있도록 하는 방법이다.

네트워크 리더로서 당신의 여정을 통해, 당신은 기쁨 및 만족과 함께 피할 수 없는 어려움도 맞게 될 것이다. 임팩트 네트워크를 가꾸는 과정은 절대로 완전히 이해되거나 완수될 수 없다. 이 일을 하는 데에는 여러가지 방법이 있으며, 우리의 기회는 커뮤니티 안에서 서로 연습하고 배우는 것이다.

아직 준비가 되지 않았다면, 나는 컨버지웹사이트(converge.net)의 컨버지 네트워크 툴킷에 있는 추가적인 도구와 자료에 접속해 보는 것을 추천한다. 거기에서 당신은 이 책에서 다루지 않았던 네트워크의 개념을 더 깊이 파고 들 수 있으며, 네트워크 리더십의 학습 경험에 초대를 받을 수도 있다. 당신은 또한 다른 네트워크 리더들과 직접 연결을 만들며, 공유할 수 있는 기회도 발견하게 될 것이다.

네트워크에서 무언가를 촉매하고, 가꾸며, 이끄는 것의 필요가 이렇게 큰 때는 없었다. 우리 시대의 요청에 우리가 응답하자. 우리의 응답은 다음과 같다. 우리의 상호의존성을 영예롭게 생각하기, 다름을 넘어 일하는 역량에 투자하기, 더 정의롭고, 형평성 있으며, 생동감 넘치는 시스템을 만드는 회복적 탄력성이 있는 네트워크를 가꾸기. 우리 함께, 모두를 위해 일하는 세상을 위해 협력하자.

# 감사의 글

먼저, 내 오랜 친구이자 컨버지의 공동 촉매자 데이비드 소여에게 감사 인사를 전한다. 우리는 오래 전에 이 여정을 함께 시작했고, 그는 그 이후로 늘 나의 지지자이자 멘토가 되어 주었다. 우리가 처음 본 날 이후부터 나를 지켜봐주고, 믿어준 것에 감사를 전한다. 또한 컨버지 네트워크 전체에 깊은 고마움을 전한다. 이 책을 발전시키는 전 과정에서 폭넓은 지원을 해주었다. 수많은 초고를 읽고, 이 책을 훨씬 더 좋게 만들어준 사려 깊은 피드백과 중요한 편집사항을 제공해준 사람들에게 감사한다. 특히 가브리엘 그랜트(Gabriel Grant), 폴라 맨리(Paula Manley), 캐리 문(Carri Munn), 아멜리아 페이프(Amelia Pape)뿐만 아니라, 엘사 헨더슨(Elsa Henderson), 켈리 자비스(Kelly Jarvis), 미나 리(Mina Lee), 잉 리우(Ying Liu)에게 고맙다. 특히 자크 앤더슨(Zach Anderson)과 닉 빌(Nick Viele)에게 감사를 표하고 싶다. 둘의 역대급 화이트보드 세션과 함께 보여준 꾸준한 우정, 그리고 그 모든 것을 통한 사려깊은 파트너십에 감사한다. 또한 매튜 스펜스(Matthew Spence)에게 특별한 감사를 전한다. 내가 수년간 출판했던 거의 모든 원고에 값으로는 매길 수 없는 글쓰기 자문을 해주었다.

베렛-퀼러(Berrett-Koehler) 편집자 애나 라인버거(Anna Leinberger) 에게 진정한 감사를 전한다. 이 책의 구성을 엄청나게 향상시킨, 믿기지 않을 만큼 가치있는 조언을 해주었을 뿐만 아니라, 이 책을 믿고, 현실로 실현될 수 있도록 특히 도움을 주었다. 이 책의 출판에 기여하고, 이 책 이 세상에 나오는 데 필수적이었던 베렛-퀼러의 모든 분들과 이 책의 담당팀에게 감사를 전한다. 책의 리뷰어였던 사디아 하산(Sadia Hassan), 수잔 합(Susan Hopp), 마이클 맥내어(Michael McNair), 수 뮤엘바흐(Sue Muehlbach), 니겔 윌리(Nigel Wylie)의 값진 피드백에 또한 감사하다.

끝 없는 사랑과 지원을 해준 가족에게 감사하다. 가족이 없었으면, 이 책은 절대 가능하지 않았을 것이다. 특별히 나의 아버지, 피터(Peter)의 열정적인 편집자의 눈과, 내 아내 나베츠의 격려와 지원, 그리고 늦은 밤과 긴 주말 내내 글을 쓰는 내내 내게 보여준 아내의 인내에 감사를 전한다.

마이클 배커, 마크 블래캣, 파멜라 브로디-하인, 리사 브러쉬, 엘리자베스 크리스토퍼슨(Elizabeth Christopherson), 제시카 콘라드, 데브라 에렌버그, 샤론 파렐(Sharon Farrell), 모린 피너란(Maureen Finneran), 알렉시스 플라내간, 게일 프란시스, 데이비드 하스켈, 줄리 랭포드, 준 홀리, 야디라 후에르타, 제니퍼 허즈밴즈, 숀 존슨(Shawn Johnson), 에리카 키머링, 마티 쿠이스트라, 알렌 콰베나 프림퐁(Allen Kwabena Frimpong), 제프 라이트너, 필립 리, 발렌틴 로페즈, 미쉘 메들리-다니엘, 탈리아 밀그롬-엘콧, 켈릭스 넬슨, 커티스 오그덴, 스티브 판틸랏, 알렌 로드리게즈(Arlene Rodriguez), 루스 로밍거, 딜란 스카이브룩, 크리스 스포러(Chris Spohrer), 에밀리 트로이시, 제인 웨이-스킬런, 리즈 윌슨, 그리고 베타니 영 홀트를 포함해, 이 책을 위해 내가 인터뷰한 모든 사람들에게 자신의 시간과 지원을 내어준 친절함에 대해 또한 감사하고 싶다.

　마지막으로 자신의 일과 글로 나에게 정말 많은 것을 가르쳐 준 모든 리더와 체인지메이커들에게 감사하고 싶다. 이 책의 집필 과정에서 내가 인용한 이들의 주요 저작은 참고문헌에 적혀 있다. 그리고 당연히, 이 글을 읽고 있는 친애하는 독자들에게 감사를 전한다. 이 책이 앞으로 여러 해 동안 당신에게 지속적으로 도움이 되었으면 좋겠다.

# 참고자료

## 서문

1. Heather McLeod Grant, "Transformer: How to Build a Network to Change a System: A Case Study of the RE-AMP Energy Network," Monitor Institute, 2010, https://www.reamp.org/wp-content/uploads/2014/01/Monitor-Institute-RE-AMP-Case-Study.pdf.

2. Diana Scearce, Gabriel Kasper, and Heather McLeod Grant, "Working Wikily," Stanford Social Innovation Review, Summer 2010, https://www2.deloitte.com/content/dam/Deloitte/us/Documents/monitor-institute/us-monitor-institute-working-wikily.pdf.

3. Jenny Johnson, "Fresno's New Leadership Network—Case Study Executive Summary," 2015, http://bit.ly/nlncasestudysummary.

## 들어가며

1. NPR, "Transcript: Greta Thunberg's Speech at the U.N. Climate Action Summit," NPR, September 23, 2019, https://www.npr.org/2019/09/23/763452863/transcript-greta-thunbergs-speech-at-the-u-n-climate-action-summit.

2. For an expanded explanation of the Cynefin model, see David J. Snowden and Mary E. Boone, "A Leader's Framework for Decision Making," Harvard

Business Review, November 2007, https://hbr.org/2007/11/a-leaders-framework-for-decision-making.

3. David Benjamin and David Komlos, "How to Tell If a Problem Is Complex or Merely Complicated," Fast Company, May 7, 2019, https://www.fastcompany.com/90344944/complex-vs-complicated-problems.

4. "Unified Theory Is Getting Closer, Hawking Predicts," San Jose Mercury News, January 23, 2000.

5. Albert Einstein, "'The Real Problem Is in the Hearts of Men,'" New York Times, June 23, 1946, https://timesmachine.nytimes.com/timesmachine/1946/06/23/107138385.pdf.

6. Niall Ferguson, The Square and the Tower: Networks, Hierarchies and the Struggle for Global Power (London: Penguin Books, 2018), xix.

7. Ferguson, The Square and the Tower, 43.

8. Anna Muoio and Kaitlin Terry Canver, Shifting a System, Monitor Institute by Deloitte, accessed December 17, 2020, https://www2.deloitte.com/content/dam/insights/us/articles/5139_shifting-a-system/DI_Reimagining-learning.pdf.

9. June Holley has called them "intentional networks" in Network Weaver Handbook: A Guide to Transformational Networks (Athens, Ohio: Network Weaver Publishing, 2012). Peter Plastrik, Madeleine Taylor, and John Cleveland have called them "generative social impact networks" in Connecting to Change the World: Harnessing the Power of Networks for Social Impact (Washington, DC: Island Press, 2014).

# 1장: 변화의 그물망

1. Francis Pisani, "Networks as a Unifying Pattern of Life Involving Different Processes at Different Levels: An Interview with Fritjof Capra," International Journal of Communication 1 (2007), Feature 5-25.

2. Suzanne Simard, "How Do Trees Collaborate?" "Networks," TED Radio Hour, January 13, 2017, https://www.npr.org/programs/ted radio-hour/509349587/networks.

3.  David Ehrlichman and David Sawyer, "Learn Before You Leap: The Catalytic Power of a Learning Network," Stanford Social Innovation Review, July 27, 2018, https://ssir.org/articles/entry/learn_before_you_leap_the_catalytic_power_of_a_learning_network#.

4.  Developed by Valdis Krebs and June Holley, Building Smart Communities Through Network Weaving, 2006, http://www.orgnet.com/BuildingNetworks.pdf. Re-created by Jeff Mohr, "Building Intentional Networks That Drive Impact (Part 1)," In Too Deep, Kumu, July 15, 2016, https://blog.kumu.io/building-intentional-networks-that-drive-impact-part-1-90a7271c7a2a.

5.  When I use the phrase "across the system" in this book, I am referring to the many different parts or clusters that make up a larger whole, such as the distinct departments in an organizational system or the organizations and stakeholder groups engaged in a social issue.

6.  Bethany Young Holt, interview with the author, January 26, 2021.

7.  Santa Cruz Mountains Stewardship Network, accessed March 1, 2021, http://scmsn.net/.

8.  Paul Rogers, "Nearly 1,000 Acres of Redwood Forests in the Santa Cruz Mountains Preserved in $11.7 Million Deal," Mercury News, March 27, 2019, https://www.mercurynews.com/2019/03/26/nearly-1000-acres-of-redwood-forests-preserved-in-11-million-deal/.

9.  Lexi Pandell, "What Stewardship Looks Like in the Santa Cruz Mountains," Bay Nature, January 6, 2020, https://baynature.org/article/what-stewardship-looks-like-in-the-santa-cruz-mountains/.

10. Kellyx Nelson, interview with the author, September 30, 2020.

11. Jane Wei-Skillern, David Ehrlichman, and David Sawyer, "The Most Impactful Leaders You've Never Heard Of," Stanford Social Innovation Review, September 16, 2015, https://ssir.org/articles/entry/the_most_impactful_leaders_youve_never_heard_of.

12. Dylan Skybrook, interview with the author, October 7, 2020.

# 2장: 네트워크 마인드셋

1. Christopher Vitale, Networkologies: A Philosophy of Networks for a Hyperconnected Age—A Manifesto (Winchester, UK: Zero Books, 2014), 20.

2. Otto Scharmer and Katrin Kaufer, Leading from the Emerging Future: From Ego-System to Eco-System Economies (San Francisco, CA: Berrett-Koehler Publishers, 2013), 2.

3. Jane Wei-Skillern and Nora Silver, "Four Network Principles for Collaboration Success," Foundation Review 5, no. 1 (2013), https://doi.org/10.4087/FOUNDATIONREVIEW-D-12-00018.1.

4. Oxford Languages, s.v. "hierarchy" (Oxford University Press).

5. Ronald A. Heifetz, Marty Linsky, and Alexander Grashow, The Practice of Adaptive Leadership: Tools and Tactics for Changing Your Organization and the World (Boston, MA: Harvard Business Press, 2009).

6. Michiel Bakker, interview with the author, November 13, 2020.

7. "Employee Networks," Nike Purpose, accessed January 30, 2021, https://purpose.nike.com/employee-networks.

8. Rob Cross and Andrew Parker, The Hidden Power of Social Networks: Understanding How Work Really Gets Done in Organizations (Boston, MA: Harvard Business School Press, 2004), 3.

9. Cross and Parker, The Hidden Power of Social Networks, 10.

10. Danielle C. Belton, "Leaderless or Leader-Ful?" The Root, August 10, 2015, https://www.theroot.com/leaderless-or-leader-ful-1790860733.

11. Robert K. Greenleaf, The Servant as Leader (Westfield, IN: Greenleaf Center for Servant Leadership, 1970).

# 3장: 네트워크 작동하기

1.  Adapted from the "Core Network Thinking Concepts" document created by RE-AMP Network for the December 2019 Network Thinking Academy.

2.  Katrina Pugh and Laurence Prusak, "Designing Effective Knowledge Networks," MIT Sloan Management Review, Fall 2013, https://sloanreview.mit.edu/article/designing-effective-knowledge-networks/.

3.  Samantha Slade, Going Horizontal: Creating a Non-Hierarchical Organization, One Practice at a Time (Oakland, CA: Berrett-Koehler Publishers, 2018), 56.

4.  The adage "Change moves at the speed of trust" is sometimes credited to author Stephen Covey, though it is unclear if he was the first to use it.

5.  Donella Meadows, "Leverage Points: Places to Intervene in a System," Academy for Systems Change, accessed December 18, 2020, http://donellameadows.org/archives/leverage-points-places-to-intervene-in-a-system/.

6.  Vocabulary.com, s.v. "cultivate," accessed December 18, 2020, https://www.vocabulary.com/dictionary/cultivate.

# 4장: 네트워크 리더십

1.  Max Liboiron, "Public Bibliography on Occupy Sandy," Superstorm Research Lab, April 4, 2014, https://superstormresearchlab.org/2014/04/04/public-bibliography-on-occupy-sandy/.

2.  Sharon Lerner, "How Sandy Saved Occupy," American Prospect, November 27, 2012, https://prospect.org/civil-rights/sandy-saved-occupy/.

3.  Mila N. Baker, Peer to Peer Leadership: Why the Network Is the Leader (San Francisco, CA: Berrett-Koehler Publishers, 2014), 68.

4.  Holley, Network Weaver Handbook, 171.

5.  Joshua Vial, "More People Working on Stuff That Matters," in Anthony Cabraal and Susan Basterfield, Better Work Together: How the Power of

Community Can Transform Your Business (Enspiral Foundation, 2018), 20.

6. Toni Feder, "Statistical Physics Is for the Birds," Physics Today 60, no. 10 (October 1, 2007): 28-30, https://doi.org/10.1063/1.2800090.

7. Henry Mintzberg and James A. Waters, "Of Strategies, Deliberate and Emergent," Strategic Management Journal 6, no. 3 (1985): 257-72, https://doi.org/10.1002/smj.4250060306.

8. George Plimpton and E. L. Doctorow, "The Art of Fiction No. 94," Paris Review, issue 101 (Winter 1986), https://www.theparisreview.org/interviews/2718/the-art-of-fiction-no-94-e-l-doctorow.

9. Peter Block, Community: The Structure of Belonging, 2nd ed. (Oakland, CA: Berrett-Koehler Publishers, 2018), 26-27.

10. Giles Hutchins and Laura Storm, Regenerative Leadership: The DNA of Life-Affirming 21st Century Organizations (Tunbridge Wells, UK: Wordzworth, 2019), 172.

11. Allied Media Conference, "Introducing Critical Connections: Stories from 20 Years of the Allied Media Conference," Allied Media Projects, May 23, 2018, https://alliedmedia.org/news/introducing-critical-connections-stories-20-years-allied-media-conference.

12. Daniel Christian Wahl, Designing Regenerative Cultures (Axminster, England: Triarchy Press, 2016), 19.

13. Yadira Huerta, interview with the author, October 26, 2020.

14. Patricia Patrizi, Elizabeth Heid Thompson, Julia Coffman, and Tanya Beer, "Eyes Wide Open: Learning as Strategy Under Conditions of Complexity and Uncertainty," Foundation Review 5, no. 3 (2013), https://doi.org/10.9707/1944-5660.1170.

15. Fredrik Moberg and Sturle Hauge Simonsen, "What Is Resilience? An Introduction to Social-Ecological Research," eds. Maria Schultz, Henrik Österblom, and Per Olsson, Stockholm Resilience Centre, Stockholm University, accessed December 29, 2020, https://www.stockholmresilience.org/download/18.10119fc11455d3c557d6d21/1459560242299/SU_SRC_whatisresilience_sidaApril2014.pdf.

16. Wahl, Designing Regenerative Cultures, 26.

17. Hutchins and Storm, Regenerative Leadership, 109.

18. Margaret Heffernan, "Dare to Disagree," TEDGlobal, June 2012, http://www.ted.com/talks/margaret_heffernan_dare_to_disagree.

19. Thanks to Amelia Pape of the Converge network for her contributions to this passage.

20. Seth Godin, What to Do When It's Your Turn (and It's Always Your Turn) (New York, NY: The Domino Project, 2015), 80.

## 5장: 목적과 원칙 분명히 하기

1. Nick Martlew, Creative Coalitions: A Handbook for Change (Crisis Action, 2017), 43, https://crisisaction.org/handbook/contents/.

2. Lisa Brush, interview with the author, October 29, 2020.

3. These questions were developed by The Stewardship Network.

4. Jane Wei-Skillern, interview with the author, November 2, 2020.

5. Nicholas A. Christakis and James H. Fowler, Connected: The Surprising Power of Our Social Networks and How They Shape Our Lives (New York, NY: Little, Brown and Company, 2011), 17.

6. Peggy Holman, Engaging Emergence: Turning Upheaval into Opportunity (San Francisco, CA: Berrett-Koehler Publishers, 2010), 55.

7. "Sterling Network NYC," Robert Sterling Clark Foundation, accessed February 2, 2021, https://www.rsclark.org/sterlingnetworknyc.

8. 100Kin10, accessed December 19, 2020, https://100kin10.org/.

9. Defender Network, Justice in Motion, accessed December 19, 2020, https://www.justiceinmotion.org/defender-network.

10. Holman, Engaging Emergence, 55.

11. Simon Sinek, Start with Why: How Great Leaders Inspire Everyone to Take Action (London, UK: Portfolio, 2011), 99.

12. Holman, Engaging Emergence, 80.

13. "The State of Dental Health," Children's Dental Health Project, accessed December 19, 2020, https://www.cdhp.org/state-of-dental-health/schoolandbeyond.

14. "About Smile Spokane," Better Health Together, accessed December 19, 2020, http://www.betterhealthtogether.org/smile-spokane-about-us.

15. Maureen Finneran, interview with the author, September 30, 2020.

16. "Workshopping the Worldview," Resonance Network, accessed December 23, 2020, https://resonance-network.org/workshopping-the-worldview/.

17. Alexis Flanagan, interview with the author, October 7, 2020.

18. For more details on the first two years of the network's formation, see the case study: Matthew Spence, The Santa Cruz Mountains Stewardship Network: A Regionwide, Cross-Sector Approach to Conservation, 2017, http://scmsn.net/s/SCMSN-Case-Study-A-Regionwide-Cross-Sector-Approach-to-Conservation.pdf.

19. adrienne maree brown, Emergent Strategy: Shaping Change, Changing Worlds (Chico, CA: AK Press, 2017), 221.

20. "The LISTEN Network," Association of Science and Technology Centers, accessed February 3, 2021, https://www.astc.org/impact-initiatives/listen/.

21. Erica Kimmerling, interview with the author, September 30, 2020.

22. This process was developed by Converge member Paula Manley.

23. Stephen Newland, "The Power of Accountability," AFCPE, November 27, 2018, https://www.afcpe.org/news-and-publications/the-standard/2018-3/the-power-of-accountability/.

24. Ruth Rominger, interview with the author, October 5, 2020.

25. Jessica Conrad, interview with the author, October 5, 2020.

26. Gail Francis, interview with the author, January 12, 2021.

27. RE-AMP Network: Guiding Principles for Equitable Deep Decarbonization, May 19, 2020, https://www.reamp.org/wp-content/uploads/2020/09/Guiding-Principles-ADOPTED-1.pdf.

# 6장: 사람 모으기

1.  brown, Emergent Strategy, 216.

2.  A. Stinchcombe, "Social Structure and Organizations," in J. G. March, ed., Handbook of Organizations (Chicago, IL: Rand McNally, 1965), 132-93.

3.  Vu Le, "The Problem with Everything Being All about Relationships," Nonprofit AF, February 9, 2020, https://nonprofitaf.com/2020/02/the-problem-with-everything-being-all-about-relationships/.

4.  Elisabeth Farrell, Tom Kelly, Joanna Burke, Curtis Ogden, and Karen Spiller, "Equity as Common Cause: How a Sustainable Food System Network Is Cultivating Commitment to Racial Justice," Othering and Belonging Journal no. 2 (June 2017), https://otheringandbelonging.org/equity-common-cause-sustainable-food-system-network-cultivating-commitment-racial-justice/.

5.  James Currier, "The Network Effects Manual: 13 Different Network Effects (and Counting)," NFX, Medium, January 9, 2018, https://medium.com/@nfx/the-network-effects-manual-13-different-network-effects-and-counting-a3e07b23017d.

6.  Jeff Stibel, Breakpoint: Why the Web Will Implode, Search Will Be Obsolete, and Everything Else You Need to Know about Technology Is in Your Brain (New York, NY: St. Martin's Press, 2013).

7.  Priya Parker, The Art of Gathering: How We Meet and Why It Matters (New York, NY: Riverhead Books, 2018), 51.

8.  brown, Emergent Strategy, 218.

9.  Drake Baer, "Why You Need to Unplug Every 90 Minutes," Fast Company, June 19, 2013, https://www.fastcompany.com/3013188/why-you-need-to-unplug-every-90-minutes.

10. Martlew, Creative Coalitions, 20.

11. Parker, The Art of Gathering, 43.

12. Block, Community, 190.

13. Adam Kahane, Facilitating Breakthrough: How to Remove Obstacles, Bridge Differences, and Move Forward Together (Oakland, CA: Berrett-

Koehler Publishers, 2020).

14. Craig Neal and Patricia Neal, The Art of Convening: Authentic Engagement in Meetings, Gatherings, and Conversations (San Francisco, CA: Berrett-Koehler Publishers, 2011), 55.

15. Robert C. Solomon and Fernando Flores, Building Trust: In Business, Politics, Relationships, and Life (New York, NY: Oxford University Press, 2001), 13.

16. Marvin Weisbord and Sandra Janoff, Don't Just Do Something, Stand There!: Ten Principles for Leading Meetings That Matter (San Francisco, CA: Berrett-Koehler Publishers, 2007), 104-14.

17. Block, Community, 100.

18. Sam Kaner, Facilitator's Guide to Participatory Decision-Making, 3rd ed. (San Francisco, CA: Jossey-Bass, 2014).

19. Parker, The Art of Gathering, 74-75.

20. Cyndi Suarez, The Power Manual: How to Master Complex Power Dynamics (Gabriola Island, BC, Canada: New Society Publishers, 2018), back cover.

21. Kelly Bates, Cynthia Silva Parker, and Curtis Ogden, "Power Dynamics: The Hidden Element to Effective Meetings," Interaction Institute for Social Change, July 11, 2018, http://interactioninstitute.org/power-dynamics-the-hidden-element-to-effective-meetings/.

22. Bates, Parker, and Ogden, "Power Dynamics."

# 7장: 신뢰 가꾸기

1. Cross and Parker, The Hidden Power of Social Networks, 99.

2. Pamela Brody-Heine, interview with the author, January 27, 2021.

3. Roberto Restrepo, "Andean Vision of Water—From Context to Text," Saq' Be', September 7, 2016, http://sacredroad.org/andean-vision-of-water/.

4. Holley, Network Weaver Handbook, 30.

5.  Sharon Farrell, interview with the author, October 15, 2020.

6.  Michelle Medley-Daniel, interview with the author, September 30, 2020.

7.  Peter Plastrik, Madeleine Taylor, and John Cleveland, Connecting to Change the World: Harnessing the Power of Networks for Social Impact (Washington, DC: Island Press, 2014), 90.

8.  Bill Traynor, "Vertigo and the Intentional Inhabitant: Leadership in a Connected World," Nonprofit Quarterly, February 23, 2018, https://nonprofitquarterly.org/vertigo-and-the-intentional-inhabitant-leadership-in-a-connected-world/.

9.  These ingredients have been influenced by multiple sources, including June Holley, Network Weaver Handbook, 150; Timo J⊠rvensivu, Managing (in) Networks: Learning, Working and Leading Together (Books on Demand, 2020); Robert C. Solomon and Fernando Flores, Building Trust: In Business, Politics, Relationships, and Life (New York, NY: Oxford University Press, 2001); Rachel Botsman, Who Can You Trust?: How Technology Brought Us Together and Why It Might Drive Us Apart (New York, NY: PublicAffairs, 2018); and Converge network members Paula Manley, Carri Munn, and David Sawyer, among others.

10. "Taking Accountability: How Do We Change Violence?" in Creative Interventions Toolkit: A Practical Guide to Stop Interpersonal Violence (Creative Interventions, 2012), 311-96, https://www.creative-interventions.org/wp-content/uploads/2020/08/CI-Toolkit-Final-ENTIRE-Aug-2020.pdf.

11. Amah Mutsun Tribal Band, "History," accessed December 23, 2020, http://amahmutsun.org/history.

12. Amah Mutsun Land Trust, "Our Mission," accessed December 23, 2020, https://www.amahmutsunlandtrust.org/our-mission.

13. Valentin Lopez, interview with the author, January 15, 2021.

14. Valentin Lopez, interview with the author, September 30, 2020.

15. Lexi Pandell, "What Stewardship Looks Like in the Santa Cruz Mountains," Bay Nature, January 6, 2020, https://baynature.org/article/what-stewardship-looks-like-in-the-santa-cruz-mountains/.

16. "The Ladder of Inference," created by Chris Argyris, is a sobering reminder of how quickly the brain leaps to erroneous conclusions about other human beings. See "The Ladder of Inference: How to Avoid Jumping to Conclusions," MindTools, accessed February 6, 2021, https://www.mindtools.com/pages/article/newTMC_91.htm.

17. Malcolm Gladwell, Talking to Strangers: What We Should Know About the People We Don't Know (New York, NY: Little, Brown and Company, 2019), 60.

18. In The 7 Habits of Highly Effective People, Stephen Covey identifies five levels of listening: (1) ignoring, (2) pretend listening, (3) selective listening, (4) attentive listening, and (5) empathetic listening. Stephen R. Covey, The 7 Habits of Highly Effective People: Powerful Lessons in Personal Change (New York, NY: Free Press, 2004), 240.

19. Lindsey MacGillivray, "I Feel Your Pain: Mirror Neurons and Empathy," Health Psychology 6, no. 1 (2009): 16-20, https://mdprogram.mcmaster.ca/docs/default-source/MUMJ-Library/v6_16-20.pdf.

20. Debra Erenberg, interview with the author, October 15, 2020.

21. Frances Dunn Butterfoss, Coalitions and Partnerships in Community Health (San Francisco, CA: Jossey-Bass, 2007), 186.

22. Lisa Brush, interview with the author, October 29, 2020.

23. Katharine Mieszkowski, "Opposites Attract," Fast Company, December 31, 1997, https://www.fastcompany.com/33191/opposites-attract.

24. Parker, The Art of Gathering, 233.

25. James Baldwin, "As Much Truth as One Can Bear," New York Times, January 14, 1962, https://timesmachine.nytimes.com/timesmachine/1962/01/14/118438007.pdf.

26. My thanks to Yoojin Lee for this thoughtful question.

27. "Jemez Principles for Democratic Organizing," December 1996, https://www.ejnet.org/ej/jemez.pdf.

28. The term "brave space" is increasingly used to describe a space where participants are able to explore issues of race, privilege, and oppression and their roles within them. For the conversation guidelines of a brave space, see Brian Arao and Kristi Clemens, "From Safe Spaces to Brave

Spaces: A New Way to Frame Dialogue around Diversity and Social Justice," in The Art of Effective Facilitation: Reflections from Social Justice Educators, ed. Lisa M. Landreman (Sterling, VA: Stylus Publishing, 2013), 135-50.

29. "Conversation Agreements," Living Room Conversations, accessed December 23, 2020, https://www.livingroomconversations.org/conversation_agreements/.

30. "Guidelines for Effective Cross-Cultural Dialogue," VISIONS, Inc., accessed December 22, 2020, https://fusn.org/wp-content/uploads/2017/01/Guidelines-for-Effective-Cross-Cultural-Dialogue.doc-1.pdf.

31. Barbara Frederickson, Love 2.0: How Our Supreme Emotion Affects Everything We Feel, Think, Do, and Become (New York, NY: Hudson Street Press, 2013), 8.

32. Wahl, Designing Regenerative Cultures, 245.

33. Interaction Institute for Social Change, "What's Love Got to Do with It?" YouTube, April 24, 2014, https://www.youtube.com/watch?v=S_7MvnWEkAk.

34. For more practices to cultivate love, see Curtis Ogden, "Networks for Social Change: A Love Story," Interaction Institute for Social Change, February 19, 2019, https://interactioninstitute.org/networks-a-love-story-2/.

35. With apologies to the great Tina Turner for borrowing the phrase, despite her assertion that love is "but a second-hand emotion"!

## 8장: 액션 조율하기

1. Curtis Ogden, "Getting with the Flows: 'Net Work' as Change," Network Weaver, September 23, 2019, https://networkweaver.com/getting-with-the-flows-net-work-as-change/.

2. Donella H. Meadows, Thinking in Systems: A Primer, ed. Diana Wright (White River Junction, VT: Chelsea Green Publishing, 2008), 173.

3. Emily Troisi, interview with the author, September 30, 2020.

4. Michelle Crozier Kegler, Allan Steckler, Sally Herndon Malek, and Kenneth McLeroy, "A Multiple Case Study of Implementation in 10 Local Project ASSIST Coalitions in North Carolina," Health Education Research 13, no. 2 (1998): 232, https://doi.org/10.1093/her/13.2.225.

5. Jessica Conrad, "How Collaborative Networks Lead Through Crisis —Part II," Garfield Foundation, Medium, May 20, 2020, https://medium.com/@garfield_foundation/how-collaborative-networks-lead-through-crisis-part-ii-6d609d599d26.

6. Debra Erenberg, interview with the author, October 15, 2020.

7. Fernando Martinez, "Significant Damage as Fires Burn 40% of Redwoods in Santa Cruz Mountains," SFGATE, October 7, 2020, https://www.sfgate.com/california-wildfires/article/Where-do-we-start-Santa-Cruz-wildfires-damage-15628620.php.

8. Kellyx Nelson, interview with the author, September 30, 2020.

# 9장: 시스템 변화를 위해 협력하기

1. Merriam-Webster.com, s.v. "system," accessed February 9, 2021, https://www.merriam-webster.com/dictionary/system.

2. Margaret J. Wheatley, Who Do We Choose to Be?: Facing Reality, Claiming Leadership, Restoring Sanity (Oakland, CA: Berrett-Koehler Publishers, 2017), 11.

3. "Influencing Complex Systems Change," Change Elemental, accessed December 23, 2020, https://changeelemental.org/influencing-complex-systems-change/.

4. This process has been called "sensemaking," a term first introduced by organizational theorist Karl E. Weick. See Karl E. Weick, Sensemaking in Organizations (Thousand Oaks, CA: Sage Publications, 1995).

5. For detailed descriptions of these and many other tools, see the Systems Grantmaking Resource Guide, developed by GEO (Grantmakers for Effective Organizations) and Change Elemental (then called Management Assistance Group), found at systems.geofunders.org/

tools-resources, as well as in Peggy Holman, Tom Devane, and Steven Cady, eds., The Change Handbook: The Definitive Resource on Today's Best Methods for Engaging Whole Systems, 2nd ed. (San Francisco, CA: Berrett-Koehler Publishers, 2007).

6. Farrell, Kelly, et al., "Equity as Common Cause," Othering and Belonging Journal no. 2.

7. Talia Milgrom-Elcott and Eric L. Berlow, "Ending Teacher Shortages with Network Mapping," Stanford Social Innovation Review, April 25, 2018, https://ssir.org/articles/entry/ending_teacher_shortages_with_network_mapping.

8. 100Kin10, "Field Guide for Catalyzing Change," accessed February 22, 2021, https://2019annualreport.100kin10.org/.

9. Steve Waddell, Change for the Audacious: A Doer's Guide (Boston, MA: NetworkingAction Publishing, 2016), 15.

10. Kenneth Jones and Tema Okun, Dismantling Racism: 2016 Workbook (Dismantling Racism, 2016), 35, https://resourcegeneration.org/wp-content/uploads/2018/01/2016-dRworks-workbook.pdf.

11. brown, Emergent Strategy, 216.

12. Alexis Flanagan, interview with the author, October 7, 2020.

13. Damon Centola, How Behavior Spreads: The Science of Complex Contagions (Princeton, NJ: Princeton University Press, 2018), 2.

14. Damon Centola, "The 25 Percent Tipping Point for Social Change," Psychology Today, May 28, 2019, https://www.psychologytoday.com/us/blog/how-behavior-spreads/201905/the-25-percent-tipping-point-social-change.

15. Steve Pantilat, interview with the author, October 8, 2020.

16. Leslie R. Crutchfield, How Change Happens: Why Some Social Movements Succeed While Others Don't (Hoboken, NJ: John Wiley & Sons, Inc., 2018), 58.

17. Leslie Crutchfield, "Why the Best Leaders Give Their Power Away," Fortune, May 12, 2018, https://fortune.com/2018/05/12/leadership-parkland-shooting-nra-gun-control-laws/.

18. Mark Engler and Paul Engler, This Is an Uprising: How Nonviolent Revolt Is Shaping the Twenty-First Century (New York, NY: Nation Books, 2016), 71.

19. Encyclopaedia Britannica, s.v. "Iroquois Confederacy," accessed February 10, 2021, https://www.britannica.com/topic/Iroquois-Confederacy.

20. Seventh Generation Fund for Indigenous Peoples, "Who We Are," accessed February 10, 2021, https://7genfund.org/who-we-are/.

21. "Charles Eisenstein: Serving the More Beautiful World Our Hearts Know Is Possible," Sounds True, accessed December 24, 2020, https://www.resources.soundstrue.com/transcript/charles-eisenstein-serving-the-more-beautiful-world-our-hearts-know-is-possible/.

22. Wendell Berry, "Manifesto: The Mad Farmer Liberation Front," in A Country of Marriage: Poems (Berkeley, CA: Counterpoint, 2013), 14.

23. brown, Emergent Strategy, 52.

24. brown, 59.

# 10장: 인프라 구축하기

1. Manuel Lima, Visual Complexity: Mapping Patterns of Information (New York, NY: Princeton Architectural Press, 2011), 48.

2. Debra Erenberg, interview with the author, October 15, 2020.

3. Ruth Rominger, "Systems Principles for Collaborative Networks," Medium, Garfield Foundation, March 11, 2020, https://garfield-foundation.medium.com/systems-principles-for-collaborative-networks-d86fb3f22a2a.

4. Weisbord and Janoff, Don't Just Do Something, Stand There!, 5.

5. Lennon Flowers, K. Scarry, and D. J. Sims, Virtual Racial Justice Journey (The People's Supper, 2020), https://static1.squarespace.com/static/595e51dbd1758e528030285b/t/5f721b9838eddc5c29cf7e83/1601313708177/RacialJusticeGuidebook_FinalSept2020.pdf.

6. Derek Sivers, "First Follower: Leadership Lessons from Dancing

Guy," YouTube, February 11, 2010, https://www.youtube.com/watch?v=fW8amMCVAJQ.

7.  Charles Vogl, The Art of Community: Seven Principles for Belonging (Oakland, CA: Berrett-Koehler Publishers, 2016), 33.

8.  Enspiral, Enspiral Handbook, accessed February 16, 2021, https://handbook.enspiral.com/.

9.  Anthony Cabraal and Susan Basterfield, Better Work Together: How the Power of Community Can Transform Your Business (Enspiral Foundation, 2018), 42-43.

10. Suarez, The Power Manual, 59.

11. This section on network evaluation was developed in partnership with Converge member and professional evaluator Kelly Jarvis.

12. It's important to keep in mind that social network analysis provides a representation of how participants perceive their connections with one another at a given point in time, but it is not a true reflection of reality. This is both because connections are changing all the time, so the data is never perfect, and because different people are likely to have different interpretations of how they would score their connections with others on the survey.

13. Michael Quinn Patton, Developmental Evaluation: Applying Complexity Concepts to Enhance Innovation and Use (New York: Guilford Press, 2011).

14. "Join the Alliance," The Intertwine, accessed February 18, 2021, https://www.theintertwine.org/about-joining-The-Alliance.

15. Philip Li, interview with the author, November 2, 2020.

16. Liz Wilson, interview with the author, December 3, 2020.

17. Jennifer Husbands, interview with the author, December 10, 2020.

18. David Nee and Curtis Ogden, "Distributing Leadership, Promoting Stewardship," Stanford Social Innovation Review, September 30, 2015, https://ssir.org/network_entrepreneurs/entry/distributing_leadership_promoting_stewardship.

19. Ruth Rominger, interview with the author, October 5, 2020.

20. Edgar Villanueva, Decolonizing Wealth: Indigenous Wisdom to Heal Divides and Restore Balance (Oakland, CA: Berrett-Koehler Publishers, 2018), 77.

21. Embracing Complexity: Towards a Shared Understanding of Funding Systems Change, Ashoka, Catalyst 2030, Co-Impact, Echoing Green, Schwab Foundation, Skoll Foundation, January 2020, https://www.ashoka.org/sites/default/files/2020-01/Embracing%20Complexity_Full%20Report_final.pdf.

22. Philip Li, interview with the author, November 2, 2020.

23. Susan Wolf Ditkoff and Abe Grindle, "Audacious Philanthropy," Harvard Business Review, September-October 2017, https://hbr.org/2017/09/audacious-philanthropy.

24. Jennifer Husbands, interview with the author, December 10, 2020.

25. Liz Wilson, interview with the author, December 3, 2020.

# 용어

네트워크 용어

- **네트워크(Networks)**
  : 사람이나 사물을 연결하는 관계의 그물망

- **노드(Nodes)**
  : 네트워크의 각 부분. 요소(elements) 또는 활동에 참여하는 사람/조직 (actors)로 또한 알려져 있음

- **연결(Links)**
  : 하나의 네트워크 안에서 구성하는 부분 사이의 연결. 선(edges) 또는 끈 (ties)

- **클러스터(Clusters, 군집)**
  : 다른 연결보다 훨씬 더 많이 서로 연결되어 있는 사람 또는 노드의 그룹

- **가교(Bridges)**
  : 두 클러스터, 두 네트워크, 또는 시스템의 두 부분 사이의 연결로, 이것이 없 으면 연결이 해제됨. 넓은 가교는 다중의 연결을 특징으로 하며, 좁은 가교 는 단일 연결을 특징으로 함. 가교를 만드는 사람은 브리져(bridger), 브로커 (broker), 경계 스패너(boundary spanner)로 불리기도 함

- **허브(Hubs)**
  : 네트워크에서 높은 연결도가 있는 노드

- **코어(Core, 핵심)**
  : 네트워크에서 가장 밀도 높게 연결된 부분으로, 자주 중심으로 나타나는 지점

- 주변부(Periphery)

  : 네트워크 중심을 둘러 싼 덜 연결된 부분

## 네트워크 형태

- 임팩트 네트워크(Impact network)

  : 공동의 목적을 위한 학습과 협력적 액션을 위해 개인 및 조직을 함께 하도록 하는 네트워크

- 학습 네트워크(Learning network)

  : 주로 정보나 지식의 흐름을 촉진하는 임팩트 네트워크의 한 형태

- 액션 네트워크(Action network)

  : 주로 조율된 액션의 이행과정에서 연결과 학습을 촉진하는 임팩트 네트워크의 한 형태

- 무브먼트 네트워크(Movement network)

  : 네트워크들의 네트워크를 만들어 많은 다양한 임팩트 네트워크가 연결하는 임팩트 네트워크의 한 형태

## 네트워크 리더십

- 네트워크 마인드셋(Network mindset)

  : 모든 것은 연결되어 있다는 현실을 수용한 세계관. 네트워크 마인드셋을 받아들인 사람들은 자신을 더 큰 활동의 그물망 속 일부분으로 자신을 생각하며 (항상 중심 허브 역할만 하는 것은 아닌), 협력을 통해 임팩트를 창조하기 위한 더 강력한 연결의 진화를 추구함

- 촉매하기(Catalyzing)

  : 새로운 임팩트 네트워크를 탐구하고 발족하기 위해 사람들이 함께 하도록 하며, 네트워크의 임팩트를 확대하고자 기회를 육성하는 네트워크 리더십의 역할

- 조율(Coordination)

  : 네트워크 활동을 지속하며, 정보를 공유하고, 학습기회를 포착하고, 액션을 조율하는 네트워크의 능력을 발전시키기 위해 운영지원을 제공하는 네트워크 리더십의 역할

- 촉진(Facilitation)

  : 공통지점을 찾고, 협력적 액션을 향상시키기 위한 집단의 과정을 통해 참여자를 안내하는 네트워크 리더십의 역할

- 조직하기(Weaving)

  : 새로운 관계를 가꾸어 내기 위해 연결을 육성하는 네트워크리더십의 역할

## 네트워크 팀

- 코어팀(Core team)

  : 임팩트 네트워크의 사업과 활동의 안내를 돕기 위해 자원하거나 선정된 참여자의 집단

- 기획팀(Design team)

  : 왜 임팩트 네트워크가 필요한 지, 처음에 누가 참여해야 하는 지, 어떻게 네트워크 소집을 가장 잘 조직할지에 대해 함께 명확하게 하기 위해 활동하는 시스템 전체로부터의 다양한 대표자 집단

- 학습모임(Learning circles)

  : 대화를 나누고, 지식을 공유하고, 특정 주제에 대한 정보를 수집하기 위해 함께 모인 참여자 집단

- 프로젝트팀(Project teams)

  : 네트워크의 목적과 관련한 특정 사업 단위의 발전을 위해 협력하는 참여자 집단

## 변화 만들기

- 소집(Convenings)

  : 대면이든 비대면이든 모든 네트워크 구성원을 동시에 함께 하도록 하는 모임

- 창발(Emergence)

  : 학습이나 상호작용으로부터 새로운 무언가가 발생하는 과정

- 레버리지 지점(Leverage points, 지렛대 지점)

  : 의도적으로 투입한 개입이 시스템 상에서 거대한 임팩트를 낼 수 있는 지점

- 회복 탄력성(Resilience)
  : 급격한 변화를 감당하고, 상황 변화에 따라 적응할 수 있는 능력

- 시스템(System)
  : 더 큰 전체를 함께 형성하는 상호작용하거나 상호의존적인 부분들의 집합체

- 시스템 변화(Systems Change)
  : 주어진 시스템 안에서 긍정적인 사회적 또는 환경적 효과를 창조해 내기 위해
  구조, 관계, 정책, 힘의 역학관계, 서사, 그리고 규범을 개선하거나 변환시키는
  과정

# 추천도서 목록

Alexander, Christopher. *Th e Nature of Order: An Essay on the Art of Building and the Nature of the Universe, Book 1—Th e Phenomenon of Life*. Berkeley, CA: Center for Environmental tructure, 2002.

Baker, Mila N. *Peer to Peer Leadership: Why the Network Is the Leader*. SanFrancisco, CA: Berrett-Koehler Publishers, 2014.

Barabasi, Albert-Laszlo. *Linked: Th e New Science of Networks*. Cambridge, MA: Perseus Publishing, 2002.

———. *Network Science*. Cambridge, UK: Cambridge University Press, 2016.

Bartlett, Richard D. *Patterns for Decentralised Organising*. Leanpub, 2018.

Benedict-Nelson, Andrew, and Jeff Leitner. *See, Th ink, Solve: A Simple Way to Tackle Tough Problems*. San Bernardino, CA: Leitner Insights, LLC, 2018.

Block, Peter. *Community: Th e Structure of Belonging*. 2nd ed. Oakland, CA: Berrett-Koehler Publishers, 2018.

———. *Stewardship: Choosing Service Over Self-Interest*. 2nd ed. San Francisco, CA: Berrett-Koehler Publishers, 2013.

Botsman, Rachel. *Who Can You Trust? How Technology Brought Us Together and Why It Might Drive Us Apart*. New York, NY: PublicAff airs, 2018.

Brafman, Ori, and Rod A. Beckstrom. *Th e Starfi sh and the Spider: The Unstoppable Power of Leaderless Organizations*. New York, NY: Penguin Group,

2007.

brown, adrienne maree. *Emergent Strategy: Shaping Change, Changing Worlds.* Chico, CA: AK Press, 2017.

Butterfoss, Frances Dunn. *Coalitions and Partnerships in Community Health.* San Francisco, CA: Jossey-Bass, 2007.

Cabraal, Anthony, and Susan Basterfield. *Better Work Together: How the Power of Community Can Transform Your Business.* Enspiral Foundation, 2018.

Centola, Damon. *How Behavior Spreads: The Science of Complex Contagions.* Princeton, NJ: Princeton University Press, 2018.

Christakis, Nicholas A., and James H. Fowler. *Connected: The Surprising Power of Our Social Networks and How They Shape Our Lives.* New York, NY: Little, Brown and Company, 2011.

Covey, Stephen R. *The 7 Habits of Highly Effective People: Powerful Lessons in Personal Change.* New York, NY: Free Press, 2004.

Coyle, Daniel. *The Culture Code: The Secrets of Highly Successful Groups.* New York, NY: Bantam Books, 2018.

Cross, Rob, and Andrew Parker. *The Hidden Power of Social Networks: Understanding How Work Really Gets Done in Organizations.* Boston, MA: Harvard Business School Press, 2004.

Crutchfield, Leslie R. *How Change Happens: Why Some Social Movements Succeed While Others Don't.* Hoboken, NJ: John Wiley & Sons, Inc., 2018.

Engler, Mark, and Paul Engler. *This Is an Uprising: How Nonviolent Revolt Is Shaping the Twenty-First Century.* New York, NY: Nation Books, 2016.

Ferguson, Niall. *The Square and the Tower: Networks, Hierarchies, and the Struggle for Global Power.* London: Penguin Books, 2018.

Fredrickson, Barbara. *Love 2.0: How Our Supreme Emotion Affects Everything We Feel, Think, Do, and Become.* New York, NY: Hudson Street Press, 2013.

Gladwell, Malcolm. *Talking to Strangers: What We Should Know About the*

*People We Don't Know*. New York, NY: Little Brown and Company, 2019.

Godin, Seth. *What to Do When It's Your Turn (and It's Always Your Turn)*. New York, NY: Th e Domino Project, 2015.

Goldsmith, Stephen, and William D. Eggers. *Governing by Network: Th e New Shape of the Public Sector*. Washington, D.C.: Brookings Institution Press, 2004.

Greenleaf, Robert K. *Th e Servant as Leader*. Westfi eld, IN: Greenleaf Center for Servant Leadership, 1970.

Heifetz, Ronald A., Marty Linsky, and Alexander Grashow. *Th e Practice of Adaptive Leadership: Tools and Tactics for Changing Your Organization and the World*. Boston, MA: Harvard Business Press, 2009.

Holley, June. *Network Weaver Handbook: A Guide to Transformational Networks*. Athens, OH: Network Weaver Publishing, 2012.

Holman, Peggy. *Engaging Emergence: Turning Upheaval into Opportunity*. San Francisco, CA: Berrett-Koehler Publishers, 2010.

Holman, Peggy, Tom Devane, and Steven Cady, eds. *Th e Change Handbook: The Defi nitive Resource on Today's Best Methods for Engaging Whole Systems*. 2nded. San Francisco, CA: Berrett-Koehler Publishers, 2007.

Hutchins, Giles, and Laura Storm. *Regenerative Leadership: Th e DNA of Life-Affi rming 21st Century Organizations*. Tunbridge Wells, UK: Wordzworth, 2019.

Huxham, Chris, and Siv Vangen. *Managing to Collaborate: The Theory and Practice of Collaborative Advantage*. New York, NY: Routledge, 2005.

Jarvensivu, Timo. *Managing (in) Networks: Learning, Working and Leading Together*. Helsinki, Finland: Books on Demand, 2020.

Jay, Jason, and Gabriel Grant. *Breaking Th rough Gridlock: Th e Power of Conversation in a Polarized World*. Oakland, CA: Berrett-Koehler Publishers, 2017.

Johansen, Bob, and Karl Ronn. *The Reciprocity Advantage: A New Way to Partner for Innovation and Growth*. San Francisco, CA: Berrett-Koehler Publishers, 2014.

Jones, Kenneth, and Tema Okun. *Dismantling Racism: 2016 Workbook*. Dismantling Racism, 2016. https://resourcegeneration.org/wp-content/uploads/2018/01/2016-dRworks-workbook.pdf.

Kahane, Adam. *Collaborating with the Enemy: How to Work with People You Don't Agree with or Like or Trust*. Oakland, CA: Berrett-Koehler Publishers, 2017.

———. *Facilitating Breakthrough: How to Remove Obstacles, Bridge Differences, and Move Forward Together*. Oakland, CA: Berrett-Koehler Publishers, 2021.

———. *Solving Tough Problems: An Open Way of Talking, Listening, and Creating New Realities*. San Francisco, CA: Berrett-Koehler Publishers, 2004.

Kaner, Sam. *Facilitator's Guide to Participatory Decision-Making*. 3rd ed. SanFrancisco, CA: Jossey-Bass, 2014.

Klein, Ezra. *Why We're Polarized*. New York, NY: Avid Reader Press, 2020.

Kotler, Steven, and Jamie Wheal. *Stealing Fire: How Silicon Valley, the Navy SEALs, and Maverick Scientists Are Revolutionizing the Way We Live and Work*. New York, NY: Dey Street Books, 2017.

Laloux, Frederic. *Reinventing Organizations: A Guide to Creating Organizations Inspired by the Next Stage of Human Consciousness*. Brussels, Belgium: Nelson Parker, 2014.

Laloux, Frederic, and Etienne Appert. *Reinventing Organizations: An Illustrated Invitation to Join the Conversation on Next-Stage Organizations*. Brussels, Belgium: Nelson Parker, 2016.

Landreman, Lisa M., ed. *The Art of Effective Facilitation: Reflections from Social Justice Educators*. Sterling, VA: Stylus Publishing, 2013. Lima, Manuel. *Visual Complexity: Mapping Patterns of Information*. New York, NY: Princeton

Architectural Press, 2011.

Markova, Dawna, and Angie McArthur. *Collaborative Intelligence: Th inking with People Who Th ink Diff erently*. New York, NY: Random House, 2016.

Martlew, Nick. *Creative Coalitions: A Handbook for Change*. Crisis Action, 2017. https://crisisaction.org/handbook/contents/.McChrystal, Stanley, Tantum Collins, David Silverman, and Chris Fussell.*Team of Teams: New Rules of Engagement for a Complex World*. New York, NY: Penguin Publishing Group, 2015.

Meadows, Donella H. *Th inking in Systems: A Primer*. Edited by Diana Wright. White River Junction, VT: Chelsea Green Publishing, 2008.

Neal, Craig, and Patricia Neal. *Th e Art of Convening: Authentic Engagement in Meetings, Gatherings, and Conversations*. San Francisco, CA: Berrett-Koehler Publishers, 2011.

Newman, Mark. *Networks*. 2nd ed. Oxford, UK: Oxford University Press, 2018.

Oorthuizen, Joost, Hans Vermaak, Carla Romeu Dalmau, and Elea

Papaemmanuel. *Collaborative Transformation*. IDH: Th e Sustainable Trade Initiative. Wageningen, Th e Netherlands: Wageningen Academic Publishers, 2018. https://www.idhsustainabletrade.com/collaborative-transformation/. Parker, Priya. *Th e Art of Gathering: How We Meet and Why It Matters*. New York, NY: Riverhead Books, 2018.

Patton, Michael Quinn. *Developmental Evaluation: Applying Complexity Concepts to Enhance Innovation and Use*. New York, NY: Guilford Press, 2011.

Pentland, Alex. *Social Physics: How Good Ideas Spread—Th e Lessons fr om a New Science*. New York, NY: Penguin Press, 2014.

Pfl aeging, Niels. *Organize for Complexity: How to Get Life Back into Work to Build the High-Performance Organization*. 3rd ed. Wiesbaden, Germany: BetaCodex Publishing, 2018.

Plastrik, Peter, Madeleine Taylor, and John Cleveland. *Connecting to Change the World: Harnessing the Power of Networks for Social Impact*. Washington, DC: Island Press, 2014.

Rainie, Lee, and Barry Wellman. *Networked: Th e New Social Operating System*. Cambridge, MA: MIT Press, 2012.

Robertson, Brian J. *Holacracy: Th e New Management System for a Rapidly Changing World*. New York, NY: Henry Holt and Company, 2015.

Ross, Howard J., and JonRobert Tartaglione. *Our Search for Belonging: How Our Need to Connect Is Tearing Us Apart*. Oakland, CA: Berrett-Koehler Publishers, 2018. Scharmer, C. Otto. *Th eory U: Leading fr om the Future as It Emerges*. Oakland, CA: Berrett-Koehler Publishers, 2016.

Scharmer, Otto, and Katrin Kaufer. *Leading fr om the Emerging Future: From Ego-System to Eco-System Economies*. San Francisco, CA: Berrett-Koehler Publishers, Inc., 2013.

Sinek, Simon. *Start with Why: How Great Leaders Inspire Everyone to Take Action*. London: Portfolio, 2011.

Slade, Samantha. *Going Horizontal: Creating a Non-Hierarchical Organization, One Practice at a Time*. Oakland, CA: Berrett-Koehler Publishers, 2018.

Solomon, Robert C., and Fernando Flores. *Building Trust: In Business, Politics, Relationships, and Life*. New York, NY: Oxford University Press, 2001.

Stibel, Jeff . *Breakpoint: Why the Web Will Implode, Search Will Be Obsolete, and Everything Else You Need to Know about Technology Is in Your Brain*. New York, NY: St. Martin's Press, 2013.

Suarez, Cyndi. *Th e Power Manual: How to Master Complex Power Dynamics*. Gabriola Island, BC, Canada: New Society Publishers, 2018.

Tapscott, Don, and Anthony D. Williams. *Wikinomics: How Mass Collaboration Changes Everything*. Expanded ed. New York, NY: Portfolio, 2010.

Villanueva, Edgar. *Decolonizing Wealth: Indigenous Wisdom to Heal Divides and Restore Balance*. Oakland, CA: Berrett-Koehler Publishers, 2018.

Vitale, Christopher. *Networkologies: A Philosophy of Networks for a Hyperconnected Age—A Manifesto*. Winchester, UK: Zero Books, 2014. Vogl, Charles. *Th e Art of Community: Seven Principles for Belonging*. Oakland, CA: Berrett-Koehler Publishers, 2016.

Waddell, Steve. *Change for the Audacious: A Doer's Guide*. Boston, MA: NetworkingAction Publishing, 2016.

———. *Global Action Networks: Creating Our Future Together*. New York, NY: Palgrave Macmillan, 2011.

Wahl, Daniel Christian. *Designing Regenerative Cultures*. Axminster, England: Triarchy Press, 2016.

Watts, Duncan J. *Six Degrees: Th e Science of a Connected Age*. New York, NY: W. W. Norton & Company, 2004.

Weisbord, Marvin, and Sandra Janoff . *Don't Just Do Something, Stand Th ere!: Ten Principles for Leading Meetings Th at Matter*. San Francisco, CA: Berrett-Koehler Publishers, 2007.

West, Geoff rey. *Scale: Th e Universal Laws of Life, Growth, and Death in Organisms, Cities, and Companies*. New York, NY: Penguin Books, 2017.

Wheatley, Margaret J. *Turning to One Another: Simple Conversations to Restore Hope to the Future*. 2nd ed. San Francisco, C : Berrett-Koehler Publishers, 2009.

———. *Who Do We Choose to Be: Facing Reality, Claiming Leadership, Restoring Sanity*. Oakland, CA: Berrett-Koehler Publishers, 2017.

Wilkerson, Isabel. *Caste: Th e Origins of Our Discontents*. New York, NY: Random House, 2020.

Yunkaporta, Tyson. *Sand Talk: How Indigenous Th inking Can Save the World*. New York, NY: HarperCollins Publishers, 2020.

# 색인

# U

## 작가소개

데이비드 에를리히먼은 컨버지(Converge)의 공동 창립자이자 코디네이터다. 그는 컨버지 동료들과 함께 경제적 이동성, 인권, 과학에 대한 접근성, 보건의료 개혁 등 다양한 문제에서 실질적인 변화를 이끌어가는 수십 개의 임팩트 네트워크를 지원해 왔다.

컨버지를 설립하기 전, 데이비드는 모니터 인스티튜트에서 컨설턴트로 일하면서 네트워크의 힘을 처음 경험할 수 있었다. 현재는 워싱턴주 시애틀 근처, 전통적으로 코스트 살리시(Coast Salish) 사람들, 특히 스틸라과미쉬(Stillaquamish)와 수콰미쉬(Suquamish) 부족들의 터전이었던 곳에서 거주하고 있다.

그는 글을 쓰거나 네트워크 관련 업무를 하지 않는 시간에는 주로 자연 속에서 시간을 보내거나 음악을 연주하며, 가족이나 친구들과 함께 지내는 것을 즐긴다. 아내 나베츠(Nabets), 두 마리의 사랑스러운 강아지, 그리고 이제 막 태어난 딸과 함께 살고 있으며, 이 책이 출판될 당시 그의 딸은 생후 3개월이었다.

이메일: ehrlichman@converge.net

## 컨버지 소개

컨버지는 임팩트를 함께 창조해내고자 헌신하는 시스템 전략가, 디자이너, 퍼실리테이터, 교육가, 평가 전문가의 네트워크이다. 컨버지는 목적을 지향하는 개인과 조직이 네트워크 접근방식을 통해 협력이 실제로 가능하도록 지원하는 데 특화되어 있다. 컨버지 자체가 네트워크로서, 네트워크 리더십에 전념하는 실무자의 살아있는 실험실이다. 우리의 최근 글, 자료, 학습 기회에 대한 지속적인 정보를 받고자 한다면, 컨버지 웹사이트(converge.net)를 방문하여 이메일 주소를 등록하고 네트워크 운영을 위한 무료 도구 모음과 퍼실리테이션 안내서를 받기를 권한다.

컨버지에 연락을 원할 경우, connect@converge.net 이메일로 연락하면 된다. 컨버지가 네트워크에 영감을 주는 사례, 여러분이 활동에서 사용한 훌륭한 사업방식, 임팩트 네트워크의 힘을 세상에 알리는 데 도움이 될 수 있는 방법에 대해 배울 수 있길 바란다.

사랑의열매 나눔총서 시리즈 11
임팩트 네트워크: 연결, 협업, 그리고 시스템 변화

| | |
|---|---|
| 초판발행 | 2024년 12월 14일 |
| 지은이 | David Ehrlichman |
| 옮긴이 | 이명회 |
| 펴낸이 | 노 현 |
| 편 집 | 조영은 |
| 표지디자인 | 이수빈 |
| 제 작 | 고철민 · 김원표 |
| 펴낸곳 | ㈜ 피와이메이트 |
| | 서울특별시 금천구 가산디지털2로 53, 210호(가산동, 한라시그마밸리) |
| | 등록 2014. 2. 12. 제2018-000080호 |
| 전 화 | 02)733-6771 |
| f a x | 02)736-4818 |
| e-mail | pys@pybook.co.kr |
| homepage | www.pybook.co.kr |
| ISBN | 979-11-7279-040-0 03330 |

*파본은 구입하신 곳에서 교환해 드립니다. 본서의 무단복제행위를 금합니다.

| | |
|---|---|
| 정 가 | 16,800원 |

박영스토리는 박영사와 함께하는 브랜드입니다.